# アンデス山脈を越えるとき

Al Cruzar La Cordillera de Los Andes

荒井 緑

Midori Arai

中央公論
事業出版

アンデス山脈を越えて走るチリ国道27号線。その前方に、ピリ成層火山4,046mの冠雪した嶺が見える。

89年ぶりに雪が降ったブエノス・アイレスのコッリエンテス大通り。前方、暗がりの中にオベリスクがうっすらと浮かび上がる。

ペルー、アレキーパ県のコルカ峡谷（3,270mは世界で5番目の深さ）に生息するコンドルたち。

ピウケーネス峠(4,030m)に建てられた国境座標の横に馬をつけたホセ。アンデス山脈山頂特有の空の青さ。

ピウケーネス峠を越えてアルゼンチン領土に入ってきたチリ産の馬の群れ。

何度でも走りたいウマウアーカ山峡。

アンデス山脈チリ側の斜面を下っていく。

ピンタードス丘陵のジオグリフ（山腹絵）。

チーサ坂の丘陵に描かれた山腹絵はチリ国道5号線から見える。

アリカの南東17kmに位置するサン・ミゲル・デ・アサーパの山腹絵。

メンドーサ州のアコンカグア国立公園入り口をかすめるようにして通っているアルゼンチン国道7号線。

ピサグアの集落。硝石輸出最盛期、ピサグアはペルーの重要な港でしたが、硝石戦争終結後はチリ領土となり、2002年の国勢調査では人口260を数えています。

世界最大の露天掘り銅鉱山チュキカマタ。

アリカの海岸。左奥に見えるのがアリカの大岩。標高139m
の頂上には、チリとペルーの平和を願って建てられたキリスト
の立像（11m）がある。

凍ったエディオンダ湖の上空にかかる雲。空にもう一つ凍った湖が浮かんでいるようにも見える。

2008年5月2日のチャイテーン火山の噴火で、チャイテーンの町は火山灰に埋もれた。

ウジュニ塩湖を縦断してインカウアシ島（Isla del Pescado 魚の島、の北西２２ｋｍにあるサンゴ礁でできた島。冬場ですから塩が固まっていますが、夏場はここは塩水の中なのです）を目指すホセ。

オジャウエ火山（標高 5,868m）。

瓦礫のような丘陵に沿って半分凍った細い道が続いていたが、その先にはシロリ砂漠が広がっていた。

プルママルカ山峡の"7色の丘"。

エクアドルのアンデス西山脈山中で濃い霧の中へ突入。

ラッソ村の旅館の駐車場から観た世界最高峰の活火山コトパクシ標高5,987m。

世界の真ん中の町、赤道直下のサン・アントニオ・デ・ピチンチャ。

ホテルの部屋から眺めた美しいメデジンの夜景。

サン・フェリペ・デ・バラハス城の砦。

上:突然、視界が大きく開け、ラ・グラン・サバナにでました。

中:ディエーゴ・デ・アルマグロー行が越えていったと思われるピルカス・ネグラス峠付近のブラヴァ湖の写真。撮影は 2010 年 11 月 10 日で季節は初夏でしたが、湖は未だ氷結していました。

下:ジャングルを切り開いて通したアマゾンの道。宇宙からも見えるというが、熱帯植物の急速な成長で、すぐまた覆いつくされてしまいそう。

サルタ州、Iruya（イルジャ）。亜アンデス山脈のコンドル山峡・分水嶺4,000mを越えていった先にある秘境で、ギネス・ビールのコマーシャルにも使用された村。初めてここを訪れたときは、その撮影中で村に入れなかった。写真は2008年8月、2度目に訪れたときに撮影したもの。苦労して分水嶺を越えた先には、必ずわくわくする風景が我々の到着を待っています。

マナウスの南を流れる2つの色の違った川、ネグロ川とソリモンイス川。

モザイクのタイル壁が美しいサォン・ルイーズの街並み。

リオのサンバドロームにあるサンバ学校で借りたカーニバルのコスチュームを着てポーズを取る2人。

パルナイーバ・デルタの海岸付近から漠々たる砂丘が続いていた。

サルヴァドールの海岸に面したホテルの前で。

アンデス山脈を越えるとき●目次

プロローグ　サン・ペドロ・デ・アタカマ　　5
San Pedro de Atacama

第Ⅰ部　　パン・アメリカン車道　　17
Carretera Panamericana

第Ⅱ部　　ブラジル・ライダーズ　　307
Brazil Rider's

エピローグ　アタカマ荒野　　361
Puna de Atacama

ブエノス・アイレス〜サンタ・エレーナ・デ・ウアイレーン（第Ⅰ部）

プロローグ

サン・ペドロ・デ・アタカマ
San Pedro de Atacama

● 2012年9月23日
サン・ペドロ・デ・アタカマ（チリ）

　日曜日。午前3時30分。
　Tatio（タティオ）火山の間欠泉遊覧ツアーに参加する宿泊客たちのざわめきで目が覚め、一瞬、自分が、今、どこの国にいるのか判らず戸惑いました。
　寝ている場所は、畳に敷いた硬い布団の上ではなく、広い柔らかなベッドの上で、横には誰かが、そう、旅の相棒のホセが無邪気な寝息をたてています。
　3週間前にBuenos Aires（ブエノス・アイレス）をバイクで発ち、ボリヴィアのコロイコ、ラ・パスを経由してペルーのクスコまで北上したあと、ヴァージェ・サグラード、コルカ峡谷を走りチリ海岸のアリカへ出て、昨日、San Pedro de Atacama（サン・ペドロ・デ・アタカマ）まで南下してきたのでした。
　ブエノス・アイレスを発つ2週間前には、介護施設で転倒・骨折した母を見舞って日本へいき、誰も住んでいない実家で10日ほど、独り、寝起きしていたのです。南半球と北半球、大西洋岸と太平洋岸、を、あまりにもあわただしく移動してきたので、覚醒しきれない私の頭のGPSは、現在の居場所を認識するまでに少々の時間を要しました。
　泊まりつけているホテルの、ロビーから最も近い部屋にチェック・インした理由は、バイクの重いサイド・バッグを最短距離で部屋まで持ち運べる便利を考慮したからでしたが。（そうだった。間欠泉ツアーは未明に出発するのだった。）……

サン・ペドロ・デ・アタカマの北東90kmに位置する、タティオ火山の間欠泉は、世界でも最も標高が高い地熱フィールドの1つ、4,310〜4,320mに噴き出していることで有名で、毎年10万人以上が訪れるといわれています。その噴き出しは、日の出前、気温が一番下がる頃に盛んとなるため、観光客たちは早起きし、ホテルが用意した朝食入りバスケットを受け取ると、白い息を吐きながら5–6人ずつミニ・ヴァンに分乗します。午前4時。あちこちのホテルから出発したツアーの車輛は隊列を組み、アタカマ砂漠名物、満天の星空の下、火山灰混じりの滑り易い土の道を黙々と登っていきます。隊列の最後尾について走っていくのは、自家用車で登山を試みる観光客たちで、先行する車のテール・ランプを見失うまいと懸命についていきます。

　過去、2回、私もこの間欠泉観光を果たしました。1回目は2006年7月、バイクで初めてクスコまで遠征した帰路。事前予約ができなかったため、ホセが3時起きして各ホテルに停車していたツアーの車の空席状況を聞いてまわり、ようやく2席を確保してくれたのでした。2回目は翌2007年4月、日本から訪れた2人の友人を案内し、ホセが運転する4駆車でキャラヴァン隊の最後尾につきました。ひとしきり吹き上がる間欠泉を見たあとは、直径30cmほどの小さな温泉を選び、ビニール袋に入れた卵と牛乳パックを浸すのです。温泉の温度は86度。この標高ではこの温度が沸点。生卵は十数分をかけてゆっくりとゆで卵になります。ホテルの食堂から持ち出したインスタント・コーヒーの粉入りスティックも使って温泉卵とホット・ミルクコーヒーを作り上げ、日本の友人たちに大いに喜ばれました。実は、このアイデア、初回時、ツアーのガイドがそうやっていたのを思い出し拝借・実行したものでしたが、作業

中、そのときのガイドが我々を認めて近寄ってきました。
"やあやあ、君の真似して、今年は僕がガイドをやっているよ。"

ホセが屈託なく笑いかけ、複雑な表情のガイド氏の肩を引き寄せ、無理やり記念撮影をしたのでした。……

そこまで思い出した私の頭は、もうすっかり冴えていました。再び眠れそうにはありません。昨日の長距離走行（アリカから751km、その大半が坂道）で憔悴しきったホセの熟睡を妨げぬよう、そっとベッドを抜け出し、靴とインナー・スーツ（ライディング・スーツの下に着る保温スーツ）をつかみ部屋を出て廊下で身につけ、ロビーを通って食堂へいきました。食堂には24時間、コーヒーとティーがセルフ・サーヴィスで整っているのです。6時にセットされたホセの腕時計のアラームが鳴るまで熱いコーヒーを飲みながらここで過ごし、縦10cm、横7cmの小さな手帳にメモした旅の記録を整理することにしました。

ブエノス・アイレスからここまでの総走行距離は6,446km。ボリヴィアの山岳地帯に入る前、あらかじめ送っておいたオフ・ロード用のタイヤに交換。そしてペルーのクスコに到着したとき、半分まで擦り減っていたそのブロック・タイヤを捨て、リマから新たに取り寄せたオン・ロード用に再度、交換したのでした。平地の、通常のアスファルト道路であれば1万kmは持つ筈のタイヤも、カーヴが多く、高低差の激しい道では、またたくまに消耗していきます。ブレーキ・パッドも著しく磨耗します。今日走る約450kmのアンデス山脈越えの道は、すでに何度も走り覚え知っている道ですが、この道程の最大の敵は、"高山病"。平均標高2,348mのアタカマ砂漠から、1時間足らずで標高4,800m近くまで登っていくからです。タンデ

ムで走っているため、私はホセの背中の後ろにじっと座り、時折、最小の動きでカメラのシャッターを切るだけなのですが、身体が静止しているからこそ、登るに連れて耳が詰まりヘルメットの中の風切り音が遠のき、生あくびがしきりにでて心臓が早打ちを始め、空気中の酸素が次第に希薄になっていくのを敏感に察知するのです。標高 4,800m 地点に近づくと、外気は登り始めより 15 度ほど下がっています。零下 2 − 3 度。山と山の間を強風が吹きぬけ、そこをかなりの高速で走っていくので体感気温はさらに 5 − 6 度低く、四肢の指の感覚は薄れてきます。そうなると写真撮影もむずかしくなり、ひたすらホセの背中で身を縮め、酸素不足で思考力が下がった頭で、残りの距離をのろのろと計算し、いつ・どこで走行を停止して水分を補給するか、しきりに心配し始めます。

　ホセは、カーヴが現れるたびにギアを入れ替えスピードを落とし、体の重心を変えてバイクを傾けながら、あざやかな弧を描いてカーヴを曲がりきっていきます。細かい正確な操縦を必要とするアンデス山脈越えへの挑戦に交感神経が興奮しているので、私ほどには寒さは感じていません。が、彼の血液中の酸素濃度は確実に低下しており、判断力や瞬発力も衰えている筈。これに対抗するためには充分な水分補給が必須なのですが、水を飲むためには一旦バイクを停めてヘルメットを開けねばならず、しかし、平地では何ら身体の負担にならないこれらの単純な動作が、高地では異常なまでに体力を消耗させることを私は経験で知っているからこそ、勢い、水は飲まさねばならない、が、そのために転倒するような結果を招くのは困る、というジレンマに陥るのです。

　標高 4,897m。これが、今回の旅で走った最高地。

ペルーのアレキーパ県、カイジョーマ州、Patahuasi（パタウアシ）から Chivay（チヴァイ）に向け 87km に亘って延びているのがアレキーパ県道 111 号線。その 57km 地点にある Patapampa（パタパンパ）という場所で、我々のバイクに装着した GPS が示した数値がこれでした。ラテンアメリカを走っている舗装道路中で標高が一番高い地点です。恐らく、世界でも、舗装道路としてはこれ以上の高さに建設された道はないと思います。

　パタパンパには、Apacheta（アパチェータ）がいくつもありました。アンデス山脈山中を旅する現地の人たちが道端の石ころを積んで造った石柱群です。道中の安全と健康を祈願して石を積み、大地の神、Pachamama（パチャママ）にコカの葉と水を捧げるのです。石を積み上げるとき、身体中に溜まった負のエネルギー（ストレスの元）が放出される、とも信じられています。その信奉にあやかるべく、我々もバイクを停め、小さな石を選んで拾い、既に建てられた石柱の上に慎重に積み重ねました。コカの葉は、高山地帯を旅する現地の人たちの必需品。小さなビニール袋から数枚ずつ取り出しては口に入れ、片方の頬の内側に沢山含んで噛み締めながら歩けば、コカインの影響で疲労と空腹を忘れるといいますが、コカの葉を所持していない我々は、ペット・ボトルの水だけを大地に撒きました。この作業中、希薄で軽い筈の空気は私の肩に重くのしかかり、歩行も、腕の上げ下ろしも水の中のように自由が利かず、作業のあとに軽い頭痛が残りました。軽い頭痛だけで済んだのは、対高山病症状の薬を飲んでいたからです。Acetazolamide（アセタゾラミド）250mg。緑内障の治療薬として一般に使用されている薬で、眼圧を下げる効果があります。水頭症にも投薬されるそうです。

この薬に出会ったのは 2010 年 7 月、ボリヴィアのウジュニ塩湖をバイクで南から北へ縦断したときでした。ウジュニ塩湖最北端に横たわっているのが Tunupa（トゥヌパ）火山 5,432m。その麓の村、Tahua（タウア、標高 3,707m）のホテルに泊まった翌朝、私はひどい高山病症状でベッドから起き上がれなくなりました。首から上が充血して膨張、頭の中では、ぶあーん、という音が鳴り響き、両目の奥がずきずき痛んで目玉が飛び出しそうな感覚です。枕から頭を持ち上げようとすると痛みはさらに激しくなります。この朝、我々は、伴走車として雇用し国境（アルゼンチンとの）から我々のバイクに付き添わせて走らせてきた 4 駆車で、トゥヌパ火山の中腹にあるミイラの洞窟へいく予定でした。が、ミイラ見物はホセに任せ、私は朝食も摂らずに臥せっていたのです。そのとき、ホテルの管理人が持ってきてくれたボリヴィアの市販薬がありました。カプセル剤を包んでいるアルミ箔の裏側に書かれた薬の原末名を確認すると。

【アセタゾラミド　250mg、パラセタモール 450mg、カフェイン 30mg】

　パラセタモールは国際的に知られている解熱・鎮痛薬。カフェインには血管収縮作用があるのは解るとして、主成分のアセタゾラミドとは何なのか。とにかく、薬の作用で痛みと膨張感は軽減し、ホセが戻ってきたときには、次の目的地に向け出発できる準備を整えていました。

　このときの旅の総走行距離は 5,259km。その内、未舗装道路が 1,048km。未舗装道路中、約 500km は道もない砂漠の真っ只中。この 500km が、大型バイクにとっては超過酷なルート、"ボリヴィア・宝石の道（La Ruta de Las Joyas、ラ・ルータ・

ボリヴィア・宝石の道（エドゥアルド・アヴァローア国立アンデス動物総体自然保護区内）チグアナ砂漠を走るホセ。

デ・ラス・ホージャス）"です。ウジュニ塩湖の南縁、Chuvica（チュヴィカ）という場所から砂漠地帯に入り、Chiguana（チグアナ）砂漠、Siloli（シロリ）砂漠、Salvador Dalí（サルヴァドール・ダリ）砂漠を北から南へ走り、チリとの国境、Hito Cajón（イト・カホーン）へ出るアンデス山脈高原ルートの途中には、Cañapa（カニャパ）湖、Hedionda（エディオンダ）湖、Charcota（チャルコータ）湖、Honda（オンダ）湖、Ramaditas（ラマディータス）湖など、地図にも載っていない美しい湖の数々が、深く高く澄みきった群青色の空の下でさまざまな色にきらめき、砂漠に埋もれる宝石のように点在しているのです。砂漠に道はありません。道は自分たちでつけるのです。その道も強風が吹き寄せる砂でやがて消えてしまいます。砂は粗く大粒で、ヘルメットに当るとカラン・コロンと鳴りましたから、伴走車の車体には泥を塗り、砂粒が当たって塗装が剝げるのを防ぎました。その道なきルート、宝石の道を完走し、ブエノス・アイレスへ戻ってから、昔、貿易の仕事で使っていたスペイン語版医薬品辞典でアセタゾラミドを引いたとき、緑内障、という意味の単語が出てきたので驚きました。高山病と緑内障に何の関係があるのか。私は何の薬を飲んでいたのか。その後、日本へ一時帰国して、母を眼科へ連れていく機会がありました。眼科医にボリヴィアで飲んだ薬の処方を見せたところ、

アセタゾラミドは確かに緑内障の治療薬ですが、日本でも高山病予防薬として処方しますよ、という説明を得て安心しました。以来、アンデス山脈越えの常備薬として携帯、標高3,500mへ至る4時間前からアルゼンチンの薬局で購入したアセタゾラミド250mgとパラセタモール500mgを1錠ずつ、6時間ごとに服用してなんとか高山病にかかることを免れてきているのです。

（ホセが目を覚ましたら、まず一番に、この薬を飲ませねばならない。）

ウエスト・バッグから薬の束を取り出し、今日服用する量を小分けにして再びバッグに収めました。

8時40分。税関で出国手続きを終えると、気温はもう5度まで上がっていました。

サン・ペドロ・デ・アタカマから、真っ直ぐ東に延びている急勾配の坂道がチリ国道27号線。アルゼンチンとの国境Jama（ハマ）までは157kmの舗装道路です。一方、サン・ペドロ・デ・アタカマから、アタカマ砂漠に沿って一旦、南に走ったあと、進路を東に取りなおしてアンデス山脈を越えていくのがチリ国道23号線。アルゼンチンとの国境Sico（シコ）までの215kmの内、アルゼンチン寄りの125kmは未舗装道路ですが、勾配は比較的ゆるやかです。

税関から100mほど走ると、すぐ23号線とのジャンクションに出ます。左に折れるとハマ国境、真っ直ぐ進めばシコ国境。2005年7月5日、当時、まだバイク長距離旅行のビギナーだった我々は、27号線の急坂を横目で睨みつつ曲がらずに23号線を辿っていった結果、国境手前で転倒、私は左足を骨折。車が1台も通らない国道脇で野宿して、24時間後にチ

リ国境警備隊に救助された苦い経験を持ちます。転倒の原因は、ホセが高山病に罹りコントロールを失ったため。以後、高山病には過剰なほどに神経を使っているのです。

　今回の3週間に及んだロング・ランのあとでは、また、あの125kmの孤独な未舗装道路を走りきる体力と勇気は残っていません。たとえ、無事、国境を越えられたとしても、給油所のある町に出るには、なお130kmのオフ・ロードにも等しい、メンテナンスのひどく悪い未舗装道路を走らねばなりません。ここまで来る間にも随分と孤独で危険な道をクリアしてきました。幸い、転倒もせず、バイクを壊すこともなくここまで戻ってこれたのです。運の良さは、そういつまでもは続かない。これ以上の達成への要求は確実に事故を呼ぶ。言いわけとも、負け惜しみともつかぬことを頭の中でふつふつと呟いていたのは、もう一度だけ、バイクで、あの道、国道23号線に挑戦してみたかったからです。転倒事故の2年後、アルゼンチン側から4駆車で、あの道を通ってアンデス山脈を越えたことがありました。

　2人の年齢を考慮すると（ホセ48歳、私56歳）、バイクであの道の峠を越えられるチャンスは、今回が最後かもしれないのですが……右目の端で恨めしく23号線を睨むうちにもバイクは左に折れ、8時45分、アタカマ砂漠を後にして27号線の急坂をぐんぐん登っていきました。

　9時10分、1台の乗用車が上り路線でエンストを起こしたらしく、ボンネットを上げ路肩に停車しているのが見えてきました。我々の前方を走っていたトラックは、何も見なかったかのごとくスピードも落とさずに通り過ぎていきます。この急坂の途中でうっかり停車し、もし、あとでエンジンがかからなくなったらそれこそ困る、という判断からでしょう。

"ミドリ、どうしようか。"

　人助けには全く躊躇しないホセも、迷い、インターコムで問いかけてきました。バイクで走っている我々が、一番、弱い立場・悪い条件にあるからです。ホセの背中越しにGSPが示している標高数値を確認すると、"3,589m"。この高度なら、高山病症状もまだそれほど顕著には現れない筈。停車することにしました。エンコした車を通り過ぎてから走行を止め、バイクを降りて車に向かってゆっくり坂を降りていくホセ。坂のはるか下方には、アタカマ砂漠がどこまでも広がっています。

　チリ・ナンバーの車は、ラジエータ冷却水配管が外れたまま登ってきてしまったのです。どのくらいの間、その状態で走ってきたのか。エンジンはもう焼き切れてしまっているのか。いずれにせよ、これでは、いくらメカに強いホセでも、どうしてあげることもできません。サン・ペドロ・デ・アタカマのホテルに携帯電話で救助を求めようにも、電波が届いていません。次々と坂を登ってくる車はありますが、停車する車は1台もなく、一方、この時間帯では、坂を下ってくる車は、まだありません。我々にも、たった今、登ってきたばかりの坂道を下って村まで助けを呼びにいく余裕はありません。

"悪いけど、僕らもいくよ。あと2時間もすれば、下ってくる車があると思うから。"

　重いモトクロス用のブーツを装着した足を持ち上げ、まず私が運転席に慎重にまたがり、バイクに振動をかけないよう、そっと後部座席へ移動する間、ホセがしっかりバイクを支えます。次いでホセが運転席に跨りエンジンをかけバイクの足を外すと、1,150ccのバイクは、急坂の途中からでも苦もなく滑るように走り出しました。寒さに震えながら途方に暮れるチリ人の家族4人をあとに残し、バイクがスピードを上げていくと、

私の頭は、すぐまた言いわけの言葉を捜していました。怪我人がでた、という事故ではないのだから、と。

　登り始めから47km地点、左手にボリヴィアへいく土の道が見えてきます。国境イト・カホーンは、その先3kmにあります。2年前、ボリヴィア"宝石の道"を3日かけて走り終え、このチリ国道27号線のアスファルト道路に出てこれたときには、道路にひざまずき、なめらかな路面に額をこすりつけキスでもしたい衝動にかられました。この付近からしばらくすると、Licancabur（リカンカブール）火山、5,916mと、その南東に位置するJuriques（フリケス）火山、5,704mのほぼ全容姿が並んで国道の左手・西側に見える地点にさしかかります。我々が走っている道路上の標高は4,689m。そしてまもなく国道27号線上で標高が最も高い地点にさしかかる筈。私は、GPSの数値を写真に収めるべくカメラを構え、わくわくしながらその瞬間を待ちました。

　標高4,756m……4,779m（これが最高値である筈）……4,785m……4,802m……えっ、どこまで登るの？　4,823m……4,824m……えええええっ？？！！

チリ国道27号線。
標高4,834m。

第Ⅰ部

パン・アメリカン車道
Carretera Panamericana

● 2007年7月9日

雪の降らないブエノス・アイレスに、89年ぶりの雪が舞いました。……

　南米を旅していると、頻繁に交通事故現場を目撃します。
　カーヴを曲がりきれずに横転したトラック。ガード・レールを突き破って崖下に転落した自家用車。道路から原野へ飛び出し、何度か回転したあとでようやく停止したと思われる路線バス。車輛の傍らに事故の犠牲者の遺体を見てしまうこともあります。道路に飛び散った貨物もさまざまで、ワイン、レモン、20ℓ入りミネラル・ウォーターのボトルなど。そのなかでも、ひときわ異様だったのは、牛の死体が延々と続いていた道。あれは、アルゼンチン国道150号線を降りて、車がほとんど通らないサン・フアン州道510号線を南へひた走っていたときでした。急な坂道を下りきったところに大量の血溜まりがあり、少し走ると牛が1頭、4肢を天に向けていました。その横をすり抜けて走ると、また1頭が倒れていて、更に少し走ったところに、またまた1頭が。
　タンク・トレーラーのような重量のある車輛が勢いよく坂を降りてきて、そこで屯していた牛の群れに突っ込んだのでしょう、傷ついた牛たちは、逃げまどう間に次々と死んでいった。が、説明がつかないのは、牛の死体が途絶えたあとの道にも、かなりの量の血溜まりが一定の間隔で続いていたことです。傷ついた牛を拾って乗せた車輛が、ほんの少し前にこの道を走っていって、車輛からは、ボタッ、ボタッ、と血が滴っている。

そんな光景を想像してしまい、その車輛に追いつくのが怖くなりました。アルゼンチンはサン・フアン州とラ・リオーハ州の州境。Sierra del Valle Fértil（シエッラ・デル・ヴァージェ・フェルティル、豊沃な谷の山脈）に陽が沈み、人口250人足らず（2003年8月当時）のUsno（ウスノ）の村を通過すると、そこから先の道にはもう血溜まりはなく、おかしな事件に巻き込まれやしないかという不安と緊張が一気に解消しました。

　南米各国人口10万人当たりの交通事故による年間死亡者数を比較対象した数字があります。

　アルゼンチン2,701人、ボリヴィア1,052、ブラジル1,842、コロンビア1,499、チリ1,394、エクアドル2,534、パラグアイ2,065、ペルー1,601、ウルグアイ1,721、ヴェネズエラ2,067人。

　アルゼンチンの交通安全教育研究所が発表した2007年度の統計ですが、同年度、日本の交通事故による犠牲者数は、4.5人／10万人。（財団法人・交通事故分析センターのデータ）

　さて、ブエノス・アイレスに雪が降った4日後の2007年7月13日、重く垂れ込めた冷たい空気の塊を突き崩すようにして、我々のバイク、BMW GS1150　アドヴェンチャー　2004年型、愛称Burra（ブッラ、めすロバ）は、一路、北へ向けて駆けていました。目指したのはヴェネズエラのカラカス。交通事故多発の南米周遊を試みた我々は、赤道直下で雨季に当たるのを避けるため、厳寒を押して真冬のブエノス・アイレスを発ったのです。……

　Carretera Panamericana（カッレテーラ・パナメリカーナ、パン・アメリカン車道）。アラスカの油田の町Prudhoe Bay（プル

ドー・ベイ、北緯 70 度 19 分 32 秒）とアルゼンチンのフエゴ島、ビーグル水道に面したフィヨルドの入り江の 1 つ、Bahía Lapataia（バイア・ラパタイア、南緯 54 度 51 分 19 秒）を繋いでいる道路です。途中、中米パナマの極東の町 Yaviza（ジャヴィサ、北緯 8 度 9 分／西経 77 度 41 分）と、南米コロンビアは Chigorodó（チゴロドー）の西方 43.5km、Lomas Aisladas（ローマス・アイスラーダス、孤立した丘群、北緯 7 度 38 分／西経 76 度 57 分）の間で、108km がとぎれています。

　パナマ側 58km、コロンビア側 50km。パナマのダリエン国立公園とコロンビアのロス・カティオス自然国立公園にまたがるこの部分は、通称 Tapón de Darién（タポン・デ・ダリエン、ダリエンの栓）と呼ばれている密林地帯で、中米と南米の陸上交通を絶縁している天然の要害です。獣道が通じているのですが、そこを徒歩で、あるいは自転車で無事、通過したという旅行者はごくわずかだそうです。ゲリラや、麻薬密貿易組織の格好の潜伏場所となっているからです。一方で、人と物が南米から中米へ簡単に移動しないために、米国がこの部分に道路を建設することを阻止しているのだ、ともいわれています。人とは、この場合、旅行者ではなく南米からの移民者。物とは、いうまでもなく、コロンビアの麻薬。

　では、車輛で旅する者がコロンビアからパナマへいくには、どうすればよいか。それには、コロンビアの Cartagena de Indias（カルタヘナ・デ・インディアス）から毎週、金曜日にパナマの Colón（コロン）に向けて出航している貨物船を使います。但し、車輛はコンテナ詰めかパレット積みにして、コロンビアからパナマへの輸出手続きをする必要があります。その際、麻薬警察の厳重な審査を受けます。旅行者はこの船には乗れません。別の観光用の船か、飛行機でカリブ海を渡ること

になります。バイクで旅しているのであれば、帆船をチャーターしてバイクと共に約5日間、カリブ海を航行するという優雅なオプションもあるようです。ところが、です。先日、コロンビアの友人から朗報が届きました。パナマのフェリーがコロンとカルタヘナ間を運航するようになった、というのです。乗客1,000人、車輛500台、40フィート・コンテナー100個を運搬できる大型クルーザーだそうで、これで、アメリカ大陸最大のフリー・ゾーンがあるコロンに、南米から気軽に車でショッピングに出かけられるようになった、と喜んでいました。

　一方、コロンビア政府は、ローマス・アイスラーダスからパナマとの国境 Palo de Letras（パーロ・デ・レトゥラス）までの50km間に道路を通す計画を立案、国境からジャヴィサまでの道路建設はパナマ政府の協力を仰ぐことを期待して、ダリエン地域を塞いでいる栓を一気に抜くことをパナマ政府に持ちかけてきました。が、パナマ政府側には全く関心がなく計画は中座しています。ダリエンの栓が開けられることは、もしかしたら永久にないのかもしれません。

　アメリカ大陸のほとんどすべての国々を連繋しているパン・アメリカン車道は全長2万5,800km。アルゼンチンでは国道7号線がその幹線です。チリの Santiago（サンティアゴ）とブエノス・アイレスを繋ぐ道路で、メンドーサ州のアコンカグア国立公園入り口をかすめるように通ってアンデス山脈を越えています。但し、このルートは、冬場は豪雪で閉鎖されることが多く、その場合は、サンティアゴの北、直線距離にして約1,230km に位置する鉱山の町 Calama（カラマ）から東へ走って、アタカマ砂漠の"月の谷"の横を通り、アタカマ塩湖を後

方に振り返り見ながらアンデス山脈を登っていきます。アルゼンチン側では国道52号線がフフイ州の半分以上を東へ横断して、北のボリヴィアとの国境から下っているパン・アメリカン車道のもう1つの幹線、国道9号線に乗り入れてブエノス・アイレスへと繋いでいます。

　ブエノス・アイレスからは国道3号線が連結しています。大西洋岸とほぼ平行してパタゴニア地方を縦断し、リオ・ガジェーゴスの南、69km地点でチリへと国境を越えます。そしてチリ国道255号線を57km走ると、いきなり眼前に広がるのがマゼラン海峡。パン・アメリカン車道はこの海峡の存在のために、ブエノス・アイレスから2,673.95km地点で再度、とぎれます。海峡の最も狭い部分4,650mをフェリーで渡り、フエゴ島チリ領に上陸、チリ国道257号線を146km走ったところで国境を越えると、そこからはフエゴ島アルゼンチン領。地球最南端の都市Ushuaia（ウスアイア）までは303kmを残すのみとなります。が、その手前55km地点から、パン・アメリ

マゼラン海峡を渡るフェリー。

カン車道はもう一度アンデス山脈を越えていくのです。Paso Garibaldi（パーソ・ガリバルディ、ガリバルディ峠、南緯54度41分16秒／西経67度51分13秒）。南米を貫いている長いアンデス山脈の末端、アルヴェアール山脈を削って造ることに成功した、地球最南端のアンデス山脈越えの峠です。

● 2007年7月13日から7月14日

午前9時。気温は6度。

コッリエンテス大通りと7月9日大通りの交差点に屹立するのが、アルゼンチンの首都ブエノス・アイレスの象徴、高さ67.5mの白いオベリスク（S34°36'11"/W58°22'54"）。その横を走り抜けて出発した我々は、ほどなく国道9号線に乗りました。ブエノス・アイレスとボリヴィアのLa Paz（ラ・パス）を結び、さらにペルーのLima（リマ）へと繋がっていくパン・アメリカン車道の幹線です。300kmを走り交通量の激しい9号線を降りて、サンタ・フェ州Rosario（ロサリオ）から延びている国道34号線に乗り換え、サンティアゴ・デル・エステーロ州との州境に位置する町Ceres（セレス）で1泊。

翌日、平坦で変化に乏しい風景の大地を北西に突っ切るようにして走りました。大地がところどころ塩で白く覆われているのは、西のカタマルカ州との州境に、広さ4,200km^{2}のSalinas de Ambargasta（サリーナス・デ・アンバルガスタ、アンバルガスタ塩田）を控えているからです。塩分を多く含む土地に育つ植物はわずか。その1つ、Espinillo（エスピニージョ、小さなとげ）と呼ばれる、2cmほどの鋭いとげを持ったアカシア属の低木が片側1車線道路の両側にびっしりと生え、その茂み

の間を縫って、ときおり大量のヤギの群れが国道に溢れ出てきます。柵の外へ出られないように首に長い木の枷をはめられた豚も、どうやって囲いをくぐり抜けたのか、国道に迷い出てきます。良質の牧草が育たない土地に放牧されやせ細った牛の群れは、国道を隔てた反対側の土地に牧草を求めて横切ろうとします。車の交通量はわずかでも、動物が頻繁に通行しているのでスピードを出せないのが国道34号線の難点です。

　サルタ州に入ると、国道34号線は約130kmの区間を国道9号線と共同で使用しており、道の両側には亜アンデス山脈山系の低い峰々、標高1,500mから2,500mが濃淡幾重にも連なり霞んで見えます。この辺りの最高峰はCerro Crestón（セッロ・クレストン、大トサカ丘陵、標高3,269m）。日本語で丘陵というとせいぜい100mほどの丘を意味しますが、アルゼンチンも含めた南米では、3,000m以上の山にもCerro（丘、丘陵）という単語をあてはめて使う慣わしがあります。国道34号線は、やがて北東へ進路を変えて亜熱帯森林地域へと向かい、アルゼンチン最北の都市Profesor Salvador Mazza（プロフェソール・サルヴァドール・マッサ、通称、サルヴァドール・マッサ、S22°03'/W63°42'、人口約2万）へと通じていきます。一方、国道9号線は、一旦、真西に方向を転じてサルタ市に入り、市の中心部から北を指してフフイ州へと進んでいくと、国道の両側にはユネスコの世界遺産Quebrada de Humahuaca（ケブラーダ・デ・ウマウアーカ、ウマウアーカ山峡）の絶景が広がります。Volcán（ヴォルカン、2,084m）、Maimará（マイマラー、2,390m）、Tilcala（ティルカーラ、2,465m）、Humahuaca（ウマウアーカ、3,012m）、Tres Cruces（トレス・クルーセス、3,693m。国道9号線上で標高が最も高い地点）。この間の

ウマウアーカ山峡のマイマラー地区。色とりどりの絵の具を絞り出したような山の斜面は"画家のパレット"と呼ばれている。

140km は何度走っても楽しく、また何回でも戻ってきて走りたいと思うコースです。

トレス・クルーセスの北 100km 地点にあるのが、もう 1 つの北の国境の都市 La Quiaca（ラ・キアカ、S22°06'20"/W65°36'、人口約 1 万 4 千）です。ラ・キアカの最北、ラ・キアカ川に架けられたラ・キアカ国際橋（別名オラシオ・グスマン国際橋、標高 3,442m、長さ 31m）の真ん中が国道 9 号線の終着点。ウスアイアからは 5,040km。この"ウスアイアからラ・キアカまで"とよく使われるフレーズのために、アルゼンチン最北の都市はラ・キアカだと思い込んでいる人が多いです。私もその一人でしたが、GPS によれば、サルヴァドール・マッサの方が少し北寄り。そのサルヴァドール・マッサへ至る 160km 手前から、国道 50 号線が Río Bermejo（リオ・ベルメーホ、ベルメーホ川）と平行して北へ走っており、その 25km 地点にあるのがサルタ州第 2 の人口（8 万 2,413 人、2010 年の国民調査）を擁する都市 San Ramón de La Nueva Orán（サン・ラモン・デ・ラ・ヌエヴァ・オラン）、通称オランです。国境 Aguas Blancas（アグアス・ブランカス、S22°43'82"/W64°21'54"、24 時間通行可能）はさらに 40km 北にあり、この間にもう町はなく、不法占拠と思われる簡易住居の集落が点在して

いるのみです。アグアス・ブランカスとは、白い水域、あるいは、上水、という意味ですが、この区域には白い水（雨水）のみならず、白い粉がふんだんに降る、といわれています。ボリヴィア方面から飛んでくる軽飛行機が、この区域に麻薬入りパッケージを大量投下するからです。軽飛行機はレーダーの追跡をさけるため地上付近を這うように飛んできますので、墜落事故もよく起きます。が、事故発生を知り国境警備隊が現場に駆けつけたときは、白い粉は勿論、パイロットの身元が割れるような痕跡は跡形も無くなっているそうです。それもその筈、オランには約2,000人のコロンビア人が住んでいて、ボリヴィア・コネクションを統御しているからです。

　また、アルゼンチンとボリヴィアをこの付近で隔てているベルメーホ川を、平底の荷船Chalana（チャラーナ）で渡ってきては麻薬を持ち込むケースも絶えません。ボリヴィアで生産されるコカインの20％が、このアグアス・ブランカスからアルゼンチンに密輸され、アルゼンチンで密売されているコカインの90％が、アグアス・ブランカスとサルヴァドール・マッサから入ってくる、という数字もあります。が、バイクで旅する我々にとっては、国境アグアス・ブランカスは通行者が少なく手続きに時間を取られない、とても好もしい国境なのです。そして国境のその先には亜熱帯密林地域が続き、そこで収穫されたコカの葉が国道沿いで無造作に天日干しにされているのをよく見かけます。

● 2007年7月15日

　　大トサカ丘陵の麓、San José de Metán（サン・ホセ・デ・メ

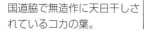
国道脇で無造作に天日干しされているコカの葉。

タン）で2泊目の夜を過ごした我々は、翌日、国道9号線で北上し、ヴォルカンの北20km地点からアンデス山脈越えのルート、国道52号線に乗り西に進みました。3km走ると国道左手に"7色の丘"または"虹の谷"として知られているPurmamarca（プルママルカ）が現れます。ウマウアーカ山峡の西側、プルママルカ山峡にある丘陵ですが、ここが鮮やかな虹色に輝くのは、午前中、それも10時から11時ごろまで。午後になると折角の7色の丘も色がくすんで写ってしまいます。

　プルママルカから12km走ると、蛇行する急勾配の坂道が始まります。全長17kmのCuesta de Lipán（クエスタ・デ・リパン、リパン坂）です。標高2,192mから4,170mまで上っていきます。下り坂は比較的緩やかで、坂を降りきった先には、Salinas Grandes（サリーナス・グランデス）が真っ白に輝き目を射します。平均標高3,450m。サルタとフフイの州境に広がる表面積1万2,000haの塩田で、雨季に当る12月から3月中は30cmほどの水の層で覆われていますが、それ以外の季節は塩の平原となり、主に伝統的な方法（ツルハシによる塩のブロックの切り出し）で"塩"の採取が行われています。その白い平原の真ん中を突っ切り、フフイ州高原のほぼ直線の

コースを十数分走ると、国道 52 号線は再び上り坂となって山峡 Quebrada de Mal Paso（ケブラーダ・デ・マル・パーソ）へと入っていき、南回帰線（S23°26'15"）を北から南へ、そしてまた南から北へ越え、これを何回か繰り返しながら山肌を削って造った道を進みます。この区間にモニュメントも碑塚もありません。南回帰線を示した標識は、我々の知る限りでは、国道 9 号線上、ティルカーラの北約 16km、Huacalera（ウアカレーラ）の村の手前、直線コースの左手に見えるのみです。見通しの利かない細かいカーヴが続くケブラーダ・デ・マル・パーソ（マル・パーソとは、わざわい峠という意味）に、もし目立つ石柱でも立てたら、ただでさえ谷底に転落する事故が絶えないコースですから、事故増発は必至となるでしょう。そのわざわい峠を走り抜けつつ、もう一度、南から北へ南回帰線を越えると Susques（ススケス）の村に到着します。南緯 23 度 25 秒。標高 3,896m。チリとの国境手前 120km にある小さなこの村の人口は、2001 年の記録では 1,140 人、2010 年の国民調査では 1,611 人と登録されていますから、2007 年当時は 1,500 人ほどであったでしょうか。……

　Puna de Atacama（プーナ・デ・アタカマ、アタカマ荒野）と呼ばれている地帯があります。東西の幅約 160km、南北約 1,000km に及ぶアタカマ砂漠の東側に位置し、アルゼンチンの北西とボリヴィアの南西、チリ北東にまたがる約 18 万 km² の乾燥したアンデス山脈山中の荒野です。先カンブリア期に形成された平均標高 4,500m のこの広大な台地には、6 世紀頃から Likan-Antay（リカン・アンタイ）または、Atacameño（アタカメーニョ、これはチリでの呼び名。アタカマ族）が住んでいました。

15世紀初頭にインカ帝国に征服され、1556年以降、スペインの植民地となりますが、アタカマ族は古くから交易を求め、キャラヴァンを組んでアンデス山脈を越えていったといわれています。塩漬けし天日で乾かしたジャマ（リャマ）の肉 Charqui（チャルキ）やジャマの毛の織物を携え、ススケスや、サン・ペドロ・デ・アタカマ、カラマなどのオアシスを中継地として太平洋岸の Cobija（コビーハ）辺りへ出て、海洋民族 Chango（チャンゴ）とバーターしてあざらしのチャルキや、Guano（グアーノ、海鳥糞）を入手・積載して帰り、農耕の肥料にしていたようです。1825年、ボリヴィアが共和国として独立した時点では、アタカマ荒野はボリヴィアの領土でした。が、1879年から1883年にかけて起きた太平洋戦争（チリがボリヴィアとペルーを相手にして領土拡張を図った戦い）でボリヴィアが敗北、チリ軍がこの地域を占拠しました。

　一方、1889年、アルゼンチンはボリヴィア領土 Tarija（タリーハ、国境アグアス・ブランカスの北方210km）の占有を放棄する代償として、ボリヴィアからアタカマ荒野の一部（ススケス一帯を含む）を譲り受ける秘密協定を結び、これが3年後にチリの知るところとなって、アタカマ荒野をめぐる国境争議が一挙に沸騰します。1895年、アルゼンチン・ボリヴィア両政府が先の密約内容を肯定する議定書に調印したことに反発して、チリ政府はアタカマ荒野の軍備を強化しました。白熱した事態が収束するのは1899年3月24日。当時アルゼンチンに駐在していたアメリカ合衆国全権大使ウィリアム・I・ブキャナンの調停で、係争中だった7万5,000km^{2}の内、6万4,000km^2（85％）がアルゼンチン領、1万1,000km^2（15％）がチリ領として裁定されます。

　ひとたび国境が画定されると、アタカマ荒野を渡ってアンデ

ス山脈を越え、太平洋に出る道を建設することが両国の関心事となり、さまざまなプロジェクトが描かれていきますが、中央集権主義（アンデス山脈地域が発展することを望まない）、或いは、政府間の不信が常に計画の推進を阻み、いずれの案も構想の域を出ませんでした。

が、1949 年 5 月、フフイ州 Abra Pampa（ウマウアーカの北西 100km）の運送業者ペトロニオ・メルカードがラバを追いながら真西に進み、果敢にも Cerro Zapaleri（サパレーリ丘陵、5,653m）からアンデス山脈を横断することに成功、チリで購入したトラックを駆って戻り、車輌で通行できることを証明したことから、まずアルゼンチン側で道路建設への動きが活発化していきました。

1958 年、民主党代議士ミゲル・ヴィセンテ・ガライと急進党代議士レオポルド・アバンが、それぞれ別個のプロジェクトをフフイ州議会に提出、激論の末、アバンがガライの提案に賛同してプロジェクトは満場一致で可決されます。

アブラ・パンパとサン・ペドロ・デ・アタカマをサパレーリで繋ぐ計画は、1965 年に入って初めて、アルゼンチン・チリ両国大統領会談の備忘録に載り、以後 3 年間に両国から何度も調査団が現地に派遣されます。しかし、サパレーリ地域の広範囲にわたる深い砂地は工事の困難を予想させ、厳寒期に張り出す氷の厚みが冬場の交通の阻害を暗示して、計画は座礁に乗り上げてしまいます。

1970 年、フフイ州道路公団監督に任命されたマリオ・イタロ・パランカは、まず"どこか"からフフイ州高原にアクセスして、そこから、かの広大な台地、アタカマ荒野へ出るルートを捜すことが肝要であると考えました。これまでの調査で蓄積された厖大な資料と、時代を超えて語り継がれてきたアンデス

山脈越えの獣道の存在の話、とを突き合わせて研究した結果、その"どこか"とは"プルママルカ"であると断定、新たな道路建設計画を推し進め始めます。カラマの知事、エドムンド・ヘラも 1972 年の冬、再び技師団を送り込んできました。その年の大雪でチリの南部から北部へ食肉を供給するのが困難となり、雪の積もらないアンデス山脈越えのルートを確保することは、チリ側でも悲願となっていたからです。するとこのとき、思いがけない助っ人が現れました。ススケス一帯の住人たち、アタカマ族がフフイ州に協力を申し出たのです。かれらは手に手にツルハシとシャベルを持ち、黙々と山肌を切り崩して"わざわい峠"に荒削りの道を通してしまったのです。その先は、幅約 60km にも及ぶ平坦な荒野。そこを強風が吹きぬけていくため雪が降っても積もらない台地。こうして、一年中、通行可能な Paso de Jama（パーソ・デ・ハマ、ハマ峠）がチリに向けて開けていきました。

　1972 年 8 月 6 日、車輛による最初のハマ峠越えの試みが開始されます。フフイ州道路公団総裁により派遣された一団、測量士・機械工・検査官・運転技師ら十数名は、パランカ監督の意見に従い最も進みやすいと思われた Laguna de Mucar（ラグーナ・デ・ムカール、ムカール湖沼）地区へ向けて出発、15 日以上もかけて峠越えのルートを捜し出し、任務を全うしました。

　1974 年 4 月 22 日、カラマ市はフフイ州サン・サルヴァドール市に姉妹都市宣言を行い、同年 5 月 27 日、サン・サルヴァドール市はカラマ市に感謝の意を表してこれを承認。しかし、ビーグル水道の覇権をめぐるアルゼンチンとチリの紛争（1888 年頃に起こり 1984 年まで続いた）が 1977 年から翌 78 年にかけて激化したため両国の関係は急速に冷え、あれほど輝いてい

たアンデス山脈越えの道路建設計画も、一時、くすぶってしまいます。

1984 年 4 月、フフイ州道路公団はサリーナス・グランデスの上に長さ 15km の土手を建設。1987 年 11 月には"わざわい峠"の部分の舗装化に着工。

1989 年 4 月、第 3 回アルゼンチン・チリ道路交通研究会議に参加したチリ側当局者たちは、首都サンティアゴ政府の反対気運にもかかわらず、ハマ峠越えルートの重要性を再確認します。折りしも、1990 年の豪雪が再びチリに物資供給の困難をもたらし、滞っているチリ側道路建設の再開が急務となり、その資金源をカラマ市とフフイ州の民間企業が調達しました。

1991 年 8 月 2 日、アルゼンチン大統領カルロス・サウル・メネムと、チリ大統領パトリシオ・エイルウィンは"アルゼンチン・チリ大統領共同宣言"に署名し、同月 23 日にアルゼンチン・チリ国境委員会が発足。9 月 17 日には、フフイ州工業連合の音頭で"一緒にハマを建設しよう!"キャンペーンが行われ、チリ側の工事が施工されていない部分 32km を造成する基金として"ハマ証券"(1 枚 10 ドル)なるものが売り出され、工事に一層の拍車がかかります。

1991 年 10 月 5 日、フフイ州道路公団のローラー車が、アルゼンチン側道路の最終整備の目的でプルママルカを出発、12 月初頭の全道程開通を目指してハマ峠に向かいました。チリ側では依然として工事が遅れており、フフイ州民がチリの道路工夫たちに不足している食糧を送って激励します。

そして迎えた 1991 年 12 月 6 日。当時の人口 350 人ほどのプルママルカの村で開催されたハマ峠越え道路の開通式。フフイ州が工事を着想してから実に 20 年余。アルゼンチン・チリ両国の複雑に絡んだ利害関係の高き山を、フフイ州民とカラマ

市民の無量の熱意が越えました。

　この日、プルママルカの7色の丘はあふれる陽光で鮮やかに輝き、両国の国旗掲揚と国歌斉唱のあと、すぐカルナヴァリート（ウマウアーカ山峡の伝統舞踏）の群舞が湧き起こり、エルケ（アンデス・ホルン）やチャランゴ（マンドリンに似た民族弦楽器）の響きと群集の熱気を帯びたステップが、プルママルカ山峡にいつまでもこだましましたそうです。

　このアンデス山脈越えの道路は、アルゼンチン側では当初、州道16号線と命名されました。1979年と1996年の2回に分けてその管理が州から国に譲渡され、州道は国道52号線となり、2000年9月8日から未舗装部分の舗装化が進められて、2005年9月29日、全道程263kmの完全舗装道路として再開通したのです。……

● 2007年7月16日

　午前9時20分。気温が7度まで上がるのを待ちました。

　昨晩、ホテルのフロントに頼み込み、バイクを狭いロビーの一角に無理やり駐車させてもらったお陰でエンジン・オイルは凍結をまぬがれ、発火スイッチを入れるとすぐ重いインパクトのある響き、BMWバイク特徴のボクサー・エンジン音が乾いた冷気を震わしました。出発。ススケスの村を出て西に向かった国道52号線は、しばらくすると南西に折れてまた南回帰線を北から南へ越えます。ほどなく前方に真っ白の線がひとすじ現れ、白いすじは次第に太くなり、やがて国道が左折して真南へ向かうと、道の右手側に奥深く、左手側にはうっすらと、塩湖が広がっているのが見えました。Salar de Oraloz（サラール・

デ・オラロス、160km^2）と Salar de Cauchari（サラール・デ・カウチャリー、350km^2）です。南北に細長く拡張して隣接する2つの塩湖を隔てているのが国道52号線で、この一帯では、近年、希少金属であるリチウムの資源開発が盛んに行われてきました。

北のオラロス塩湖では"オラロス・リチウム・プロジェクト"として2007年から探鉱・調査が進められ、プロジェクトは2012年10月、オーストラリアのオーロ・コブレ社、豊田通商、フフイ州鉱業公社の合弁事業に発展、かん水（塩水）を汲み上げ精製して年間1万7,500tの炭酸リチウム（電動車やポータブル・コンピューター、デジタル・カメラや携帯電話などのバッテリーに使用されるリチウムイオン電池の原料）を生産することになりました。2013年3月15日、標高4,544m、6万3,000haの借用地で、アルゼンチン副大統領、フフイ州知事、駐アルゼンチン日本大使らが出席して生産設備建設着工の式典が催され、2014年12月3日に工場の開所式を迎えました。

一方、南のカウチャリー塩湖では、2009年からカナダのリチウム・アメリカス社が同様のプロジェクトを展開してきており、これに2010年5月、三菱商事がジョインして協同開発しています。

カウチャリー塩湖の最南端に位置するのが寒村カウチャリーで、そこから国道51号線の砂の道を西へ10kmほどいくと、見えてくるのがサルタ州の Salar de Rincón（サラール・デ・リンコン、260km^2）。ここは豪州企業の資本により、2011年から炭酸リチウムの生産が開始されている塩湖です。

また、カウチャリー村の南130km、カタマルカ州の最北部にあるのが Salar del Hombre muerto（サラール・デル・オンブ

レ・ムエルト、死んだ男の塩湖。640km^2)。ここではアメリカFMC 社の子会社が 1997 年から炭酸リチウムの析出・生成に着手していて、1998 年にサルタ州 General Güemes（ヘネラル・グエメス、国道 9 号線サン・ホセ・デ・メタンの北 100km）工場で精製を開始した塩化リチウムとともに、生産した全量を本国アメリカに輸出しています。

　カウチャリー村から国道 51 号線の過酷な砂利道を西へ 65km 走り、シコ峠からアンデス山脈を越えてチリ国道 23 号線の砂利道を下っていけば、アタカマ塩湖に出られます。3,000km^2 の塩湖のど真ん中で盛んにかん水を揚水しているのが、チリ SQM 社（Sociedad Quimica y Minera de Chile）（ソシエダッ・キミカ・イ・ミネーラ・デ・チーレ、チリ化学鉱業会社）。天日蒸発・濃縮させた液を太平洋岸の都市 Antofagasta（アントファガスタ）に近い Salar de Carmen（サラール・デ・カルメン）工場へ輸送、そこで精製して年間 4 万 8,000t の炭酸リチウム、6,000t の水酸化リチウムを生成している世界最大の生産者です。

　リチウム埋蔵量の世界一は、ボリヴィアの Salar de Uyuni（サラール・デ・ウジュニ、ウジュニ塩湖、1 万 582km^2）です。南北 180km、東西 80km の茫漠とした純白の塩原。道のない巨大な平面はごくなめらかで、そこを走るときの快感。身体の周囲全体が真っ青な空で、その青を切り裂くようにして走るのです。環境汚染など全く関係なさそうだったウジュニ塩湖でしたが、2013 年 1 月、ボリヴィア鉱山公社により月間 40t の炭酸リチウムの試験生産が開始されました。19 世紀の末、アルゼンチン・ボリヴィア・チリ 3 国がその領有を争ったアタカマ荒野は、こんにちでは "リチウム三角地帯" と呼ばれる、世界のリチウム生産の 70% を賄う一大宝庫だったのです。

10時40分。零下3度。手の指の感覚がなくなりました。ホセはヒーター付きグリップを握っているので、私ほどには指先の寒さに苦しんでいない様子。私は、腕を組み拳を強く握って脇の下にはさんだり、手の平を太ももの下に入れお尻の重みで圧迫したり、いろいろしてみましたが、指先の感覚は戻りません。ついにホセに頼んで走行を止めてもらいました。指先を手袋ごと熱したエンジンに押し付けること数分。二重にはめた冬のツーリング用手袋の上から徐々にエンジンの熱が伝わってくると、指先にちりちり感覚が蘇り始めました。停まったついでに水を飲むことにしましたが、零下3度では、3本持ってきた500ml入りミネラル・ウォーターの水もほぼ固体となり、わずかに液体を残しているのみ。それを飲もうとして、フリップ・アップ式ヘルメットの顎の部分を持ち上げ前面部を開けた途端、凍てついた強風をもろに顔に受け、息ができなくなりました。あわててヘルメットを閉じ水を飲むことは断念、手袋をきっちりはめ直して、再び出発したのです。

オラロス・カウチャリー両塩湖が後方に遠ざかると、今度は国道左手にSalar de Jama（サラール・デ・ハマ、ハマ塩湖、30km^2）が広がります。ところで、Salar（サラール）とSalina（サリーナ）、その違いは何なのか、カタマルカ州政府観光局に問い合わせてみたことがありました。結果、30cm以上の塩の層を有する塩原をサラール（塩湖）と定義している、という明快な回答が返ってきました。

11時30分。ハマ国際通行所（アルゼンチン側税関）に到着。2年前の2005年7月3日にこの通行所を目指したとき、ススケスからここまではまだ125kmの砂利道でした。舗装道路は既に完成していて、砂利道と平行してすぐ北側を走り、と

ころどころに通行止めの杭が打ち込まれているのが見えました。日曜日でしたので工事現場に人影はなく、杭と杭の間をすり抜け新設道路に乗っても咎められることはなさそうでしたが。強風にバイクを揺さぶられ、砂利を撥ね飛ばしながら、じりじりと進んだ125kmが何と長く感じられたことか。タイヤは大きな砂利を食むたびに、パクッ、ポコッ、と異様な音をたてました。我々が砂利道を走った3か月後、再開通した国道52号線舗装道路は5km短縮されていました。……

　アルゼンチンとチリ。その国境の長さは5,308km。
　アメリカ合衆国とカナダの国境（8,893km）、ロシアとカザフスタン（6,846km）のそれに次いで、世界で3番目に長いそうです。その長い国境には、常時設置されている通行所が49か所あります。季節的に設置される通行所も加えると57か所。ハマ通行所はそれらの最も北に位置し、アルゼンチンのみならず、パラグアイやブラジルの運輸にとっても重要な通行所となっています。フフイ州税関の記録によれば、2007年にハマ税関を通行したトラックは2万4,785台、乗り合いバス1,736台、自家用車輛1万4,724台（その内の1台が、我々のバイク）。

　我々が初めてハマ税関を通った2005年の7月3日、大きな石のブロックを積み上げセメントで固めた狭い暗い建物の中で、石炭ストーヴに手をかざした税関員が真冬のアンデス山脈越えの注意をこまごまと施してくれました。翌2006年8月1日にここを通ったとき、税関の建物の並びには、荒削りの板で壁を作りトタン屋根を貼り付けた1.5m^2ほどの売店が出来ていて、ブリック・パック入りジュースやスナック菓子を売っていました。2007年7月16日の時点では、この売店は約2.5m^2

に増設されていて、2010年7月26日にここを通過したときには、ホテルらしい建物とガソリン・スタンドが建設中でした。そして2012年9月23日、チリ側からアンデス山脈を越えてきて驚きました。石を塗り固めた建物の替わりに、立派な複合体の建築物が出現したからです。ミニ・マーケットも備えたガソリン・スタンドで給油中、ふと思ったこと。この先、ススケスの村は寂れていくのではないか。従来、ススケスがアルゼンチン側最後の給油所で、チリのサン・ペドロ・デ・アタカマまでの277km間に給油所はなく、国境越えの旅人は、必ずススケスでガソリンを満タンにし、給油所に隣接する小さなホテルの食堂で、サンドウィッチの1つ、コーヒーの1杯もしたためてから出発したものでした。が、ハマ通行所で給油できる可能性が生まれた今、ススケスを素通りしていく通行者も多いのではないかと。いえいえ、オラロスとカウチャリーのリチウム・プロジェクトが商業ベースに乗れば、ホテルがましい宿泊施設が2軒しかないススケスの村にも、やがてホテルが林立するかもしれない。そして、ススケス一帯からサルタ、カタマルカ州の北西にかけて点在する20余の塩湖で、今後一層、リチウム資源開発が進めば、1948年から1990年代末まで運

2012年9月23日、ボリヴィア"死の道"を完走し、ペルーのクスコへ遠征した帰路、5度目にハマ国境をチリ側から越えてきて驚きました。小さな板張りの壁の売店は取り壊され、立派な複合体の税関の建物が出現したからです。

行していたアンデス山脈鉄道(サルタ市―アントファガスタ市間 901km を結んでいた。現在は、観光用に"雲へ行く汽車"としてサルタ駅の標高 1,187m から La Polvorilla ラ・ポルヴォリージャ駅の標高 4,220m までの 217km のみをピストン運行している)も復活し、廃村に追いやられた村々にも人が戻ってくるかもしれない。そうなったとき、ススケスも含めたアルゼンチン側のアタカマ荒野に生存しているという、約 3,000 人のアタカマ族の子孫たちにもどうか多大な利益の還元がありますように、と希求してやみません。

"あれっ? 君たちは去年もおととしもここを通っているね。この先の道に何か大事な落し物でもして、それがまだ見つかっていないのかな?"

バイクで長旅をする旅行者に、大抵の税関員が親切です。ましてこれからタンデムで真冬のアンデス山脈を越えていこうとしている我々の、税関手続きを少しでも短縮してあげようという配慮なのか、出国申請をしたバイクを確認する際に、税関員はパテント番号を照合しただけで、サイド・バックやトップ・ケースを開け、持ち出し禁止の物品があるかどうかまでは調べ

サルタ州を走る"雲へ行く汽車"。

ようとはしませんでした。

　国境は税関を通過してから 5km の地点にあります。標高 4,230m。国道 52 号線の終点です。ここからハマ通行所方向を振り返れば、ムカール湖沼が見える筈なのですが、湖沼は凍っているらしく、ハマ塩湖と見分けがつきません。

　国境の先はチリ国道 27 号線です。乾いた台地にはパーハ・ブラヴァともイーチュとも呼ばれている、わら束の先をくくったような植物が数メートル間隔で生えています。20km 余の距離をゆっくり 15 分かけて走ると、左手南側に見えてくるのが Salar de Quisquiro（キスキロ塩湖、80km^2、標高 4,150m）。国道に沿って 2km ほど続いた塩湖が見えなくなると、台地は植物と動物の生存の気配を感じさせない乾き切ったアタカマ荒野の風景となります。

　一見、平坦なようですが、標高はゆるやかに上がっていき、10 分後、今度は国道右手のくぼ地に濃紺色の湖が現れます。Laguna Negra（ラグーナ・ネグラ、黒い湖沼）3km^2 です。湖底に深い穴でも空いているのではないかと思うほど暗い青色の水を湛えた湖沼は、すぐ北側の標高 4,280m に広がる Salar de Aguas Calientes Norte（サラール・デ・アグアス・カリエンテス・ノルテ、北の熱い水の塩湖、17km^2）の一部です。この塩湖がアグアス・カリエンテス（熱い水）と呼ばれるのは水温 53 度の源泉があるからで、"北の" と限定しているのは、南のチリ国道 23 号線上にも同名の塩湖があるためです。

　熱い水の塩湖の北東 10km には、Tara（タラ）塩湖 48km^2 があり、タラ塩湖の北東には、あのサパレーリ丘陵 5,653m（フフイ州の運送業者が挑んでアンデス山脈越えに成功した）がアルゼンチン・ボリヴィア・チリ 3 国にまたがって控えています。熱い水の塩湖を過ぎると細かいカーヴの急坂、Cuesta de

La Pacana（クエスタ・デ・ラ・パカナ、パカナ坂）が始まります。国道を右手北側に外れて荒野に降りれば、"タラのモアイ" とか "パカナの修道士たち"、あるいは "パカナの守護者たち" と呼ばれている名所へいけます。風化した火山岩が人の形を成して林立している場所で、岩はイースター島のモアイにも似ており、また、フラミンゴの生息地であるこの一帯を警護する修道士たちのようにも見えるのだそうです。フラミンゴは絶滅が危惧されている種の１つですが、1990年、チリ政府はチリの北東、アントファガスタ州のエル・ロア県に生息するフラミンゴ３種を保護する目的で、生息地７区域７万3,986haをフラミンゴ国立保護地に指定しました。タラと北の熱い水の両塩湖は保護地の中でも最北東に位置する区域で、ここに生息しているフラミンゴは２種類、ジェイムズ・フラミンゴとチリ・フラミンゴです。見分けの目安は肢。ジェイムズ・フラミンゴは肢全体が赤い色、チリ・フラミンゴの肢は白で、足根骨の関節（膝のようにみえる部分）だけがローズ色をしています。（アタカマ塩湖のソンコール保護区域とケラーナ湖沼区域を主な生息地としているアンデス・フラミンゴの肢は黄色一色。）

　世界のリチウム三角地帯であるアタカマ荒野のチリ側にも、アルゼンチン側と同様、リチウムを豊富に埋蔵している塩湖が複数点在しているのですが、それらのほとんどがフラミンゴ保護地に指定されているため、リチウム開発はできません。それゆえ、この付近の塩湖は、掘り返され薄汚れた赤茶色となってしまった塩湖、ではなく、開発の手が入らない自然な姿を残しています。

　パカナ坂の途中で、急カーヴを曲がり切れずに転覆したらしい大型トラックがありました。事故発生からまだそれほど時間

が経っていない様子。ホセが走行を止めました。ガソリン・タンクの上に装着したタンク・バックからカメラを取り出し現場を撮影すると、私の制止も聞かずに積雪した山腹側に向かってゆっくり歩き出しました。雪を丸めて雪だまを作り、まるで子供。高山病症状に陥るのを恐れるあまり、頑としてバイクから降りなかった私は、戻ってきてすぐ出発しようとするホセを再び制止しました。

"だめ。5分休憩。""そんな！　寒いよ。""じゃ、3分だけ。寒くてもいいの。今、走り出したら転倒するから。""ウーファー！"と、我慢がならない気持ちを表す擬態音を発しつつ、ホセにも過去の転倒事故の記憶が蘇ったのか、それ以上の不服は示さずに私の指示に従ってくれました。見渡せば、ススケスを出発したときにはからりと晴れ上がっていた空が、いつしか鈍色に変わり、厚く重く垂れ下がってきています。突風が、私を乗せたバイクを大きくゆるがせて吹き去っていったとき、こんな場所に停止していることが急に恐ろしくなりました。バイクに装着したGPSは標高4,728mを示しています。ホセの息が少し整ったのを見計らい、すぐ出発しました。が、急カーヴを過ぎた先の国道は、積もらない筈の雪で覆い尽くされていたのです。見渡す限りの雪原が出現し、驚愕しました。この年の冬は、アンデス山脈でもことさらに厳しかったのです。（やはり少し無謀だったか。）後続の車輛はなく、対向車もこれまでありませんでした。（また遭難するかもしれない。）私の不安を鋭敏に感じ取り、ホセがインターコムで話しかけてきました。

"ミドリ、ゆっくり走るから心配ないよ。でも、写真はギヴ・アップしよう。今、手袋をはずしたら、体温を回復できずに凍傷になる。"

すでに転倒を覚悟してホセの背中にぴったりと身を寄せていた私に、写真撮影のため手袋をはずす意志は元よりありません。呼吸も細め、石のように身を固くしている私に反して、ホセはウンウンと唸りながらバイクを進めていきます。色彩が消え、雪の白、空の灰色だけの景色となってしまったアンデス山脈荒野の真っ只中を、バイクはよろよろと進みました。110度の角度を成して優雅に裾野を広げているリカンカブール火山の姿を、恐ろしい、と思って眺めたのはあのときだけです。美しい自然も、ひとたびそれを侮れば、たちまち鋭い牙をむくことを、このとき思い知りました。永久に続くかと思われたアンデス山脈雪原を貫いていた道でしたが、時間にすればほんの1時間ほど。その間、国道に雪がなかった場所があり、ホセは無言でバイクを停め、雪を頂いたアンデス山脈の山々にカメラを向けました。私は、低体温症で思考力が失せ、ホセを制止する気力もなく、氷の彫像のようになって前方を凝視したままでした。

　道は、やがて急な下り坂となり、急坂の途中には数百メートルごとに緊急事態が発生した場合の駐車スペースが設置されています。そして、リカンカブール火山を後方に残す頃には気温

チリ国道27号線。雪を頂いたアンデス山脈の山々。

も上昇し始め、サン・ペドロ・デ・アタカマにあるチリ側税関に到着したときには 18 度まで上がっていました。時刻は午後 2 時（チリ時間では午後 1 時）。存外早い時間に着けたので、もうひと踏ん張り 100km 走って、カラマまでいくことにしました。

サン・ペドロ・デ・アタカマの北方約 200km、Volcán Miño（ヴォルカン・ミーニョ、ミーニョ火山、5,661m）の北側の麓、標高 4,277m から流れ出ているのが Río Loa（リオ・ロア、ロア川）。

その水はアンデス山脈峡谷を伝って真南へ 150km 流れ、アタカマ族のかつてのオアシス Chiu Chiu（チウ・チウ）でタティオ火山の麓から流れてきた Río Salado（サラード川）と合流して奔流を西に変え、115km 流れた先のオアシス Chacance（チャカンセ）で、56km 上流から平行して流れてきた Río San Salvador（サン・サルヴァドール川）の水をも吸収して方向を転じ、80km 北流したあと Quillagua（キジャウア）で大きな弧を描きつつ西へ曲がって太平洋へと向かい、Cordillera de La Costa（コルディジェーラ・デ・ラ・コスタ、海岸山脈）の渓谷を流れた末に Caleta Huelén（カレータ・ウエレン、ウエレン入り江）へ出て、太平洋へと注ぎ込んでいます。全長 440km。そのほぼ全流域が、かつてはボリヴィアの領土でした。

ロア川の河口から、チリ海岸線にぴったりと添って国道 1 号線を南へ約 180km 走ると、コビーハの入り江に着きます。Tocopilla（トコピージャ）からは 59km です。

ボリヴィアは、1821 年 7 月 28 日、ペルーがスペインからの独立を宣言した当時、アルト・ペルー（ペルー高地）と呼ばれていて、ペルーの他の内陸部と共に依然としてスペイン軍の

統治下にありました。独立解放軍の総帥、シモン・ボリーヴァルは1824年8月6日、リマの東、Junín（フニン）の戦いで勝利を収めたあと、同年12月9日、Cuzco（クスコ）の北西、Ayacucho（アジャクーチョ）の戦いに腹心のアントニオ・デ・スクレ将軍を赴かせてスペイン軍を大敗させ、スクレ将軍は翌1825年4月、アルト・ペルーに軍隊を進めて残存スペイン軍を敗走させます。こうして1825年8月6日、アルト・ペルーは、シモン・ボリーヴァルの名にあやかり"ボリーヴァル共和国"と命名されペルーから独立し、同年10月3日、正式に"ボリヴィア共和国"となったのです。（現在名は、ボリヴィア多民族国、通称ボリヴィア。）

　ボリヴィア共和国新政府は、1825年12月25日、海洋民族チャンゴが定着していた土地コビーハに、Puerto Lamar（プエルト・ラマル、ラマル港）を築いてボリヴィア初の港として開港、1857年には約1,000人が住む港町に発展させました。しかし、1868年の地震で家々の半数が倒壊し、翌1869年には黄熱病が蔓延、そして1877年に再び襲った地震と津波の被害で港は壊滅したため、町の権力者たちは南のアントファガスタ港に移住します。折り悪しく1879年2月、ボリヴィア・チリ・ペルー3国の国境紛争が激化。同年2月14日、チリ海軍はアントファガスタ港に上陸、廃墟となっていたコビーハの港も含めた一帯（正確には、1866年8月10日に調印した協定で、国境に制定されていた南緯24度以北のボリヴィア領土・沿海地方一帯）を占拠します。3月15日、チリ軍は南緯23度の東、ボリヴィア領土・アタカマ砂漠地帯にも侵攻を開始しました。

　"カラマ"とは、アタカマ族の言語・クンザ語で"Ckara-ama"（水に取り囲まれた村）という意味だそうです。その名の通り

ロア川の水が流れこみ、カラマの数キロメートル西の山峡からは、サン・サルヴァドール川が流れ出ています。

1840年、ボリヴィア政府がカラマの町をアタカマ州の州都に制定、以来、カラマ（南緯22度28分／西経68度55分）は、アタカマ荒野を渡りアタカマ砂漠を抜け、太平洋岸のコビーハへ出るルートの重要な中継地として発展していきました。1870年3月、カラマの南西約50km、平均標高3,100mの山岳地帯に銀鉱山 Caracoles（カラコーレス）が発見されます。鉱山の位置は南緯23度02分／西経69度01分で、1866年にボリヴィアとチリが調印した国境協定を厳守するなら、ボリヴィア領土内でしたが、この銀鉱山の発見が、両国の国境紛争を再燃させたことは間違いありません。

アントファガスタ陥落の知らせは、チリ軍によりカラマに届けられました。カラマでは、コビーハの元長官、退役軍人のラディスラオ・カブレーラ元陸軍大佐（当時49歳）が部下1人と共に法令をつかさどっていました。カブレーラは知らせを受け取るとすぐ、民間人135名を募ってにわか軍隊を組織し、チリ軍を迎え撃つ決心をします。真っ先に志願してカブレーラの右腕となり奔走したのがカラマの地主、エドゥアルド・アヴァローア・イダルゴ（サン・ペドロ・デ・アタカマ生まれ、当時40歳）でした。わずかな火器をかき集め戦闘準備を整えたカブレーラは、アヴァローアを慰労し、家族のもとに帰るよう勧告します。が、アヴァローアは、"私はボリヴィア人で、ここはボリヴィアです。だから、私はここに残るのです。"と落ち着いて、しかし、きっぱりと言い切ります。544人の部下を率いて（ボリヴィアの文献では1,500人）侵攻してきたチリ陸軍大佐ホセ・アントニオ・ヴィジャグランは、1879年3月22日、圧倒的有利な武力（チリ軍は砲兵隊と大砲2門を備え

ていた）を以て民間人を攻撃することを潔しとせず、カブレーラに降伏を要求します。が、カブレーラはこれを拒否。翌23日、ボリヴィア軍の到着がないまま、アヴァローアたち民間人は悲壮な覚悟で、カラマの町の南の入り口、ロア川に架けられたタパーテルの橋の手前のざん壕に立てこもりました。チリ軍に橋を渡らせてはならない！　戦闘が始まると、アヴァローアは牢固とした決意で10名の同胞を率いてざん壕を飛び出し、愛用のウィンチェスター銃を撃ちながら橋を渡ります。が、同胞たちは敵弾に打ち抜かればたばたと倒れていき、アヴァローアも再び川の掘割に身を伏せました。気がつけば、サン・ペドロ・デ・アタカマから連れてきた忠実な下僕一人だけが、倒れた同胞たちの銃2挺を拾って携え、ぴったり傍らにはべっています。ヴィジャグランは、アヴァローアを死なせたくありませんでした。前日、カブレーラに降伏を呼びかけたとき、アヴァローアにも会っていたのです。長身で穏やかな身のこなしの、明るい瞳を持った紳士でしたが、温良な双の目の奥底深くに不屈の愛国心を燃やしていました。

　"降伏せよ！"ヴィジャグランが叫びました。"私に降伏しろだと？　お前のお祖母さんが降伏しろ！　カラホ！"。("カラホ"とは、帆船の中央マストてっぺんの見張り台のこと。新米水兵が失敗をしでかすたびに、上官が水兵をカラホへ登らせ叱咤・教育したが、大海原では大揺れとなるカラホ送りは、新米水兵たちにとって地獄送りにも等しかった。）この一言が歴史に残りました。チリ軍の銃が一斉に火を噴き、しかし、アヴァローアは3発被弾してもなお死なず、あたかも命を7つも持っているかのごとくに抵抗し続けたため、恐怖にかられた兵卒たちは銃剣で何度も突き刺した末、ようやくその動きを止めることができたと伝えられています。チリ軍が勝利の雄叫びをあげ

ている間にアヴァローアは息を引き取りますが、その最後の細い息の下で発した"ムエラ！（死ね！）"という声が聞こえた、とも。この戦闘でボリヴィア民間軍はアヴァローアを含め20人が死亡。3人が負傷し、24人は捕虜になりました。チリ軍の死者は7名。負傷者6名。同日午後4時、アヴァローアの遺体は、チリ軍の手によりチリ国旗に丁重に包まれてカラマの墓地に埋葬されます。ボリヴィア軍は、ついに到着しませんでした。恐らく、チリ軍の進撃を知らずに出発さえしていなかったのではないでしょうか。カラマから一番近いボリヴィア軍の大隊駐屯地が、当時、Potosí（ポトシー）であったとしたら、カラマへいくには、ポトシーから200km南西に向かってアンデス山脈高原を行軍して、まずウジュニへ出なければなりません。

　一度、この高山地帯をウジュニからポトシーへバイクで登っていったことがありました。Cordillera de Chichas（チーチャス山脈）の山腹を開削して造った、ボリヴィア国道5号線の細い道が延々と続く208km。そこを走るのは1日がかりでした。日陰もない過酷な道で、途中、バイクを山腹側に寄せて停める間も与えずに、我々を強引に追い越していった路線バスがありました。砂塵に包まれ視界を失ったホセは、土埃を巻きあげて遠ざかるバスに向かって怒りの言葉を発しました。"カラホ！（地獄へいけ！）"と。が、その50km先で、バスはカーヴを曲がり切れずに荒野へ飛び出し転覆していたのです。時刻は午後4時。日没前にポトシーへ到着できるかどうかの瀬戸際で、我々は選択を迫られました。荒野へ降りて我々だけで救助活動をするか、先を急いでポトシーまで走り事故発生を知らせるか。走ることにしました。その晩、ポトシーのホテルで、死者4名、負傷者多数が出た事故だったことを知りました。あの道

を通ってウジュニへ出たとして、しかし、カラマはさらにその南西400km先にあります。アヴァローアたちは、援軍が絶対に来ないことを知っていたのです。

　敗北したカブレーラは生き残ったものたちを引き連れ、チュイ・チュイを通ってラ・パスへ落ちていったといいますから、多分、カラマからOllague（オジャウエ）（現在のオジャウエは、カラマからチリ国道21号線を通って197km北東にある）へ出て、チグアナ砂漠を越えていき、ウジュニ塩湖の東縁に点在するオアシスをたどりつつ、Oruro（オルロ）を経由したのちに、ようようラ・パスへ至り着いたのだと思います。その距離約850km。馬か、あるいは高山地帯で耐久力を発揮するラバに乗り、ロバの背に荷物を載せて曳いていったとして、1日で行軍できる距離はせいぜい30kmでしかありません。我々にも、馬でアンデス山脈を越えていった経験がありますから分ります。川の水を汲み水筒に入れ、夜はテントを張っての野宿です。真夏（1月）でしたが、夜間は零下10度にもなりました。日中の高山地帯の天候は変わりやすく、尾根伝いに馬を進めるうちに地元でガロティージャと呼ばれているあられが吹き付け、それがやがて細かい雪に変わったとき、馬は一斉にお尻を風上に向け、もう一歩も進まなくなってしまいました。右手で手綱をしっかりと手繰り寄せ、左手で凍てついた風にあおられる帽子を押さえつつ、肩と背中に雪を積もらせて耐えるうち、運よく天候が回復し、次の野営地まで進むことができたのです。

　我々が馬でたどっていたルートは、サン・マルティン将軍（アルゼンチンをスペインから独立させたあと、チリとペルーの独立戦争にも貢献したアルゼンチンの政治家・軍人）が率いたアンデス陸軍隊の分遣隊が越えていったルートでした。アル

ト・ペルーをスペイン軍から解放しようとした将軍は、アンデス山脈を越えチリのサンティアゴに出て、まずチリを解放してから北のペルーを目指す、という遠大な戦略を打ち立てました。その戦術としてアンデス陸軍約5,000人の軍団（1,200人が騎乗）を6つの部隊に分け、それぞれ別のルートを進ませ、分遣隊は6つの峠から次々にアンデス山脈を越えてチリへ雪崩れ込んだのです。そのルートの一つ、メンドーサ州のEl Portillo（エル・ポルティージョ、標高4,380m）を通り、Paso Piuquenes（パーソ・ピウケーネス、ピウケーネス峠、4,030m）からアンデス山脈を越え、チリのCajón del Maipo（カホーン・デル・マイポ）へ出る行程を2013年1月に再現してみたのです。アンデス陸軍隊の行軍は、1817年1月から2月にかけて敢行されました。約9,000頭のラバを使って大砲を曳かせ食糧を運び、補充用の馬1,600頭も曳いていましたが、生きてアンデス山脈を越えられた馬は510頭、ラバは4,300頭だけだったという記録が残っています。

　エル・ポルティージョとは、山と山の間に開かれた扉、という意味です。アンデス山脈を登ってきて、前方の茶褐色の山と山の間に、1か所、空の青に向かって大きな扉が開かれたような開口部が見えてきました。その扉を目指してさらに登り、いざ、扉の向こう側へ一歩、馬を進めた途端、その急な勾配に恐慌をきたしました。馬は前のめりになりながら、ともすれば崩れそうになる岩をひとつひとつ踏み分けて降りていきます。馬の背中に私の背中がくっつくほどに上体を反らせ、両足を目一杯開いてあぶみの上でふん張り、前後左右に大きく揺れる馬の背中でバランスを取りつつ転げ落ちないようにしながら降りていくとき、アンデス部隊の行軍の厳しさが、骨のきしみと共に全身に伝わってきたのです。ピウケーネス峠を越える前に馬を

交換しました。アルゼンチンの牛馬はアフトーサ（口蹄疫）に罹っている疑いがあるので、チリ入国が許可されないのです。アルゼンチンの馬とラバは牧童に曳かれて帰っていき、チリ側から新たな馬とラバの群れが峠を越えて到着しました。峠の向こう側は、細かい砂礫でできた急斜面で、そこをジグザグに降りていかねばなりません。私に振り与えられたチリ産の雌馬は小柄なくせに気が強く、前をいく馬の尻に嚙み付き、後ろからついて歩く馬を蹴飛ばして隊列を乱すので、やむなく私は最後尾につきました。すると、今度は荷駄を背負ったロバの群れ（馬とは離れて行進している）を慕って追っていこうとするのです。馬をムチで打つのは好みませんが、この雌馬の場合は別。右に左にムチを使い、手綱を引き締めて馬の隊列に引き戻しました。

　ところで、馬の機嫌を推し量るには、馬の耳を観察しろ、とホセが教えてくれました。ホセは幼少の頃、アルゼンチンの田舎で裸馬を乗り回して馬の習性を知ったといいます。馬は、耳をあちこちに動かし音を聞き分け、危険がないかを探っています。その耳が、2つ揃って背中に乗った私に向けられ、ピーンと硬直して動かなくなったら要注意だ、と。私を振り落とす準備なのだそうです。また、馬に跨った最初の瞬間に、馬と騎手の関係が成立する、とも教えてくれました。その瞬間に、馬は騎手の手綱さばきの熟練度を感知して、服従するかどうかを判断するからです。手綱は、緩めれば馬は勝手な行動をとり、強く引き過ぎればあぶみを食んでいる馬の口を傷つけるので馬は気を荒らします。真っ黒な毛をつややかに光らせた小柄な雌馬の耳を観察しつつ、手綱を締めたり緩めたりしながら、砂礫の斜面を用心深く降りていきました。地表から目を放し見渡せば、遠く万年雪を頂いた峰々が、馬の歩調に合わせて揺れてい

ます。近くの山々の斜面にも、氷雪が固く溜まって垂れています。濃く深く澄み切った空があり、その空の中を進んでいました。混じりのない青色で身が染まり、青は心の奥深くまでしみとおり、過去の痛みを和らげます。神々が住んでいるという、天界をごく身近に感じます。下るにつれて山肌は、次第にコケのような植物で包まれていき、やがてはるか下方に、水嵩の多い急流が現れました。Río Plomo（プロモ川）です。馬は次々と早瀬に進み入り、私を乗せた小柄な馬も、果敢に水に踏み入れました。が、水流は速く、ともすると押し流されていきます。"バーモス、ペティーサ！（頑張れ、チビ！）"。腹まで水につかった馬を激励しつつ、上体を前倒しにして風の抵抗を避け、左手で手綱を操り、右手に持ったカメラでビデオを撮り続けました。この日の行進中、馬が1頭つぶれました。騎乗していたのは体重が100kgはありそうな巨漢でしたから、つぶれた馬も気の毒でした。アンデス部隊の行軍速度は28km／日だったそうですが、我々には20km進むのが精一杯でした。

　閑話休題。カブレーラはラ・パスにたどり着き、91歳まで長生きして、ボリヴィア政府の要職を何度も務め、一方、カラマの戦いに勝ったチリ政府は、1879年4月5日、ボリヴィアとペルーに宣戦布告し、以後、4年間続いた"太平洋戦争"へと突入していったのです。この間に、かの海洋民族チャンゴたちは北に南に追いやられ、1890年頃、アントファガスタの南、Paposo（パポーソ）入り江に住んでいた家族があったという記録を最後に、歴史から姿を消してしまいます。

　アヴァローアが戦死してから73年後の1952年、ボリヴィア政府はチリ政府と交渉してアヴァローアの遺体をボリヴィアに引き取り、ラ・パス中心部の広場に埋葬して、そこをアヴァローア広場と命名しました。ラ・パスの中心部は、巨大なすり

鉢状の地形の底にあります。我々が初めてラ・パスを訪れたのは 2006 年 7 月。オルロ方面からアンデス高原を爽快な気分で走ってきて、はるか遠くに赤いハチの巣のようなものがぼんやり浮かびあがり、近づくに連れ、それが赤いレンガを積み上げたままの、上塗りも施していない無数の簡易住宅群であることを認めた途端、ラ・パスへは寄らずにそのまま走り去りたくなりました。すり鉢の斜面に隙間なく密集している質素な、もっと有体に言えば貧相な住宅密集地の中へ突入し、螺旋を描きながら底へ底へとバイクで降りていくには、相当な勇気がいります。降りていったら最後、身包み剥がれて生きては這い上がれないのでないか、という妄想が起きてしまうからです。しかも、すり鉢の底には、ひどい交通渋滞が待っています。信号が赤であろうが青でなかろうが、最初に鼻先を突っ込んだ車の方が勝ち。そうやって鼻先を突っ込みお尻を引っ込め、左に切り右に寄せ、しながら狭い道路をじりじりと進む車の大群に取り囲まれました。でも、車体が凹んだ車は見かけませんでしたから、あれで、ラ・パスの人たちは、よほど車の運転に熟練しているのでしょう。すり鉢の底の広場の 1 つにホセを待たせ、私はタクシーに乗ってホテルの空き部屋を捜しにいきました。が、中級ホテルには空き部屋がなく、やむなく高級そうなホテルの 1 つにおずおずと入っていったのです。アテンドしてくれたのが、ホテルの女性オーナー。最上階の、寝室が 2 つもある豪華な部屋をスタンダード価格で提供してくれたのです。

"安くします。あなたが女性で、しかも、勇敢だから。"といって。そのホテル近くの、高層ビルの谷間にアヴァローア広場があり、高さ 4.5m、重さ約 3t のアヴァローアのブロンズ像がありました。被弾し、顔をしかめ身体をねじって倒れかけ、が、銃を持った左手を地に着けてしっかりと身を支え、今にも

また立ち上がろうとしています。右手を頭の高さまで掲げ、人差し指を鋭く突き出して示している方向は、どこなのでしょうか。それは、不法占拠された"海"だ、というのですが、私にはカラマを指しているような気がしました。アタカマ砂漠の真ん中に生まれ育ったアヴァローアが、故郷からほど遠くないカラマの墓地で安眠していたのを、生前訪れたこともないラ・パスのビルの大群の谷間に埋葬され、その魂魄は、チリ領になったとはいえ自らが開拓したカラマの土地で眠り続けたかったのではなかったか。

　ボリヴィア政府は、1973年12月13日、エドゥアルド・アヴァローア国立アンデス動物総体自然保護区を制定しました。ボリヴィア最南西の約 7,145km^2 です。チリとの国境に位置するリカンカブール火山の山腹 5,415m 地点までですが、アヴァローアの生まれ故郷はそこからアンデス山脈を越えた先にあります。かつて我々が走った長く過酷な砂漠のルート、"宝石の道"は、まさにこの保護区を貫通しているのです。

　チリ政府は、カラマを占拠したあと約10年この地を放置し、1888年10月13日、ようやくここに市制を敷きます。

　カラマの北 16km。空に向けて巨大な穴を開けているのが Chuquicamata（チュキカマタ）鉱山。大穴の長さは約 4.5km、幅 3.5km、深さ 1km。世界最大の露天掘り銅鉱山です。超大型トラック（タイヤの直径だけでもホセの身長の2倍はある）が、次々に螺旋を描いて大穴の底へ降りていき、穴の底ではトラックが、ゴマ粒よりも小さく見えます。ここでは、紀元前500年頃からアタカマ族が、木と石の原始的な道具で山肌を削り銅を採掘していました。

　ところで、ボリヴィアのティティカカ湖畔を起原とするの

第 I 部　パン・アメリカン車道　55

チュキカマタ鉱山の超大型トラック。

が Tiahuanaco（ティアウアナコ、ティワナクとも呼ばれる）文明です。紀元前 1580 年頃に起こり、紀元後 1187 年頃に忽然と消滅した、とボリヴィアの考古学者カルロス・ポンセ・サンヒネスは説き明かしています。冶金術に長け頑強な武器を作り、紀元 700 年頃から領土を拡大させていきました。最盛期の影響力は、北はペルー海岸、東はボリヴィアの亜熱帯地域、南はアルゼンチンのアタカマ荒野からチリ・アタカマ砂漠にまで及びました。ティアウアナコ文明がアタカマ砂漠に伝播すると、アタカマ族も銅と錫を合金し、鋼鉄のように硬い青銅を冶金することを覚えます。ティアウアナコの冶金術は、ペルーの Huari（ウアリ）文明（紀元 550 年から 900 年頃）、クスコ王国（インカ帝国の前身、1197 年から 1438 年）、そしてインカ文明（1438 年から 1533 年）へと継承されていきます。

　インカ帝国の 10 代目皇帝、トゥーパック・ユパンキ（在位 1471 年から 1493 年）がアタカマ砂漠を征服すると、アタカマ族は合金製品を征服者への貢物に使い、自らは専ら木と石で作った道具を使用することに甘んじていた、と解釈されています。そのインカ帝国も、1532 年から翌 33 年の間に、スペインの私的軍隊（正規軍ではなく、財宝搾取を目的として編成された軍隊。探検して征服する権限をスペイン国王から与えられ

た司令官たちに率いられ、この司令官たちが、コンキスタドール＝征服者、と称号された）に征服されていきました。

　ここで、ディエーゴ・デ・アルマグロという人物を登場させます。同名の町と同名の街路、同名の沢山のホテルとレストランをチリに残しました。スペインのカスティーリャ＝ラ・マンチャ州、アルマグロで私生児として生まれましたから姓がなく、出生地の地名を姓として、自らアルマグロのディエーゴ、と名乗りました。悲惨な幼少時・屈折した少年期の思い出のある祖国と決別して、征服者ペドロ・アリアス・ダヴィラ（通称ペダリアス）が率いる新世界探検隊（総勢約 2 千人）に参加し、1514 年 6 月 30 日、ダリエンの古都、サンタ・マリア・ラ・アンティグア・デル・ダリエンに上陸します。ダリエンの古都は、卓越した航海士ヴァスコ・ヌーニェス・デ・バルバオが 1510 年に創設した都で、スペイン人がアメリカ大陸に造った最初の都だといわれています。が、2 千人という急激な人口増加に食糧の供給が追いつかず、1519 年、ペダリアスは新たな都、パナマを開設して人々を移住させます。ダリエンの古都は、1524 年に移住が完了して廃都となったあと、原住民によって焼き払われ、その焼け跡を再び密林が覆い尽くし、殆ど痕跡を残さぬまま長い間、現在のパナマ領に存在していたと考えられていました。が、1957 年に実施された詳しい調査で、古都の位置が限定されます。南緯 8 度 12 分 54 秒／西経 77 度 1 分 17 秒。現コロンビア領の Chocó（チョコー）県 Unguía（ウンギーア）市中です。

　いずれにせよ、ディエーゴが上陸した当時は、軍人と入植者たちで大いに賑わっていたことでしょう。この地でディエーゴは多彩な人脈を培います。フランシスコ・ピサッロがその一人。ディエーゴとピサッロ、そしてもう一人のスペイン人、エルナ

ンド・デ・ルーケは結社を作り、1524 年から 1527 年にかけて 2 回のインカ帝国探検を実行し、ペルーの最北西、Tumbes（トゥンベス）あたりまで踏査し終えます。1531 年 1 月、ピサッロはディエーゴとデ・ルーケをパナマに残して再び出航。エクアドルの Bahía de San Mateo（バイーア・デ・サン・マテオ、サン・マテオ入り江）に 3 隻の帆船を着岸させ、そこから徒歩でトゥンベスまでいきます。当時のインカ帝国は、コロンビアの最南西（N1°/W77°付近）からチリ中部のアコンカグア川渓谷（S32°/W70°付近）までを網羅する広大な領土を有していました。しかし、第 12 代皇帝ウアスカルと異母弟のアタウアルパが対立し、帝国を二分して戦闘を繰り返していた混乱期でもありました。1532 年 4 月 12 日、クスコの西約 4km、Quipaypán（キパイパン）平原の戦いでウアスカルを打倒したアタウアルパは、13 代目のインカ（皇帝）になったことを帝国の内外に布告します。この内乱に乗じてピサッロは、トゥンベスを発ち帝国の奥深くに分け入っていきました。ほどなくトゥンベスの南東、Río Chira（チラ川）の畔に熱帯の太陽の恵みに溢れた Valle de Tangarará（タンガララー渓谷）を発見、ここを植民地開発のベースにして、1532 年 8 月 15 日、San Miguel（サン・ミゲル）を設立。スペイン人がペルーに開設した最初の都で、現在の Piura（ピウラ）の町に相当し、パン・アメリカン車道を利用した場合、トゥンベスから 285km の距離です。

　1532 年 11 月 15 日、ピサッロは Cajamarca（カハマルカ。クスコの北西、直線距離で約 1,000km。クスコから国道 3 号線とパン・アメリカン車道を乗り継いで走れば 1,913km）の都に入り、都の東方 6km にある Pultumarca（プルトゥマルカ）でキャンプを張っていたアタウアルパに使者を遣わします。アタ

ウアルパは 3 年間の内乱の疲れを癒すため、ここプルトゥマルカ（現 Baños del Inca、 バーニョス・デル・インカ、インカ浴場）で静養していたのです。アタウアルパの側近は、使者の 1 人で騎乗したまま居丈高に、出てこい、と呼びまわっている男が、植民都市サン・ミゲルを創立したスペイン人と一緒にいた男（ピサッロの異母弟の 1 人、エルナンド）であることをアタウアルパに告げました。新皇帝は意を決し、歩み出て緋色の長椅子に腰掛け、御簾の中から使者を接見してその口上（カハマルカにおける宴への招待）を聞き、招待を受けます。翌 16 日、ピサッロの要求に従い 3 万の戦士をキャンプに残したまま、アタウアルパは 200 人の護衛兵と従者 3 万人を引き連れて輿に乗り、たっぷり 1 日かけて 6km の距離をおごそかに行進して暮れなずむ都に到着。護衛兵を城壁東門の扉の外に残し 5 千の召使と楽師、踊り子だけを連れて都の中央広場まで進み入り、そこにスペイン人たちが 1 人もいないことに気が付いて輿を止めさせました。と、十字架を掲げた 1 人の修道士が通訳とともに進み出て、祈禱書を突き出し、ここにある神の言葉を聞いてキリスト教に改宗し、スペイン国王の統治に服従せよ、と説いたのです。アタウアルパは祈禱書を手に取り、注意深く観察し、次いで、それに耳を当てて神の言葉を聞こうとします。が、祈禱書からは何の声も聞こえてきません。

"これは神のお告げをしない！"と怒って祈禱書を投げ出し、"太陽の子である我は誰にも屈服しない。スペイン人は我の領土から盗んだものに対して支払いをせよ！"と言い放ったのを潮に、ピサッロは伏兵に攻撃命令を発しました。稲妻のようにトランペットを轟かせ、馬に付けた脅しの鈴をけたたましく鳴り響かせて騎乗兵が躍り出て、歩兵はマスケット銃を撃ち白刃で切りつけ、城壁の外に向かって大砲を撃ち放ちました。こ

れが有名なカハマルカの戦い。スペイン側の戦闘員は歩兵106名、騎乗兵60名。そのうち、黒人奴隷1名の死者を出したのみ、という最小限の損害に対し、インカ側の死者は護衛兵、従者、住民も含め2千名以上、という大量殺戮でした。インカの護衛兵たちは自慢の槍斧も携えておらず、棍棒と綱だけの軽武装だったといいますから、動物を生け捕りにするようにスペイン人たちを素手で捕えることができるとでも考えたのでしょうか。あるいは、宗教的な理由で（太陽を崇拝するかれらは夜間は戦闘しなかった）殺傷用武器の携帯は許されなかったのか。とにかく、アタウアルパは5千の従者とともに捕えられ、カハマルカに幽閉され、1533年7月26日、処刑されます。が、その前に、遺体を焼かないという条件と引き換えに（インカの信仰では、遺体は防腐され保存されなければならず、さもないと死者はあの世で蘇れない）キリスト教に改宗させられ、絞首刑に処せられ、カハマルカに急造された教会に埋葬されます。遺体は、しかし、数日のうちに消え失せたといいますから、臣下たちの手で発掘されミイラにするため持ち出されたのでしょう。

　アタウアルパの死後、インカ帝国は無政府状態となります。ピサッロはクスコの皇室一族に接近してアタウアルパの弟の1人、トゥーパック・ウアルカを抱き込み1533年8月に皇帝に仕立て、しかし、トゥーパックは同年10月に病死したため（毒殺されたともいわれている）、アタウアルパのもう1人の弟でアタウアルパ軍から逃げ出し、ピサッロに協力を申し出たマンコ・ユパンキを打ち立て15代皇帝として即位させました。

　ここで、再び"アルマグロのディエーゴ"に話を戻します。ピサッロがアタウアルパを捕えカハマルカに幽閉させている間、ディエーゴはパナマに留まり物資と人員の調達に奔走して

いました。幽囚となったアタウアルパはピサッロたち征服者の目的をよく理解せず、金銀を与えれば幽閉が解かれると信じてピサッロと交渉します。自分が幽閉されている部屋1つ分の金と、部屋2つ分の銀を与えるから自分を自由にせよ、と。ピサッロはこれを諾とし、皇帝は帝国全土に使いを遣って金銀をかき集めたのです。が、解放されるどころか、罪状（偶像崇拝・兄弟殺し・一夫多妻・近親相姦）に財宝隠匿が付け加えられ、死刑を言い渡されたのですから、気の毒としかいいようがありません。こうしてインカ帝国の厖大な財宝を手に入れたピサッロは、いよいよ帝都クスコへ進駐するため援軍が必要となり、ディエーゴをカハマルカへ呼び寄せたのでした。

ところで、また話は前後しますが、ピサッロはトゥンベスまで探検したあと、一旦、スペインに帰ることを決心します。探検中に獲得した金や銀、ジャマ（リャマ）やグアナコなどの動物、その毛を使用した織物、そしてトゥンベスで捕獲した先住民、などをスペイン国王カルロス1世への貢物として積み込み、1528年9月、パナマを出航したのです。探検した土地から得られる利益と権利を国王に承認させるためでした。海難に遭遇することもなく、翌1529年3月、無事セヴィーリアに到着。が、下船した途端、逮捕され監禁されてしまいます。ダリエンの古都時代に作った借金が原因で、当時の仲間の1人から起訴されていたのです。カルロス1世の温情ですぐ釈放されたピサッロは、国王一家の居城のあるトレドの町へ急ぎました。

カルロス1世は家族とともにフエンサリーダの王宮に居ましたが、北イタリアの覇権をめぐり長期戦となっていたフランスとの戦局が緊迫して、その収拾のためバルセロナに旅立つ直前でした。父方をハプスブルク家に持つカルロス1世は、

神聖ローマ帝国（ドイツ帝国）の第20代皇帝、カール5世、でもありました。ドイツのハプスブルク家とフランスのヴァロア家は犬猿の仲で、前世紀から戦争を繰り返していましたが、1526年、ヴァロア朝第9代フランス国王フランソワ1世がローマ教皇庁、ヴェネツィア共和国、ミラノ公国、フィレンツェ共和国などを引き込んで"コニャック連盟"なるものを結成、ハプスブルク家相手にまたいつ果てるとも知れぬ戦争をしかけたのです。カルロス1世としては戦費がかさんでいるこの節、新大陸の計り知れない財宝を大いに当てにする必要がありましたから、新情報を携えてはるばる大西洋を渡ってきたピサッロを粗末に扱うわけはありません。丁重に引見したあと、1529年5月8日、あわただしくトレドを発ちました。

　その後、北イタリアでは6月21日、スペイン軍がランドリアーノの戦いで決定的な勝利を収めます。7月16日、カルロス1世はローマ教皇クレメンテ7世とバルセロナ条約を締結、ローマ教皇庁は連盟から離脱。窮地に追いやられたフランソワ1世はカルロス1世に歩み寄らざるを得なくなります。8月5日、北フランスのカンブレーにおいて、フランソワの母（イタリア・サヴォイア家の公女）とカルロスの叔母（ネーデルランド総督）がそれぞれ画策し、両家を代表してカンブレー和約に調印。こうして北イタリアはスペイン領となりました。カルロス1世は戦後処理のためバルセロナを発ちイタリアへ赴き、以後、ヨーロッパ各地を巡行し、トレドへ戻ったのは4年後、1534年2月のことでした。長期不在を予測していたカルロス1世は、出発前に長男フェリペ2世（当時2歳）に国王の権限を委ね、王妃のイサベル・デ・ポルトゥガルに摂政職を与えていきましたから、ピサッロに対するその後の沙汰もイサベル王妃が代行し、1529年7月26日付けで承認書に署名します。

それによりピサッロに認められた権利とは、「アメリカを征服しスペインの植民地にすること。その行為の範囲は Tempulla（テンプージャ、N1°20'）から Chincha（チンチャ、S13°27'）までとし、その土地から取得した利益のうち、72万5,000マラヴェディ（当時のスペイン通貨）を年俸として受け取る」、でしたが、ピサッロの探検をサポートしたディエーゴに与えられた権利は、「トゥンベスの統治権と年俸5,000マラヴェディ」、のみ。雲泥の差がありました。この処置に対する不満をくすぶらせつつ、ディエーゴは引き続きピサッロを支え、それが報われたのが、1534年5月21日です。ついにディエーゴにも分相応の権利が承認されます。

「南緯14度から200レグア（1レグアは、当時のスペインでは4,190m）の土地を征服し、平定し、入植させ、統治する。」これでディエーゴもピサッロと対等の征服者となりました。

しかし、帝都クスコ（S13°31'）は、どちらの征服者の権限に入るのか。これが曖昧であったため、ピサッロとディエーゴの仲がこじれていきます。

この状況を見極めたマンコ・ユパンキは、叛乱を企てる絶好のチャンスと考え、まずスペイン軍の兵力を二分するため、ティティカカ湖の南の地方（現在のチリ）に金が出る地域がある、という情報を流します。たちまち500人がその探索の旅に名乗りをあげました。1535年6月、アルマグロのディエーゴこと征服者は、その中から100人の軍人を選んで司令官フアン・デ・サアヴェードラに指揮させ、黒人奴隷100人、インカの運搬役夫1万人とともに先発させる一方、マンコ・ユパンキには、インカの高官2人をサアヴェードラの露払いとして貸して欲しいと願い出ます。マンコ・ユパンキは、弟のパウリュ・トゥーパック・ユパンキとインカ帝国の最高祭司ウィ

リャク・ウムを選出し、2人には、ディエーゴをTupiza（トゥピサ。クスコからペルー国道3号線とボリヴィア国道1号線を乗り継ぎ南東へ1,473km、標高2,850mにあるオアシス）の渓谷で待つようにいい含めます。

　そして、いよいよ、同年7月3日、50人の軍人と多数の運搬人を率いたアルマグロのディエーゴが帝都を出発しました。"Camino del Inca"（カミーノ・デル・インカ、インカの道）をたどり巨大なティティカカ湖に出て、その西側の縁を進んで湖の南端に着き、そこからとうとうと流れ出るRío Desaguadero（デスアグアデーロ川）に沿って進軍していくと、川はもう1つの大きな湖、Aullagas（アウジャーガス）（現Lago de Poopó、ポオポー湖）へと注いでいました。アウジャーガス湖の北の畔では、先発隊が村を築きつつディエーゴの到着を待っていました。スペイン軍が現ボリヴィア領土内に築いた最初の村、Paria（パリア）に逗留していると、クスコからさらに50人の一隊が到着します。ディエーゴのダリエンの古都時代の仲間、ガブリエル・デ・ローハス指揮下の軍人たちで、ローハスを見限りディエーゴとともにチリを目指そうと決めた連中です。パリアでの滞在中、ディエーゴは12名のえり抜きを引き連れ、騎馬でアンデス高原を南下し、トゥピサに赴

ラ・ポロンガ。Tupiza（トゥピサ）の北西約20kmにある、風化した天然石のモニュメント。

きました。パウリュ・ユパンキとウィリャク・ウムと合流するためでしたが、ウィリャク・ウムはディエーゴが到着する前に、インカの運搬人たちをひそかに獣道へと導き、荷物の大部分を持って逃げました。このインカの最高司祭者は、マンコ・ユパンキの策略を十二分に理解していたのです。トゥピサまでの道中でインカの民に供出させた金製品を"馬のニンジン"として残しておくことも忘れませんでした。それらの金製品は、スペイン人らにここまでの苦しい道のりを忘れさせ、さらに南進する意欲を高揚させるに足りました。ディエーゴはトゥピサで2か月間を新たな食糧の調達と運搬人のリクルートに費やし、後続部隊の到着を待って1536年1月の初頭、逃げずに残ったパウリュ・ユパンキの威勢を頼みに再び南下を開始して、Calahoyo（カラオージョ、ラ・キアカの西約30km）から現在のアルゼンチン領へと入っていきました。ここから先、ディエーゴらがたどったといわれている"インカの道"を現在の地図と照合させると、Calahoyo（カラオージョ、フフイ州）、Casabindo（カサビンド）、El Moreno（エル・モレーノ）、Chicuana（チクアーナ、サルタ州）、Angostaco（アンゴスターコ）、Tolombón（トロンボーン）、Quilmes（キルメス、トゥクマン州）、Hualfín（ウアルフィーン、カタマルカ州）、El Shincal（エル・シンカル）、Watungasta（ワトゥンガスタ）、Laguna Brava（ラグーナ・ブラヴァ、ブラヴァ湖沼、ラ・リオーハ州）、Paso de Pircas Negras（ピルカス・ネグラス峠、S28°04'/W69°18'、標高4,165m）。総行軍距離約960km。途中、エル・モレーノからチクアーナへいく間を、こんにちでは、あの"雲へ行く汽車"が東西に走っており、駅の1つにディエーゴ・デ・アルマグロという名が付いていて、その行軍の足跡を残しています。

ディエーゴらが越えていった峠は、Paso de San Francisco（サン・フランシスコ峠。カタマルカ州。S26°52'35"/W68°18'05"、標高4,748m）であるという有力な説があります。が、実際にこの峠を越えたことのある我々には少し信じがたい。Valle de Chaschuil（チャスチュイル渓谷）の谷間を流れるのがチャスチュイル川。その川の流れに沿って走っているアルゼンチン国道60号線（完全舗装道路。但し、メンテナンスは悪い）を我々は通っていったのですが、途中で何回か浅瀬を渡らねばなりませんでした。時節は冬場の8月で、川の水も涸れており難なく走れましたが、これが夏場、それも2月から3月は多分、雪解け水で激流となり、到底ここは通れまい、とそのとき思ったのです。川に橋は架けられていません。Volcán Walther Penck（ワルター・ペンク火山、6,658m。9つ以上の峰を持つ）の峰々から無数の流れを作ってほとばしり、この付近一帯に集まって早瀬となる雪解け水は、日々、刻一刻と、その流れの方向を変えるので橋の架けようがないのです。国道60号線には、標高3,500mを超えたあたりから、青い三角形のトタン葺き屋根の無人小屋が25-30km間隔で国道脇に設置されています。緊急避難用の小屋です。Fiambalá（フィアンバラー、標高1,505m、人口約4,700）を最後の村として国境までの200kmにもう村はなく、不測の事態が起きた場合、この小屋に避難して誰かが通りかかるまで待て、ということなのです。小屋の中に火を熾す設備はありますが、燃料の薪は自分で調達せねばならず、しかし、付近にはコイロンと呼ばれるイネ科の草（ヴィクーニャが好んで食べる）の茂みがまばらに生えている以外は、植物はほとんど見当たりません。

　国境越えの手続きをする税関は、国境の手前21km、Cerro San Francisco（サン・フランシスコ丘陵、6,018m）の麓にあり

ました。標高 4,020m。そこから国道は丘陵の北側の裾野を回るようにしながら標高を上げていきます。丘陵の南西奥手にはVolcán Incahuasi（インカウアシ火山、6,638m の休火山）の鈍角の峰が、その西側には Volcán Ojos del Salado（オーホス・デル・サラード火山、6,879m。活火山の世界最高峰。その頂上には、アルゼンチン側とチリ側にそれぞれ 1 つずつ、約 60m 間隔で天に向かって垂直に聳える高さ 30m の岩の塔がある）の威圧的な山塊が、そしてそのさらに西側に見えるのは、多分 Cerro Tres Cruces（トレス・クルーセス丘陵、6,749m）の群峰です。ここカタマルカ州と南のラ・リオーハ州には 6,000m を超える山が 20 ほどもあるので、どれがどれだか見分けるのは難しい。国道脇に火山展望図を立てておいてくれればいいのに。道中、国道のど真ん中で背丈が 1m はありそうなコンドルが十数頭（十数羽というべきなのでしょうが、なにしろ大きい！）群れて何かの死体をついばんでいました。ぎょっとしてスピードを落とし、そろそろと近づくと飛び去らず、羽を半分広げて跳ねるようにして国道脇へ寄ってくれました。あんな近くでコンドルを見たのは後にも先にもあのときだけでしたが、実に気味悪かった。

　国境を通過したあと、アンデス山脈の最も高い部分を越えたことを祝して、赤ワインの小瓶 187cc を抜き、一口ずつラッパ飲みにして乾杯しました。お昼時でもありましたから、硬いサラミを切ってひと切れふた切れ食べましたが、これが失敗でした。すきっ腹に入った少量のアルコールと消化の悪いサラミが胃にもたれ、ひどい高山病症状が出たのです。頭が痛いどころではなく、筋肉が蠟燭のように溶け出し重力に引っ張られて垂れ下がっていく傍らで、内臓が膨張して身体からはみ出ていくような異様な感覚に苦しみました。国境から先は未舗装道

路。17km 走ると Laguna Verde（ラグーナ・ヴェルデ、緑の湖沼）が見えてきます。緑というよりは青に近く、塩分を含んだ水が凍ってところどころに白く美しい縞模様を描いていました。が、高山病に罹った私には眩しく目を刺す光の塊としか映らず、そこから引き返して税関備え付けの酸素ボンベのお世話になり、酸素を吸入すること 30 分。しかし、一旦、高山病になってから酸素を吸ってももう遅いのです。再び標高が低いところへいくか、例の薬で眼圧を下げる以外に症状を改善する方法はないのですが、このときは酸素を吸ったからこれでよくなったのだ、という自己暗示にかかり少し気分が落ち着きました。

　チリ側の税関は国境から 98km。その税関の先 162km に Copiapó（コピアポー）の町があります。ディエーゴたちがサン・フランシスコ国境からアンデス山脈を越えていったと仮定した場合、ワトゥンガスタから北へ向けて 400km 近く行軍しなければなりません。北から南へ下ってきた一隊が、また北へ 400km も戻る、という行動をとったとは到底、思えないのです。やはり、ワトゥンガスタから南西に向かい、標高が比較的低いピルカス・ネグラスを越えていき、コピアポー川に沿って下っていってコピアポー渓谷に出たのだ、と想像する方が納得がいきます。

　とにかく、1536 年 3 月、アンデス山脈の麓、Valle de Calchaquí（カルチャキー渓谷）の村、チクアーナに到着したディエーゴたちの一行は、いよいよ、そこからアンデス山脈越えに挑んだのですが、トゥピサで旅程に 2 か月の遅れを生じたのが祟りました。季節はまだ夏の終わりとはいえ、アンデス山脈山中の寒さはスペイン軍の想像を越えたものでした。一日の行軍を終えて休憩に入り、そのまま凍死する者が続出しました。ブーツ

を脱げば凍った爪がブーツにくっついて剝がれ、中には翌朝、ブーツを履くときになって初めて足の指がもげていることに気付く者もいた、と記録にあります。規律は乱れ、食糧を持って逃げる運搬人が後をたたず、スペイン人たち自らが荷駄を運ばねばならなくなり、これが行軍を一層、苦しいものにしました。状況を見かねたディエーゴは、熟練騎手 20 名だけを引き連れ 3 日間の強行軍の末、ついにコピアポーの谷間に出て、そこの先住民から糧食を入手して、すぐ後方部隊へと送ります。が、スペイン人 10 名、馬 170 頭、何百人という従者・運搬人がアンデス山脈を越えられず、死体となって山中に残り、コンドルたちの餌となってしまったのでした。

　コピアポー渓谷でディエーゴは思いがけない人物と出会います。ゴンサーロ・カルヴォ・デ・バッリエントス。クスコではピサッロ配下の軍人でしたが、泥棒の罪でピサッロから耳をそぎ落とされ、恥辱に耐えかね脱走してアタカマ砂漠を通ってこの地にたどり着き、先住民たちともよく折り合って生き抜いていたのです。束の間の休息ののち、ディエーゴはバッリエントスの案内でさらに南へ遠征し、Coquimbo（コキンボ、S29°57'/W71°20'）の近くまできてスペイン軍の分遣隊と合流します。クスコを発つ前、ディエーゴは船を 3 隻手配して太平洋を南下させ、補給用の兵隊・弾薬・糧食を送っておいたのですが、その内の 1 隻だけがコキンボ海岸に到着していました。カルロス 1 世がディエーゴに与えた征服の権利の境界はこの辺りまで。が、肝心の金がまだ見つかっていません。ディエーゴはさらに南下してマゼラン海峡までいこうとします。アコンカグア川渓谷を進み、現在のチリの首都サンティアゴの南西 40km、マイポー川を渡った地点までディエーゴ自身で踏査して、そこから南へは騎兵隊の隊長、ゴメス・デ・アルヴァラー

ドを派遣しています。疲れたのでしょう。いくら頑強な身体を持っていたとはいえ、このときディエーゴはすでに 61 歳、しかも、アンデス山脈越えの最中に原住民の 1 人が投げつけた槍が馬に当たり、倒れた馬の下敷きとなってかなりの傷を負っていました。

ゴメスは 1510 年に新大陸へやってきて、以後、ピサッロ兄弟とキューバ、メキシコ、エル・サルヴァドール、グァテマラ征服に参加したあとペルーへ新しい冒険を求めて渡ったつわものです。Valle de Maipo（マイポ渓谷）、Valle de Curicó（クリコー渓谷）、Valle de Maule（マウレ渓谷）を伝い、それらの渓谷を流れる無数の川を渡って（この辺りは、現在はチリ・ワインの産地）Río Ñubre（ニュブレ川）と Río Itata（イタタ川）の合流点まできたとき、好戦的な原住民マプーチェ族の激しい抵抗に遭遇、Reinohuelén（レイノウエレーン、S36°38'50"/W72°27'19"）で 2 万 4 千のマプーチェの大軍団と激戦状態に入ります。結果はスペイン軍の勝利。が、スペイン側の損害も著しく、一方で、南へいけばいくほど寒さが募り、傷ついたスペイン軍の南進を逡巡させました。これらの負の報告がディエーゴに引き返すことを余儀なくさせます。

1536 年 9 月、アコンカグア川渓谷を発ち、Valparaíso（ヴァルパライーソ）、コキンボ、そして、再び戻ったコピアポー渓谷で、パウリュ・ユパンキのもとにマンコ・ユパンキの密使が到着しました。謀反の準備は整った、ディエーゴを殺せ、と。ディエーゴにひたすら恭順しアンデス山脈を越えてきたパウリュは、マンコの命令には従いませんでした。が、この情報が漏れ、動揺した 8 千の従者はパウリュを見捨てて逃走します。金が出るという噂は嘘だったのかもしれない。ディエーゴはここへきて初めてクスコに帰る決心がつきました。しかし、アン

デス山脈をもう一度越えていく気力はなく、アタカマ砂漠縦断の経験を持つバッリエントスを伴い、パウリュとわずかに残ったインカの従者たちを引き連れて、小部隊に分かれてアタカマ砂漠へと入っていったのです。

　アタカマ塩湖の南東に Peine（ペイネ、平均標高 2,400m）という小さな村があります。サン・ペドロ・デ・アタカマの南 102km です。そのペイネに向けてコピアポから真っ直ぐ線を引いた約 400km のルート、これが当時の"インカの道"にほぼ該当します。アンデス山脈の西側に連なる Domeyko（ドメイコ）山脈の麓を北へ向かって進むのですが、この間、ほとんど無人地帯です。一方、ペイネはアタカマ族のオアシスの1つで、近郊の山峡の岩壁には有史以前に描かれたといわれる壁画があることで有名。近年までアタカマ族の子孫たち 300 人ほどがトウモロコシを主な生産物として静かに暮らしていました。が、1984 年、アタカマ塩湖の南端に、米国資本の会社 SCL 社（Sociedad Chilena de Litio、ソシエダッ・チレーナ・デ・リティオ、チリ・リチウム会社）が何かの工場を設立したときから、かれらの生活が一変しました。工場は炭酸リチウム精製工場で、やがてペイネの住民のほとんどがリチウム生産に関与するようになり、農耕をしなくなりました。

　そのペイネに、ディエーゴらは死ぬほど苦労してたどり着き、さらにそこから 20–30km ごとに点在するアタカマ族の村々をたどっていって、現在のカラマの北へ出たのだと思います。このカラマの北の地で、ディエーゴは Chuco（チューコ）と呼ばれる民と出会います。チューコたちは山から銅を掘り出してきては、遠く離れたサラード川の畔に造った窯で溶かし、道具や武器をこしらえていました。ディエーゴはかれらに銅で馬の蹄鉄を造ることを命じました。蹄鉄は、険しいアンデス山

第 I 部　パン・アメリカン車道　71

アタカマ塩湖。SCL 社がリチウム開発のために掘り返した塩の塊。

脈の岩山で磨耗してすでに使い物にならなかったからです。この"チューコたちの土地"が"チュキカマタ"と呼ばれていたのです。チューコたちが銅を掘り出していた山は、いうまでもなく、現在のチュキカマタ鉱山で、これを説明したくて、つい長々とディエーゴの話をしてしまいました。

　長話ついでに、その後のディエーゴの消息をもう少したどります。カラマからロア川沿いにキジャウアまでいき、水と食糧の供給を容易にするため 10 人ほどの小部隊に分かれて一定間隔を保ち、砂漠を真っ直ぐ北上していったようです。砂漠の日中は灼熱地獄になるので到底行軍できず、Tamarugo（タマルーゴ、チリ北部の塩分を含む砂漠に生える豆科・ネムノキ亜科・プロソピス属の固有種。Prosopis Tamarugo）の木陰で休息して太陽が沈むのを待ち、夜間のみ平均 20km の速度で行軍して、1537 年の 1 月、ペルーの Arequipa（アレキーパ）へ到着、暫く滞在して周囲の状況を覗います。マンコ・ユパンキは、ディエーゴがチリ遠征を実行している間に帝国全土に呼びかけ戦士を集め、フランシスコ・ピサッロの 3 人の弟、エルナンド、ゴンサーロ、フアンをクスコに包囲します。が、3 兄弟は凄まじい大虐殺をインカの民に施した末、叛乱を制圧し終えていました。それで、安心して帝都へ入ろうとしたディエーゴ。とこ

ろが、ピサッロの2兄弟（末弟のフアンはマンコ・ユパンキとの闘いで戦死）がこれを阻止したので戦闘となり、2兄弟はディエーゴに捕えられ監禁されます。これが1537年4月8日のこと。

　一方、フランシスコ・ピサッロは、1535年1月8日、新たな都（現在のペルーの首都リマ）を創設して統治の基盤としていましたが、1537年1月、ここもインカの軍勢に包囲されます。その応戦に忙しかったピサッロはクスコの状況がよく判らず、苦戦しているであろう弟たちを救うべく、インカの軍陣を破ってクスコに500人の援軍を送り出します。この軍勢がAbancay（アバンカイ）付近まで到着して、初めてクスコの実状を知ったのです。ディエーゴはパウリュ・ユパンキを皇帝に即位させクスコを統御しようとしていました。新たな戦闘を回避しようとしたディエーゴは、使いを出してピサッロ軍を味方に引き入れようとします。50人ほどが寝返りましたが、残りのピサッロに忠節な者たちが、1537年7月12日、アバンカイ河岸（S13°38'/W72°53'）でディエーゴ軍と戦闘状態に入ります。パウリュ・ユパンキは1万の臣下を繰り出し、筏を造らせディエーゴ軍が川を渡るのを助け、夜は奇声を上げさせピサッロ軍を混乱させました。この戦いでディエーゴ軍は勝利を収めはしましたが、以後、スペイン軍はピサッロ派とアルマグロ派に分かれ、果てしない内乱の泥沼へとのめり込んでいったのです。

　両派の仲裁を試みたのがガスパール・デ・エスピノーサでした。探検家エスピノーサはスペイン宮廷にコネが利く富裕商家の出身で、古都ダリエンの市長を務めた経験もあり、ディエーゴとピサッロ（もう1人の仲間のデ・ルーケは既に死亡）のペルー探検資金の融資者でしたから、両派は一旦は矛を収め、

ディエーゴはクスコに居座り、ピサッロはリマで時節を待つことにしたのです。が、エスピノーサの予期せぬ死去が事態に急回転をもたらしました。ピサッロは僧侶フランシスコ・デ・ボバディーリャを調停役に立ててディエーゴをリマへ召喚します。監禁していたエルナンドを伴いリマに赴いたディエーゴは、エルナンドの釈放と引き換えに、カルロス1世の正式な沙汰があるまでクスコを統治することでピサッロとの和解に応じます。しかし、これが過ちでした。ディエーゴの留守中、クスコではゴンサーロが獄抜けに成功していたのです。1538年4月6日、クスコの南5km、Cachipampa（カチパンパ）の塩原でディエーゴはピサッロ兄弟と戦い敗退。かつてピサッロに耳をそぎ落とされたバッリエントスも勇敢に戦って戦死します。ディエーゴは馬を疾走させSaqsayhuamán（サクサイウアマーン）の砦に逃げ込みました。が、捕えられ、同年7月8日、絞首刑に処されたのち断頭され、クスコの中央広場で晒し首になったあと、クスコの修道院に埋葬されます。こうしてフランシスコ・ピサッロがクスコを含めたペルー全土の事実上の長官となりました。

　敗れたアルマグロ派は困窮して放浪し、"Rotos de Chile"（ロートス・デ・チーレ、チリの賤民）と呼ばれてピサッロ派から蔑まされました。このチリの賤民たちが、ディエーゴの遺児（ディエーゴのパナマ時代、キリスト教に改宗した原住民の娘との間に出来た子供で、2代目ディエーゴ。通称エル・モーソ）を守り立て、密かに復讐を誓い合っていたのです。エル・モーソは幼少年期をパナマで過ごし、ピサッロがアタウアルパを処刑したあと、ディエーゴをペルーに呼び寄せたときに、父と一緒にペルーへ渡ったものと思われます。1534年、ディエーゴのチリ遠征に先立ち、3隻送られた船団に組み込まれ、

海路、チリを目指しましたが、エル・モーソが乗った船はチンチャの海岸で難破。海岸地帯を原住民と戦いながら砂丘伝いに南下していき、アコンカグア川渓谷を引き上げようとしていた父とようやく合流できます。父ディエーゴは、コピアポを発つ直前の1536年8月27日、証文を作成し、カルロス1世から与えられた権利を、自分の死後、エル・モーソに譲ることを正式に書き残していました。その証文を論拠にして、エル・モーソにディエーゴの権利を主張させればよい。このアルマグロ派残党の意図を悟ったピサッロはエル・モーソの殺害を企て、これが逆にアルマグロ派にいい口実を与えました。1541年6月26日、アルマグロ派はピサッロを暗殺。享年63歳。

そして、エル・モーソこと2代目アルマグロのディエーゴがペルーの統治者となりました。弱冠20歳。洗練されたヨーロッパ式の教養の泉の中で、母方の種族の血の烈しさがときおり閃光を放つこの異才の若者に、スペイン軍は皆、よく従ったといいます。また、パウリュ・ユパンキとその臣下も、インディオの血が半分流れているエル・モーソに統治されることを歓迎して、大いにバック・アップしたようです。が、アルマグロ派の栄華もほんの1年限り。新大陸におけるスペイン軍の内戦を収拾すべく、司法官クリストーバル・ヴァーカ・デ・カストロが、カルロス1世の命を受けて1540年11月5日、17隻艦隊でスペイン王国正式軍を分乗させスペインを出航していたのです。司法官には、万一、フランシスコ・ピサッロが死亡していた場合を想定して、ピサッロに替わりペルーを統治する権限も与えられていました。司令官らはパナマに寄航したあとペルーを目指しますが、悪天候に遭いコロンビアのBuenaventura（ブエナヴェントゥーラ）に停泊。そこから一行は内陸に向かい、Cali（カリ）を経由しアンデス山脈沿いに旅

してPopayán（ポパジャン）に着いたとき、ピサッロが殺されたことを知ります。Quito（キト、エクアドル）、Cuenca（クエンカ）、Loja（ロハ）、カハマルカ（ペルー）、ピウラ、Trujillo（トゥルヒージョ）。そして1542年8月7日、ようやくリマに到着した司法官は、アルマグロ派との戦いの準備をしていたピサッロ派の軍人たちに自分がペルーの統治者になったことを告げ、すぐさまピサッロ・王国連合軍を編成して、クスコへ向けてゆるゆると進軍を始めました。

　エル・モーソはこれを知ってクスコを発ち、Vilcashuamán（ヴィルカスウアマーン、S13°39'11"/W73°57'14"。標高3,490mのアンデス山脈東側斜面にはインカ帝国の行政庁があった）の要塞に陣立てをし、1542年9月4日、司法官に使者を遣わして父ディエーゴの権利継承を主張します。が、司法官はこれを却下。9月13日、エル・モーソは意を決し要塞を出て、アンデス山脈を上り下りして2日間行軍し、Sachabamba（サチャバンバ、標高3,540m）の砦で夜を明かしたときには、連合軍はチューパス平原（現在のアジャクーチョ市、S13°9'47"/W74°13'28"付近）まで進駐して、サチャバンバの砦を取り囲むようにして布陣し終えていました。9月16日、午後、ピサッロ・王国連合軍700人とエル・モーソ軍500人が激戦を開始、夜までに双方が約半数の戦闘員を失い、連合軍は若い統領エル・モーソをクスコに追い詰め、捕え、11月27日、父親が処刑された場所で、父親同様、斬首の刑に処し、晒し首にします。その罪状認否の使者に対してエル・モーソは終始、清澄・沈着な態度で接し、慈悲を乞わず、ただ自分の骨を父の骨の傍らに埋葬して欲しい、とだけ請い、その請願通り、クスコの修道院（クスコの中央広場、プラーサ・デ・アルマスから100mの距離にある、ラ・メルセッ修道院、ラ・メルセッ修道院は教会で

もある）に埋葬されました。

　エル・モーソの処刑のあと、スペイン軍の内乱の火は消えます。が、問題が残りました。チリ領土開拓の後継者です。父ディエーゴが処刑されたあと、そのなり手が皆目いませんでした。"チリの賤民"の貧窮ぶりをさんざん見てきているだけに、誰も容易には引き受けないのです。ここで出番となるのがペドロ・デ・ヴァルディヴィアです。1535年、新大陸に渡りヴェネズエラのCoro（コーロ）で長く従事したのち、1538年、ペルーに渡ってピサッロの兵籍に入ります。内乱中よく戦い、父ディエーゴがカチパンパの戦いで敗北したあと、軍務遂行の褒章としてピサッロからボリヴィアのポトシーの銀鉱山などをもらっています。そのヴァルディヴィアが名乗りを上げ、1539年4月、ピサッロはヴァルディヴィアにペルーの副長官としてチリを征服する権限を与えます。しかし、遠征費用は全て自前という前提に、ヴァルディヴィアは大いに戸惑いました。このとき資金調達を申し出たのが、ヴェネズエラのコーロ時代の旧友フランシスコ・マルティネス・ヴェガーソ。ヴェネズエラで発掘した金110kgを持ち逃げして隠し持っているという噂のこの人物は、出資の交換条件としてチリで発見される財宝と権利の半分を要求、ヴァルディヴィアはこれを飲まざるを得ません。出発準備もほぼ整ったとき、ペドロ・サンチェス・デ・オスが、スペインから帰着しました。サンチェス・デ・オスは、カルロス1世が1539年1月24日付けで発行したチリ征服の正式な承認書を携えており、それによれば国王はマゼラン海峡まで征服する権限を彼に与えていたことに一同、驚かされます。しかし、権限は帯びていたものの遠征資金に乏しかったサンチェス・デ・オスは、渡りに船とヴァルディヴィアとヴェガーソの結託にジョイン。

1540年1月20日、ヴァルディヴィアはクスコを発ちます。選んだ旅のルートは、ディエーゴがクスコへ帰るためにたどったルート、砂漠の道でした。アレキーパから Moquegua（モケウア）へとアンデス山脈を越え、Tacna（タクナ）、Arica（アリカ）の海岸地帯を通って Tarapacá（タラパカー）渓谷までやってきます。ここが同志サンチェス・デ・オスとの待ち合わせ場所。しかし、サンチェスはきていません。遠征の出資者ヴェガーソも、道中、事故に遭いクスコへ引き返していきました。が、ヴァルディヴィアのチリ遠征を知ったつわものたちが馳せつけてきて、20名に満たない人数でクスコを発ったグループは、110人の堂々たる軍容に膨れ上がりました。一行は Pica（ピカ）、Guatacondo（グゥアタコンド）、キジャウアを通って1540年6月、チウ・チウに到着。ここで追いついてきたサンチェスが、ヴァルディヴィアの寝屋へ忍び込み寝首をかこうとして失敗します。当時の習慣として、当然、ヴァルディヴィアはサンチェスの首を刎ねるべきところを殺さず、命を助ける替わりに、サンチェスにチリ遠征の権利を放棄する証文を書かせた上で、遠征を再開したのです。

サン・ペドロ・デ・アタカマ、ペイネ。ここからが、あの400kmのアタカマ砂漠縦断の難所です。ヴァルディヴィアは遠征隊を4つのグループに分けました。こうすることで水の調達を容易にしようとしたのです。水は、運搬役夫のインカの民が指摘した場所の砂を1mほど掘り下げると、地下水がほんの少しだけ湧きました。その水を汲みつくして先へ進み、翌日、後続部隊がその場所に到着したとき、また少し地下水が溜まっているように配慮したのです。こうしてインカの道をたどってヴァルディヴィアがコピアポー渓谷へ着いたのは1540年9月のことでした。

アンデス山脈を源として流れ出て、Los Andes（ロス・アンデス）、San Felipe（サン・フェリペ）の町を潤し、142km 流れて Río Juncal（フンカル川）と合流し、Valparaíso（ヴァルパライーソ）の北西 22km、Concón（コンコーン）で太平洋に注いでいるのが Río Aconcagua（アコンカグア川）です。アルマグロのディエーゴが滞在した"インカの道"の重要なオアシスの 1 つ、Putaendo（プタエンド、S32°38'/W70°44'）は、サン・フェリペの町の北東約 16km に位置しています。ヴァルディヴィアもプタエンドからアコンカグア川渓谷に入っていこうとしますが、この地の先住民、ピクンチェ族（南のマプーチェ族と同盟していたが、インカ帝国の支配下にあった）の酋長、ミチマロンコの軍勢がその進行を阻もうとしました。ミチマロンコは、この地に最初に現れたスペイン人、かのゴンサーロ・カルヴォ・デ・バッリエントスを保護した酋長です。バッリエントスの異様な姿（耳がない）に興味を持ち、バッリエントスからインカ帝国敗北のいきさつを聴取し、バッリエントスを生かしておくことにより、まもなくやって来るスペイン軍に備えようとしたのです。バッリエントスから学んでピクンチェの軍勢をスペイン式の軍隊に作り替えてもいました。

　しかし、ヴァルディヴィアはミチマロンコ軍の執拗な抵抗を排撃し、1540 年 12 月、ついにマポチョ川渓谷に到着します。Río Mapocho（マポチョ川）の流れが大きな岩山（現、サンタ・ルシア丘陵、629m）にぶつかって二手に分かれ、その両腕に抱かれているような平坦な島が現れた 12 月 13 日、聖ルシアの日、ヴァルディヴィアはこの島にキャンプを張り、ついで砦を作り、翌 1541 年 2 月 12 日、ここに町を創設して、生まれ故郷のスペイン、エクストゥレマドゥーラ地方に因んで Santiago de La Nueva Extremadura（サンティアゴ・デ・ラ・

ヌエヴァ・エクストゥレマドゥーラ。現チリの首都サンティアゴ）と名付けたのです。同年3月7日、ヴァルディヴィアは町議会を発足させます。ところがこのあとすぐ、クスコのピサッロがアルマグロ派に殺されたという噂が町中に広がりました。噂の出所は判りませんが、スペイン軍は一斉に浮き足立ちました。ペルー新長官の方針で新たな遠征隊が繰り出されれば、その軍隊に権益を奪われるかもしれない。そうなれば何のためにここまで苦しい旅を続けてきたのか。発足したての町議会は困惑を極め、苦肉の策としてヴァルディヴィアをチリの臨時長官に任命し、ヴァルディヴィアは3回辞退したあと6月11日、おもむろにこれを受けたのです。と、ここまで書いてきて奇妙なことに気がつきました。ピサッロ暗殺が実際に起きるのは、15日後の6月26日なのです。この時間のギャップは何なのか。

噂はヴァルディヴィア自身が流したものだったのでしょうか。とにかく、どさくさ紛れにせよ、臨時長官となったヴァルディヴィアの肩には、当時150人にも増えていたスペイン軍人たちの生活が重くのしかかっていました。金はまだ見つかっていません。しかし、どこかにある筈。さもなければ、先住民たちがインカ帝国に貢物として捧げていたという金製品の説明がつかない。ヴァルディヴィアは一計を案じ、アコンカグア川渓谷のミチマロンコの砦を襲撃、ミチマロンコと共に大勢のインディオを生け捕りにした上で、ミチマロンコの釈放と引き換えに金の在りかを教えろと交渉したのです。

インディオたちが導いた先は、Estero de Marga-Marga（エステーロ・デ・マルガ・マルガ、マルガ・マルガ河口。S33°1'10"/W71°33'44"）でした。現チリのサンティアゴから国道68号線で北西に約110km。ヴァルパライーソ港のほんの少し北

に、現在でも金が採れる砂州があります。砂金が採れる流域はマルガ・マルガ渓谷部分も含めると約1,000ha。近年の調査によれば、金の含有率は1m^{3}当たりの沈殿物に対して0.2 – 2.5g。1980年代の急激な経済危機下には、チリ政府が失業者救済対策としてマルガ・マルガの砂金採取を公認・奨励したほどですから、今後もまだまだ開発の余地がありそうです。

金は本当にあったのです。ディエーゴが滞在していたプタエンドから直線距離にしてわずか96kmのところでした。ヴァルディヴィアは生け捕りにしたインディオたちの労働で金を採集し、それをコンコーン海岸で建造した2本マストのベルガンティン船でペルーへ輸送する一方、さらに南の地方へと探査を深めていきます。1550年10月5日、ヴァルディヴィアConcepción（コンセプシオン、S36°50'/W73°03'）の町を創立。1552年2月9日、Valdivia（ヴァルディヴィア、S39°48'/W73°14'）の町を開設。スペイン国王カルロス1世は、チリをヴァルディヴィアが命名した"ヌエヴァ・エクストゥレマドゥーラ"として正式に統治する権利を承認します。その領域は南緯27度から41度、太平洋岸から東へ100レグアという長方形で、これを現在の地図に当てはめると、南北ではチリのコピアポーからOsorno（オソルノ）まで、東はアンデス山脈を越えてアルゼンチンのサン・フアン、ラ・リオーハ、メンドーサ、サン・ルイス、ネウケンの5州がすっぽりとこの長方形の中に収まり、ラ・パンパ、リオ・ネグロ両州のほとんどと、カタマルカ、トゥクマン州の一部もこの長方形で切り取られてしまう広大な面積です。それでもヴァルディヴィアの征服欲はとどまるところを知らず、カルロス1世には新たにマゼラン海峡まで征服できる権限を申請したのです。

1553年12月の半ば、ヴァルディヴィアはコンセプシオン

を発ち、10月に竣工させたばかりの砦、Tucapel（トゥカペル、S37°47'46"/W73°24'03"）へと向かいます。この砦から、さらに南の地方へいくためでしたが、この機会を待ち望んでいた者がいました。コンセプシオン近郊のマプーチェ族の酋長の息子として生まれたLautaro（ラウタロ）です。11歳でスペイン軍に捕えられ、数年間、下僕として働かされたのちヴァルディヴィアの近習に昇格。以来、ヴァルディヴィアの側近として従軍しながら軍馬の世話をし、ヴァルディヴィアが軍隊を進退させる現場を目の当たりにして、ことごとくその戦術を覚えていきます。同時に、スペイン軍が捕虜にしたマプーチェ族の民の足や腕を切り取り、不具にしてから反逆の見せしめとして釈放するのを、冷やかな頭と煮えたぎる心で、つぶさに観察していました。

1552年の冬（冬とはこの地方では6月から8月）、ヴァルディヴィアが常住していたコンセプシオンから出て、サンティアゴへと移動していた間にラウタロは1人、隊列から離れ、馬で脱走します。出身のマプーチェの村に帰ったラウタロは、戦士たちに馬は怖い動物ではなく、スペイン軍からはぐれて野性化した馬を捕えて馴らし、その馬に乗れば戦闘の武器になることを教え、生来のリーダーシップを発揮して近隣のマプーチェ族の酋長たちにも呼びかけ、ヴァルディヴィアと戦う準備を着々と整えていたのです。ラウタロに呼応したマプーチェの戦士約1万がトゥカペル砦の付近に潜伏しました。そうとは知らないヴァルディヴィアは、12月24日、砦まであと1日の距離まできて、道中、ただの一度もマプーチェ族が襲ってこないことを不審に思い、砦と連絡を取るため斥候を放ちます。が、斥候は戻ってきません。砦まであと半日の地点へ軍勢を進めて野営し、翌25日早朝、丘の頂上にある砦を一気に目

指したのですが、砦に接近するにつれ、あたりには異様な静寂が漂ってきました。砦は、数日前にラウターロ率いる6千のマプーチェ戦士に急襲され壊滅していたのです。この異変を知ってヴァルディヴィアは直ちにコンセプシオンへ引き返すべきでしたが、廃墟となった砦でキャンプすることを決め、軍列が解かれて人馬ともに休憩に入った途端、森林の中から雄叫びが湧き上がりマプーチェの大軍が押し寄せてきたのです。戦いのプロであるヴァルディヴィアはすぐさま防御の態勢を指示、軍勢を3隊に分けて敵との最初の衝突をやり過ごし、その間に騎馬隊を準備して敵のしんがりを攻撃させようとします。が、この戦法はすっかり読まれていました。ラウターロは投げ槍部隊を配置して騎馬隊の進撃を阻止したのです。苦戦に陥りながらもスペイン軍がどうにか持ちこたえていると、遠くで角笛のような音が響き渡り、それを合図にマプーチェの戦士たちは一斉に森へと駆け込みます。騎馬隊が追跡しましたが、戦士たちは山の急斜面を滑り降りて逃げました。追撃をあきらめ、戦闘態勢を解除して、スペイン軍が暫し、戦勝気分を味わっていたとき、信じられない光景が展開しました。裸馬に跨ったマプーチェ族の一隊が森の中から現れたのです。あわてて再び防御態勢、次いで、騎馬隊の突撃。が、裸馬に乗ったマプーチェの戦士は石を結びつけた綱を振り回して騎兵の頭や身体を叩き、馬から落ちたところを走ってきた戦士が槌ぼこで叩いて殺しました。そしてまた、どこからか角笛が鳴り渡り、マプーチェ族は森の中へと引き上げていきます。このシーンが2度繰り返されたあと、3度目に、ついにラウターロ自身が、その中背の部厚い体軀を馬の上に躍動させて駆け出てきました。スペイン軍から脱走したとき、ラッパ兵から盗んだコルネットを高らかに吹き鳴らしながら。ヴァルディヴィアは、すでに軍

勢の半数が斃れたのを見てとり、戦争のプロとして躊躇なく退却・敗走を決心します。

　ところが、全く予期しなかったシーンがここでまた展開したのです。ラウターロが馬から横ざまに跳んで騎乗のヴァルディヴィアのわき腹に組みついてきたのです。同様にして、マプーチェの戦士たちは逃走しようとするスペイン軍人たちに跳びつき、次々に馬から引きずりおろしにかかります。ヴァルディヴィアと聖職者バルトロメー・デ・ポーソのみがその場を逃げおおせましたが、沼地の中を走るうち深みにはまり、動けなくなっていたところを捕えられたのでした。ヴァルディヴィアの軍勢は全滅しました。国王カルロス１世がヴァルディヴィアの申請を受諾して、マゼラン海峡まで征服する権限を与えたとき、ヴァルディヴィアはもうこの世にいません。トゥカペルの戦いは、アメリカ大陸征服を開始して以来、無敵だったスペイン軍が初めて経験した敗北として、また、マプーチェ族が深い森林と沼地の多い土地の利を活用したゲリラ戦術で、300年の長きに亘りスペイン軍に抵抗し続けた"アラウコ戦争"（アラウコとはマプーチェ族の別名）の緒戦として、チリの歴史に残ったのです。1520年10月21日、ポルトガル人フェルディナンド・マゼランが、マゼラン海峡を発見してから、わずか33年後の出来事でした。

　我々がバイクによるロング・ラン旅行を初めて試みたのは2005年1月のことでした。ブエノス・アイレスを出発して国道3号線を南へ下り、マゼラン海峡を艀で渡ってフエゴ島へ行ったのです。同年7月、アンデス山脈を越えて初めてアタカマ砂漠へも行きました。が、その帰路、アンデス山脈山中で転倒して私は足を骨折。そのトラウマから立ち直るべく、同年

12月、再びアンデス山脈を越えて行き、ヴァルディヴィアが征服を推し進めていったルートを走って、翌 2006 年 1 月 5 日、閑静な町、ヴァルディヴィアへ着きました。サンティアゴからパン・アメリカン車道（チリ国道 5 号線）で 839km。途中、662km 地点にラウターロという町もありました。

　Volcán Villarrica（ヴィジャッリーカ火山、標高 2,847m。その活動は盛んで、ごく最近では 2015 年 3 月 3 日に噴火した）の山腹から流れ出てくるのが Río Cruces（クルーセス川、長さ 125km）です。そのクルーセス川を水源とする Río Cau Cau（カウ・カウ川）は、Río San Pedro（サン・ペドロ川）の支流である Río Calle Calle（カジェ・カジェ川、55km）の水をクルーセス川へと繋いで流れ、ヴァルディヴィアの町の北側でこの 3 本の川が合流してヴァルディヴィア川となり、15km 西流して太平洋へと注いでいます。チリ行政区分 15 州の 1 つ、Región de Los Ríos（レヒオン・デ・ロス・リーオス、複数の川の地方）の州都であるヴァルディヴィアは、なるほど豊かな川の水に囲まれ、手入れがゆき届いた公園には色とりどりの花が整然と咲いています。町は、1960 年 5 月 22 日、近海の海底深さ約 35km で起きたマグニチュード 9.5 の巨大地震（ヴァルディヴィア地震。22 時間半後に日本の三陸海岸沿岸に到達した 6.1m の高さの津波は 142 名の生命を奪った）にも耐え、ペルラ・デル・スール（南の真珠）という別名にふさわしい、植民地風の美しい家並みを残していました。

　ヴァルディヴィアの北 28km、海岸からほんの 5km のところに標高 715m の Cerro Oncol（オンコール丘陵）があります。ここの 754ha の森林公園には、この地方特有の植物、ヴァルディヴィア森林植物（温帯地方に生えている熱帯多雨林植物で、この地方の他には、ニュー・ジーランドに例が見られ

る）が繁茂しています。植物生態学的には、南緯37度（コンセプシオン近辺）から48度付近までを含めて、ヴァルディヴィア湿潤森林地帯と呼ぶこともあるようです。天然常緑樹のCoihue（コイウエ。マプーチェ語ではKoihue、潤沢な水の場所という意味。ロブレとも呼ばれる）は、湿った浅い土壌の上で樹高30-40mに成長し、その硬い木材は家屋の建築材料に適しています。タケ亜科の植物Colihue（コリウエ）は、マプーチェ族の槍の材料となりました。Trutruca（トゥルトゥルカ）と呼ばれる民族楽器もこれで作ります。トゥルトゥルカは、形状はアンデス・ホルンのエルケに似ており、直径が2cmから10cmあるコリウエの長い茎を3-4mに切り、先端に牛の角を取り付けた気鳴楽器です。Quila（キラ）というタケ亜科の植物は、この地方とアルゼンチンのヴィクトリア島にのみ見られる固有種で、コリウエとの違いは弓なりに育つこと。しなやかな茎の性質を利用して民芸調の家具が作られます。チリの国花Copihue（コピウエ）は、マプーチェ語ではKopiwe（口が下を向いている、という意味）で、その名のとおり、ピンクや白の5弁花の口を下に向け、美しく連なって咲きます。ヴァルディヴィアから89km南へいくとAlerce（アレルセ）沿岸自然記念公園があります。ここでは、幹の直径が4.26mある、この地域では最古齢のアレルセの個体（推定樹齢3,620年）を観察することができます。

　2012年のチリ国勢調査によれば、チリ国民の11.11％（171万4,677人）が先住民族に属し、そのうちの84.11％（144万2,214人）がマプーチェ族の子孫だそうです。インカ帝国の侵攻をも許さなかったマプーチェ族の子孫たちから見れば、かつての彼らの領土をバイクで縦横に旅した我々も、先祖の土地を犯していたけしからん者たちだったのなのかもしれません。最

初に探検隊がやってきて、そのあとすぐ征服者がやってきて、開拓者と搾取者がそれに続いてやってきて、そして最後に旅行者たちがやってきて、我が物顔にふるまっていく、と心底、苦々しく思っていたかもしれません。

　ところで、インカ帝国はその後、どうなったのでしょうか。

　謀反に失敗したマンコ・ユパンキは、ひとまず Ollantaytambo（オジャンタイタンボ）へ逃げそこで英気を養い、1539 年、クスコの北西約 150km（直線距離）、標高 1,500m の平原に新たな帝国、Vilcabamba（ヴィルカバンバ）のインカ帝国を築きます。こんにち、Ruinas de Espíritu Pampa（エスピーリトゥ・パンパの廃墟、S12°54'08"/W73°12'27"）と呼ばれている場所がそこで、クスコからは観光バスと路線バスを乗り継ぎ Chuanquiri（チュアンキーリ、クスコから 807km）までいき、そこからは現地で調達し得る限りの交通手段（車、馬、ロバ、自転車など）と各自のサヴァイヴァル能力を駆使して 38km、ジャングルの中の獣道をいくのだそうです。このヴィルカバンバのインカ帝国に、フランシスコ・ピサッロを暗殺したアルマグロ派の残党 7 人が逃げ込んできて、マンコに庇護を求めます。マンコはかれらを受け容れました。ところが、ピサッロの忠実な部下でクスコの副長官でもあったアロンソ・デ・トーロがこの 7 人に、マンコを殺せばピサッロを暗殺した罪を免じてやる、と持ちかけたのです。1544 年（一説には 1545 年）、7 人はマンコを殺し、インカの聖なる流域を馬で走りに走って逃げますが逃げ切れず、捕えられ、インカの民の前に引き出されて残忍な方法で処刑されます。マンコ・ユパンキの跡目はマンコの息子たちが次々に継承し、スペイン軍への抵抗を続けます。

しかし、1572年4月14日、4代目トゥーパック・アマル1世がチョケキラオの戦いに負け捕虜となり、同年9月24日に処刑されたあと、ヴィルカバンバのインカ帝国は絶えました。一方、パウリュ・ユパンキは、スペイン軍の時々の勢力に帰服して逆らわず、スペイン人の習慣にもよく馴染み、スペイン語の読み書きや乗馬も覚え、ときにはスペイン風の服装で現れ、1545年、キリスト教に改宗して洗礼名クリストーバルを名乗り、1549年5月、31歳で病死するまでクスコに住み続けました。学校を開き、インカの子女たちを集めてはインカ帝国の歴史と文化を語ったともいわれています。陰謀と暗殺が横行した時代、大勢に迎合したとはいえ平和主義を貫き通したクリストーバル・パウリュ・インカ（皇帝）ことパウリュ・トゥーパック・ユパンキの生き方は爽やかで、心が救われる思いがします。2007年3月、クスコ近郊、サクサイウアマーン砦の廃墟のすぐ足許の、サン・クリストーバル地区にある教会の地下納骨堂で、パウリュ皇帝の墓とミイラが発見されました。インカの歴代皇帝のミイラは、"偶像根絶"の名目でスペイン軍に焼かれてしまい現存しないと考えられていましたが、パウリュ皇帝の遺体だけは特別扱いだったようです。

　1889年、チュキカマタ鉱山の表層部で、アタカマ石（1801年、ポーランドの鉱物学者イグナシー・ドメイコがアタカマ砂漠で発見した銅の塩化水酸化物。別名、緑塩銅鉱。吸水性に富むため、インクでペン書きする際に、こぼれたインクを吸い取らせる用途で、当時、盛んにヨーロッパへ輸出されていた）を切り出していた1人の鉱夫が、1体のミイラを見つけました。ミイラは、不思議なことに手足が萎縮しておらず、濃い緑色の皮膜で全身が覆われていました。"銅の男"という呼び込みで

見世物になったりしましたが、その後、どういう経緯かアメリカの銀行家J.P.モルガンの手に渡り、1905年、同氏はミイラをニュー・ヨークのアメリカ自然史博物館に寄贈、以来、同博物館に保管されています。専門家によれば、ミイラは紀元400 − 600年代のもので、ハンマーのような工具も一緒に発見されたことから、銅を採掘していた当時の鉱夫が落盤に遭い、全身が銅に漬かった状態のまま保存されたため、通常、体の水分が蒸発してミイラ化する過程で起きる手足の萎縮を起こさなかった、ということです。

　チュキカマタ鉱山に産業ベースの開拓の手が入ったのは、1882年5月にその採鉱が発表されたサラゴーサ鉱床が最初だそうです。同年11月にはトレス・アミーゴス鉱床が、翌1883年1月にはサン・ルイス鉱床がそれぞれ採掘権を登録しています。"銅の男"のミイラが発見されたのは、その後、開拓されたレスタウラドーラ鉱床でしたが、その頃までには約50か所で採掘権が登録され、ツルハシを握った鉱夫たちで山はあふれ、ロバやラバに鉱石を積みカラマへ向けて山腹を降りていくキャラヴァンが続きました。このブームに煽られるようにして、チリ政府はカラマに市制を敷いたのですが、いずれの鉱床も小規模資本で行われていた開拓で、チュキカマタの本格的な開発の歴史が始まるのは1885年、イグナシー・ドメイコが、採取した銅の品質を分析し、その輝かしい将来性を予測した10年後でした。

　ポーランドの鉱物学者、イグナシー・ドメイコが旧大陸からチリに渡ったのは1838年。コキンボ州立研究所で鉱物学と化学を教えながら、コピアポー渓谷からアタカマ砂漠を隈なく旅し、アタカマ石のほかドメイコ鉱（石比銅鉱）やドーブレー鉱などの希少鉱物を次々と発見していきます。このドメイコ教授

お墨付きの銅の宝の山に大資本を投入したのが、アメリカの財閥グッゲンハイム一族でした。チリに人を派遣してグッゲンハイムの名前を出さずに各鉱床の採掘権を次々に購入していきます。1912年1月11日、チリ・エクスプロレーション・カンパニー（通称チレックス）なる会社をアメリカのニュー・ジャージーに登録、社長はダニエル・グッゲンハイム、会社設立の名目はアメリカ国外で鉱山の開発を行うこと。そしてこの会社の代理店として同名で会社登録をチリ政府に申請し、政府は1913年4月3日、法令878号で登録を承認します。こうして会社の法的基盤がチリにできあがると、人を介して買い取った採鉱権をすべてチレックスに移牒させ、銅産出に必要な設備を着々と建設していきました。1915年5月18日、チュキカマタ銅山にチレックスの製錬銅工場が竣工、初年時には4,962tの精銅が生産されました。その後、グッゲンハイム一族はチレックスの株をアメリカの鉱山会社アナコンダ・カッパー・マイニング・カンパニーに少しずつ売却していきます。そして、1940年6月30日の売却を最後にチレックスの99.50％の株の処分が終了し、世界3大産銅会社の1つであるアナコンダ・カッパーがチュキカマタ鉱山の事実上のオーナーとなっていました。1955年、チリ政府は法令11828号を発令して、年間2万5,000t以上の精銅を産出する企業には50％の税金を課すことにし、同時に銅局（Departamento de Cobre）を設けます。が、新規開拓企業に対しても同率の税額であったため、国益の海外流出という観点からはあまり効果がなく、1959年、アナコンダ社は新たにDiego de Almagro（ディエーゴ・デ・アルマグロ、サンティアゴの南800km）地区にあるエル・サルヴァドール鉱床の産業ベース開拓にも着手します。

1966年、チリ政府は法令16425号を発布、開発済み外資

系銅鉱床を国との合弁事業とし、国がその権益の51％を保有することを義務付け、銅局に替わって銅公社（Corporación del Cobre＝CODELCO、コデルコ）を発足させ、1969年、まず、チュキカマタ、エル・サルヴァドール、エル・テニエンテ（サンティアゴの南120km）の各鉱床の権益の51％をコデルコに保有させ、生産と取引を担うことになりました。1970年11月、社会党アジェンデ政権が成立すると、資源の国有化政策は強化されます。翌1971年、政府は法令17450号を発布して、「土を除くあらゆる鉱床（海鳥糞、金属を含む砂、塩類、石炭、炭化水素、そのほかの化石物）の完全支配権を国が有する」と規定、これを実行するため銅に関しては暫定的に国営合名会社（Sociedades Colectivas del Estado）を創設、外資系銅産出会社の動産・設備を国の所有にしてここに組み込み、実際には既存のコデルコに運営させたのです。冷戦（自由・資本主義と共産・社会主義の）最中の社会党政権による急進的な国策は、当然、内外の反発を招きました。1973年9月11日、チリ・クーデター勃発。CIAの支援を受けたというピノチェト軍事独裁政権が立ちます。が、資源の国営化政策は変わらず、1976年2月28日公布の政令1350号で新たに"Corporación Nacional del Cobre de Chile"（CODELCO-CHILE、コデルコ・チリ）が創設され、チュキカマタ鉱山も100％その管理下に入りました。

　1960年代後半、チュキカマタ鉱山には技師・鉱夫約5,600人が従事し、その家族も含めると2万4,000人以上が鉱山基地に居住していたといいます。基地は、鉱床に近い部分にアメリカ基地（主にアメリカ人技師・監督が住んでいた）を備え、3km離れた労働者基地とはトコピージャ大通りで繋がっていました。

この鉱山基地の建設に先立ち、チレックス社は銅製錬に必要な電力と、生産した精錬銅を大量輸送できる鉄道網を確保することから着手します。

鉄道は、チリの北の地方においては、この地方で採れる硝石を運ぶ目的で敷設されていきました。1866年、チリ人ホセ・サントス・オッサとフランシスコ・プエルマが、ボリヴィア政府が公募したボリヴィア沿海地方（現チリのアントファガスタの東 12km）にあるサラール・デル・カルメンの硝石鉱床の採掘権を落札し、"アタカマ砂漠採掘会社"を創立します。この会社にイギリス人メルボルン・クラークほか数人が出資して、1868年、メルボルン・クラーク・カンパニーが設立、硝石の採掘が開始されました。しかし、ラバと牛による運搬では仕事がはかどらず、1872年、新たに"アントファガスタ硝石鉄道会社"を作り、ボリヴィア政府に鉄道の敷設権を申請、承認が得られると1873年12月までにアントファガスタ（海抜 0m）からサラール・デル・カルメン（海抜 519m）までの 29.9km 間に鉄道を通します。これと前後する同年11月27日、この鉄道会社はボリヴィア政府と交渉して、アントファガスタから Salinas（サリーナス）までの硝石採掘に対する15年間の非課税条約を結びます。条約はボリヴィア国会審議を通過していない非公式条約でしたが、とにかくアントファガスタ硝石鉄道会社は硝石採掘を行いながら、1879年までにサラール・デ・カルメンからサリーナス（海抜 1,341m）までの 98.6km 間も開通させます。

この間、ボリヴィア政府の経済情勢が悪化し、1878年2月14日、ボリヴィア憲法制定会議は鉄道会社との条約を、「1キンタール（46kg）の輸出に対して関税10セント（通貨はボリ

ヴィアーノ）支払う」条件を付加して条約を是認・法令化したため、会社はこれを不満としてチリ政府に訴え、チリ政府は1874年、チリとボリヴィアで調印した協定（例の「1866年に調印した南緯24度以北をボリヴィア領土とする」という協定の改定版）の第4条「チリ人並びにチリ資本の産業に対する新たな課税は向こう25年間行わない」という内容に反すると強硬抗議しますが、1879年1月11日、ボリヴィア政府は税金未納を理由に鉄道会社の財産を差し押さえます。そして、同年2月14日、会社の財産が競売にかけられる日、チリ軍艦がアントファガスタに到着して町を占拠し、政局はボリヴィア・チリ・ペルー間で起きた太平洋戦争（1879年から1883年）に向けて一挙に傾いていったのです。

こうした最中の1880年、ボリヴィアの鉱山会社ウアンチャカ社（ウジュニの北東とオルロに銀鉱床を持つ）がアントファガスタ硝石鉄道会社にアプローチします。自社の鉱床まで鉄道を敷き入れるためで、ウアンチャカ社が建設資金を調達し、硝石鉄道会社が技術と機械を提供する条件で話が進み、契約調印、両社で北東へ向かって線路を延ばしていき、銀鉱床のあるシエッラ・ゴルダのカラコーレスの西側を通って1886年2月6日、カラマ駅（海抜2,265m、サリーナスから111.32km）まで開通させました。が、工事の進捗の遅さにチリ側パートナーが痺れを切らせて鉄道事業に興味を失い、これに乗じて1886年2月24日、ウアンチャカ社はパートナーが有している鉄道敷設権を買い取ってさらに北東へと工事を進めていきます。Conchi（コンチ、海抜3,015m）駅、San Pedro（サン・ペドロ、海抜3,223m）駅、そしてAscotán（アスコタン、海抜3,956m）駅。しかし、アンデス山脈越えの線路敷設工事は困難を極め、ウアンチャカ社はイギリスの会社に資金援助を依

頼、1888年11月28日、ロンドンで契約が成立して"アントファガスタ（チリ）ボリヴィア鉄道会社"（その英語名を略して通称FCAB）が誕生します。

一方、これに先立ちウアンチャカ社は、ボリヴィア政府にアスコタンから自社鉱床があるPlacayo（プラカージョ）とウアンチャカを通ってオルロまで鉄道を延ばす計画を申請していました。折りよく1888年11月29日付けでこの申請も承認され、工事はアスコタン峠（標高3,965m）を越えてオジャウエ火山（5,865m）の麓のオジャウエ駅（3,696m）へと伸長され、国境を越えてボリヴィアのアンデス山脈高原（現アヴァローア国立アンデス動物総体自然保護区）へと入り、東西に長く横たわるチグアナ砂漠の真ん中にチグアナ駅（3,678m）を設けつつ進んでいきました。ボリヴィア政府は、1889年7月11日、政府決議令を発布します。

「アントファガスタからプラカージョまでの鉄道の610km地点に町を設置し、その名前をウジュニとせよ。（注・Uyuとはアイマラ語で集中、Niは場所という意味）」

アンデス山脈を越えて走ってきた最初の汽車のワゴンが晴れがましくウジュニ駅に入ってきたのはその4か月後、11月20日のことでした。ウアンチャカ社はウジュニからオルロへ向かって路線を延ばしていく傍ら、ウジュニの東36kmにあるプラカージョ鉱床に向けて支線を引っ張り、さらにその北12kmにあるウアンチャカ鉱床まで鉄道を引き入れ、見事に会社の目的を達成したのです。

チュキカマタ鉱山への鉄道の引き入れに際してチレックス社は、鉱床の高度（海抜2,870m）を考慮に入れカラマ駅の次の駅、サン・サルヴァドール（海抜2,467m）から支線を引

1913 年、鉄道の乗り入れを実施させます。電力に関してはトコピージャ市（チュキカマタ鉱山の西 143km）が土地の使用を許可し、ドイツ企業シーメンスが 8 万 5,000kV の火力発電所を建設してチュキカマタへ送電することになりました。

　銅製錬工場建設はチリ人を雇用して 1912 年 5 月から始められましたが、チュキカマタ鉱山には当時、約 450 にも上る採掘権所有者とその使用人が、3 つの居留地に分かれて住んでいました。グッゲンハイムはそれらを強制撤去せず、工場に隣接させて新たに長いバラックを建て、簡易ベッドを並べて建設要員を収容するかたわら、居留地にある施設も 1920 年代まで有効利用させていきました。こうして 1915 年 5 月 12 日、工場は完成します。同月 18 日午前 11 時、チリ大統領ラモン・バッロス・ルーコがトコピージャの発電所の電源スイッチを入れると、143km 離れたチュキカマタ銅製錬工場が稼動し始めました。

　そして本格的な居住区の建設が開始されます。鉱山の北東の山腹、赤く乾いた急斜面にロア川から水を引いて給水タンクを設け、そのすぐ下に鉱山の総支配人ダニエル・グッゲンハイムが住む大邸宅（"カーサ 2000" と称された）がまず建造されます。そこから斜面の下部へ向かって支配人と副支配人、スーパーヴァイザーとチーフ、そして技師たちの住宅が約 280 軒、それぞれの階級に応じた大きさで、土地の起伏を利用してピラミッド状に建てられていきました。ピラミッドの下層部には小さな住宅が居並び、そこから斜面をジグザグに登っていくに従って住宅は大きくなり、登りつめたその先に、つまりピラミッドの頂点にグッゲンハイムが居住するようにデザインされたのです。

　会社の重役たちの家々の庭にはカラマツやパーム・ツリーを配置して、年間降雨量が 4mm 以下で雲が湧く日がほとんど無

アタカマ砂漠を走るアントファガスタ（チリ）ボリヴィア鉄道。

い、日の照り返しの激しい殺伐とした山腹にわずかに緑の景色を創造しました。アメリカ基地と呼ばれたこの居住区には消防署、軍警察、パン屋、プルペリーア（食料・雑貨を売り、簡単な食事とアルコール飲料も供する店）などが配備され、基地から出ずに生活できる工夫が凝らされていました。基地に隣接させた鉱床寄りに病院も建てられました。そして鉱床まで引き入れられている鉄道と平行させてトコピージャ大通りを作り、これを鉱山の麓の労働者たちの居住区へと繋げたのです。労働者基地（のちに従業員基地と呼び改められた）に充てられた600m × 800m の長方形の敷地（48ha）には、夥しい数の住宅群が建てられていきます。丸太を組んで波状のトタン板で壁と天井を囲み、土とセメントを混ぜたもので塗り固めたブロック住宅は"ラータ"（缶詰）と呼ばれ、各ブロックは4部屋に仕切られて1家族に対して2部屋（18m^2）が割り当てられ、12ブロックごとにトイレが1か所、設置されていきました。日焼きレンガ（アドベ）を積んで作られた家はアドベと称され、ラータよりは少し大きく3部屋ありましたが、ここにも上下水道設備、電気はありませんでした。（労働者基地に電燈が灯るのは1939年。）"ブーケ"（船）という長屋は独身者用で、

長い廊下の両側は船のキャビンに似た小部屋で幾つにも仕切られていました。基地内は南北にラミーレス大通りとブリンケルホッフ大通りが走り、大通りは基地をでてカラマの町へと延びていました。

1916年、アメリカ基地に大きなボーリング場を備えたソーシャル・クラブができます。翌1917年にはチレックス社の幹部とその家族専用のチレックス・クラブもできます。アメリカのニュー・ジャージーにあるクラブ・ハウスをそっくりコピーした建物で、ボーリング場やプール、テニス・コート、バスケット・ボール競技場などが備えられていました。同年、チレックス映画館もオープンします。"チュキ・クラブ"が誕生したのは1926年で、南米初の全天候型2階建てスポーツ・スタジアムとして脚光を浴びました。1930年代にはサッカー競技場アナコンダ・スタジアムも完成します。教育施設（J.F.ケネディー学校、チリ共和国学校、B−10中学校など）も次々と開校され、教会に至っては、カトリックのエル・サルヴァドール教区とその聖堂（バプテスト、アドヴェンティズム、メソジストの各派）、チリ・メソジスト・ペンテコステ派教会、フォースクエア伝道教会、エホヴァの証人の集会場、モルモン教会などが建立され、キリスト教宗派の複雑さを見せつけた有様となりました。

1943年、テアトロ・チーレ（チリ劇場）が落成。1959年、労働者第一組合講堂が開館。そして1960年、アメリカ基地と労働者基地の中間点、トコピージャ大通りに面して地上5階・地下2階建ての大病院が出現します。硫酸銅のブロックでできた薄緑色の壁に囲まれた壮大な建造物です。従来からあった病院は植民地風作りの大きな木造建てで、美しい庭園に囲まれた病棟が整然と立ち並んでいましたが、困ったことは肝心な外

科手術病棟が建物の中庭に配置されていたことで、これが緊急手術の際の不便を招いていました。また産婦人科病棟がなく、これは小児科とともに軍警察の隣にあり、助産婦が4名控えているだけでした。基地内の住民は増え、医師13人、看護婦26名、助手66名だけでは対応しきれなくなっていたのです。病院長ジョン・ブラッドフォードは、当時（1954年）の支配人、チャールズ・ブリンケルホッフの承諾を得てニュー・ヨークへ飛びます。鉱山の所有者、アナコンダ社の重役会議に病院建設計画を提出するためでしたが、副社長、ロイ・H・グローヴァーの賛同が得られ、ほかの重役たちも説得されて計画は具体化しました。建設費2,800万ドルをつぎ込んだ4年越しの工事が終了したとき、病院はロイ・H・グローヴァーと名付けられ、病床250を備えたチリ随一の総合病院となって開院したのです。そして1967年には労働者ソーシャル・クラブが完成します。特権階級者だけにその使用が許可されているチレックス・クラブの存在に抗議した結果、建設された労働者専用の社交クラブで、ボーリング場、ビリヤード、ダンス・ホールのほか、レストランとバーも備えていました。こうしてチュキカマタ鉱山の基地は巨大なカンパニー・タウン（企業城下町）として発展していったのですが。

1992年、チュキカマタ一帯の空気は吸入性粉塵と三酸化硫黄（SO_3）で飽和状態である、と判定されます。鉱山から採掘した銅鉱石を製錬・精製したあとの石くずは、高さ100mにもおよぶ丸型ケーキの形をした小山となって基地の北側に幾つも積み上げられ、石くずの中にまだ含まれている金属がアタカマ砂漠を吹き抜ける強風で飛散し、粉塵となってチュキカマタの上空を茶色のベールで覆うことがありました。翌1993年にはその空気中から、発ガン性物質である砒素が高レヴェルで検出

され、コデルコ（CODELCO）は基地と住人を近隣の町、カラマへと移動させる決断を次第に迫られていきます。チュキカマタの人口は当時1万2,722人（1992年国勢調査）。男性6,395人、女性6,327人、この内、学童2,693人。この人数をカラマに収容するために、コデルコは町のインフラ整備を行います。電力供給量の倍増、上下水道設備の改良、道路拡張と舗装化、病院と法的施設の増設、住宅2,500棟の新設、基地内の学校・商店の移転。そして、2004年から徐々に基地の住人をカラマへ移住させていきました。

2007年9月1日、チュキカマタ基地閉鎖。この日、かつて基地に住み、基地内の恵まれた教育施設で育ち各地に巣立っていった世代も含めた約3万人がチリ中から（海外からも）集まり、トコピージャ大通りにあふれました。"チュキ・クラブ"の前には野外ステージが設けられ、60年代にヒットしたチリのロック・バンドやラテン音楽オーケストラが相次いでステージに立ち、懐かしいメロディーを次々に響かせました。地元のバンドが"ミネーロ・デ・コブレ（銅の鉱夫）"を歌って大喝采を浴び、チリが生んだ世界の人気歌手アントニオ・プリエートが"チュキカマタ"を唄うと、消防車はサイレンを唸らせ巨大トラック群が一斉にクラクションを鳴らしてエールを送り、ロック＆フォルクローレ楽団のロス・ハーヴァスが"トードス・フントス（皆一緒に）"を高らかに奏でたとき、人々は感極まって泣き、抱き合い、基地でともども生活した歳月を誇りとして心に深く刻みつけ、巨大企業城下町の灯が消えるのをいつまでも惜しんだそうです。

2007年4月3日、チュキカマタ鉱山を訪れました。

今回の南米周遊の旅に出るほんの3か月前でしたが、日本の

友人夫妻を案内して4駆車で、サルタ州シコ国境（海抜4,080m）からアンデス山脈を越えアタカマ砂漠へでて、チリ北部に点在する硝石の採掘基地の廃墟を見学しながら北上し、ペルーとの国境手前、太平洋岸の町アリカから真東に向かってまたアンデス山脈を越えていき、Tambo Quemado（タンボ・ケマード、標高4,680m）国境からボリヴィアへ入国、ポトシーの銀山 Cerro Rico（セッロ・リコ）の労働条件を検分する旅に出たのです。その旅の途中で、勿論、チュキカマタへも寄りました。

　前の晩にサン・ペドロ・デ・アタカマの村で1泊した我々は、翌日、まず朝一番で考古学博物館へいきました。博物館は、村の北部を東西に走るパードレ・ル・ペイジ通りに面しています。周辺にはクリニック、村役場、軍警察の駐屯所、郵便局などが並ぶ、いわば村の中心部です。1955年から25年間、この村に住んでいたベルギー生まれのイエズス会司祭、グスターヴォ・ル・ペイジが発掘・研究したアタカマ文明の遺産、約38万点がここに展示されているのです。大地の神パチャママを崇拝していたアタカマ族が、インカ帝国に征服され太陽神崇拝を強制され、そのインカ帝国がスペインに征服されると今度は偶像崇拝を禁じられ、北のアイマラ族と西のチャンゴ族、南のディアギータス族との狭間で滅亡もせず、綿々と紡いできたアタカマ文明の歴史のすべてをここで知ることができます。展示物の中で特に有名なのが、日本でも"ミス・チリ"と称して紹介されているアタカマ族の少女のミイラ（座位）。ガラス張りのケースに入って密閉状態で展示されていましたが、近寄ると、気のせいか黴のような湿った匂いが漂っていました。あれがミイラの匂いだったのかどうか。推定では約2,500年前の作製だそうですが、いたいけな顔の表情や皮膚の筋までよく見えるほぼ完全な保存状態だけに生々しくも痛ましく、私はちら

りと見ただけで正視することができませんでした。このミイラ、我々が見学した1か月後、つまり2007年の5月、アタカマ族の子孫たちの嘆願で一般公開が廃止され、替わって複製ミイラが展示されることになったことを知ったとき、何かホッと救われたような気持ちになりました。

　博物館をでて国道23号線に乗りカラマへ直行。カラマは私にとって思い入れの多い町です。2005年7月5日、アンデス山脈を越え損ねて転倒し足を骨折、真冬にテントもなしでビバークして凍死せず、24時間後にチリ国境警備隊に救助され、サン・ペドロ・デ・アタカマのクリニックから、手術のできるカラマの共済病院に転送されて入院、手術を受けて5日間、ホセともどもたっぷりアタカマ族の子孫たち（多分）にお世話になったからでした。（この事故の詳細は、拙著『アンデスの空・パタゴニアの風』で書きました。）

　カラマからチュキカマタまでは国道24号線です。カラマと太平洋岸のトコピージャを結んでいる154kmの道路ですが、カラマとチュキカマタ間16kmだけが高速道路です。

　チュキカマタの入り口手前に軍警察の詰め所があり、ここで身分証のチェックを受けました。検査をパスして進んでいった道路が、多分、ラミーレス大通り。そして鉄製の白いアンティークなアーチをくぐると、そこから先がかつての企業城下町なのですが、アーチの上には、何故か、針金作りのトナカイに曳かれたそりに乗るサンタ・クロースの姿が、でかでかと飾られていました。クリスマスにはまだ8か月以上もあるというのに。通りの左側にチュキカマタ学校（1927年に開校したチレックス学校の後身）がありました。自家用車で進めるのはここまで。ここからコデルコのミニ・バスに乗り、やがて現れた東西に走る通り（トコピージャ大通り）を右に曲がって登っ

第 I 部　パン・アメリカン車道　　101

ポトシーの銀山セッロ・リコ。

ていくと、銅鉱床の入り口に着きました。

　92 年間の採掘の歴史のあかしとして天に向けて開いた大穴は、遠く宇宙からでも見えるそうです。その大穴の底から採掘した銅鉱石を満載し、螺旋を描きながら何時間もかけて登ってくる超大型トラックの価格は、1 台約 500 万ドル。巨大な 6 輪のタイヤの価格だけでもそれぞれ 4 万ドルもするそうで、一度に 150t から 400t の銅鉱石を積載して登ってくるためタイヤの寿命は 1 年と持たず、そしてこのトラックの消費する燃料（ディーゼル）が何と 1 分間当たり 3ℓ！

　ところが、2006 年 7 月 6 日午前 11 時 50 分、この巨大トラックの 1 台が螺旋から外れて 56m 転落する事故が起きました。運転していた技師はコデルコ勤続 33 年のヴェテラン 53 歳でしたが、どうしたはずみかハンドルを切り損ねたのです。同氏はトラックから投げ出されて即死。従業員一同がその事故の悲しみから立ち直る間もなく、同月 23 日、鉱山は採掘穴北東のトンネルの岩壁が崩落する事故に見舞われました。コデルコは、このトンネルにベルト・コンヴェアー 2 本を通して採掘した銅鉱石の 3 分の 2 の量をクラッシャー（砕石機）へ運んでいましたから、トンネル崩壊事故はチュキカマタの精銅生産スケジュールに深刻なダメージを与えました。そこでコ

デルコは、あの 1915 年の工場竣工当時の、今はもう使用しなくなっていた古いクラッシャーを稼動させることにしたのです。この結果、事故から 53 日後、鉱山の生産システムが正常に戻ったとき、事故による銅の減産量は 4 万 3,000t のみで抑え込まれ、2006 年通算で 94 万 613t の精錬銅を産出することができました。

　鉱床の南西に扇形に広がる基地を我々が訪れた 2007 年 4 月、基地内の住民、特に労働者とその家族の移住は既に完了していましたが、監督職と家族の移住は 5 月に予定されていたため、基地内にはまだわずかに人通りがありました。我々が見ることができた基地は、1970 年から 80 年代にかけて改造されたものです。アメリカ基地は 1984 年に解体され、企業城下町のピラミッドの頂点に君臨していた"カーサ 2000"は、新しい基地の西側の Villa Auca-Huasi（アウカ・ウアシ村）に移されて保存されました。アメリカ基地解体の理由は、石くずを捨てる新たな場所を確保する必要があったためだと思われます。かつて労働者基地と呼ばれていた地区には、基地のいにしえの繁栄を物語る建物が、まだいくつか残っていました。チリ劇場がその1つ。米国ヴァージニア州の映画館をモデルにしたというこの劇場は、収容観客 1,840 人という当時としては南米最大規模のモダンな劇場でしたが、特徴のある鮮やかな真紅の外壁は、塗りなおされてから大分ときが経っているのか、色がかなりあせていました。チリ劇場の隣にはアナコンダ・サッカー・スタジアム、斜向かいにはチュキ・クラブもありました。

　従業員クラブ（1947 年設置）を見つけました。クラブはまだ使用されていて、中で食事ができました。メニューは日替わりで一品のみ。この日のメニューはスープ。注文すると、短く折って茹でたスパゲッティと白インゲン豆がぎっしりと入った

とろみのある塩味スープの上に、極太ソーセージ（チョリーソ）が一本、ゴロンと転がされてでてきました。液体がほとんどなかったから、あれは、茹で麺とインゲン豆のあんかけソーセージ付き、とでもメニューを書き換えるべきでした。器も平皿で、そのお皿の上でソーセージをナイフとフォークで切り分け、スプーンでスパゲッティや豆と一緒にすくって食べたのでした。

"チュキ病院"と愛称された緑色の荘厳な殿堂、ロイ・H・グローヴァー病院の裏にも、年々、石くずが積み重ねられていき、2000年頃までにはその堆積物が地上5階の建物の2倍以上の高さになっていました。基地移転とともに廃院となり、一方、石くずはその後も捨て続けられたので、かつての緑の殿堂もこんにちでは灰色の廃墟となって石くずの中に半分かた埋まってしまっています。コデルコが基地閉鎖を決定した理由の1つに、さらに石くずを捨てるスペースが必要となったから、というのがあったのでしょう。

　基地の最南部、アナコンダ・スタジアムから1kmほど離れた場所に、チュキカマタの墓地があります。チュキカマタ学校の西側です。そこに建てられた墓標（十字架）墓石の数は約1万3,000本。ほかに壁がん（ニッチ）65個、霊廟12基があるそうです。鉱山事故で亡くなった人たちと、基地で亡くなった人たち。アメリカ人と外国人。チリ人と基地で生まれ育ったチュキカマタ人。その人たちのいずれもが、生きていく悩みから解放されて、ここで安眠しています。一番古い墓標の日付は1915年1月のものだといいますから、工場が竣工する前のものです。鉱山開発の歴史は、当然、鉱山事故の歴史でもある筈ですが、チュキカマタの場合、古いものは数字が公表されておらず、1937年1月25日に起きた火薬爆発事故ででた犠牲者が57名、というのが最も古いデータです。しかし、この数字

にも議論が伴い、一部では死者400名とも噂されました。この日、鉱山には約700名の鉱夫が入っていたようで、その内、病院で手当てを受けた負傷者は102名という記録があるものの、あとの人数の消息が不確かで、こんにち、当時の状況を推測するに、鉱夫の中には正規雇用の労働者ばかりではなく、どこからか流れてきた外国人（たとえば、硝石採掘鉱夫としてチリの北部で働いていた東ヨーロッパの人たち）も沢山いたに違いなく、そういう人たちは死んでも誰もクレームする家族がいないので正式な記録には残らなかったのではないでしょうか。チュキカマタの墓地にも入れなかった人たち。遺体を収容されずに、崩壊した岩石の瓦礫と一緒に捨てられてしまった人たちが、もしかしたら大勢いたのかもしれません。

2013年8月、カラマ文化観光団体とチュキカマタ子女・友人結合会は、チリの記念建造物顧問理事会に2007年に閉鎖された基地の保存申請を行い、これに応える形でコデルコは、かつての基地生活の中心部36haにある建物を保存する方針を立てていました。が、2015年1月28日、顧問理事会はチュキカマタ墓地も含めた184haを保存地区にすることを決定したのです。これが実行されるとコデルコが現在、産業地区として使用している地域（主に石くずの捨て場として）まで含まれてしまい、コデルコは理事会に再検討を申請しました。そうこうするうちにもカラマでは、2015年5月18日、チュキカマタ精錬工場竣工100年祭が盛大に開催されたのです。

● 2007年7月17日

午前9時。気温7度。

カラマの町の北西部、アイキーナ地区にある共済病院付近の簡素なホステルに一泊した我々は、カラーンと音がするほどによく晴れ上がった空の青の下へ走り出て、私が2年前に入院していた共済病院の前へゆるやかにバイクを着けました。あのときは深夜、救急車の担架に寝かされたまま運び込まれ、5日後にまだ朝日も昇らぬ早朝に退院したため、病院の外観も周辺の町並みも知らず仕舞いでしたが、今回も含めて、その後、3回カラマを訪れる機会に恵まれ、その都度、病院へ顔を出し、お世話になった人たちに挨拶できることをこの上もない喜びと感じているのです。今年もこうしてまたアンデス山脈を越えてきました、お陰さまで自分の足で歩けています、と。足は、手術されたときは骨折から既に40時間以上が経過しており、手術が成功する限界のぎりぎりだったのですが、この病院の整形外科手術の技術水準の高さが、手術成功の大きな要因でした。踵と脛に埋め込まれたセラミック材料や、傷口の縫合に使用したホッチキスの痕は、ブエノス・アイレスの外科医たちを一様に"うーん、チリの外科医はうまくやるもんだなあ。"と唸らせたものでした。

　カラマの町から北へ向かう出口は1つだけ、国道24号線です。3か月前に4駆車で走ったばかりの道を伝ってチュキカマタ入り口までいき、記念撮影したあと左折して真西に67km、パン・アメリカン車道（チリ国道5号線）とのジャンクションに着く頃には、気温は25度になっていました。

　ここからキジャウアまでの77kmを国道5号線はロア川と平行して走っています。アタカマ族が住んでいるのはキジャウア辺りまでで、そこからさらに北の地方はアイマラ族の文化圏となっていきます。アイマラ語を話す人たちは、ティティカカ湖周辺（ラ・パスも含む）からデスアグアデーロ川流域、さら

にポオポー湖畔一帯とその西側からアンデス山脈を越えた地域（チリの北部とペルー南部）にかけて住んでおり、アルゼンチンのサルタ州、フフイ州にもアイマラ語圏の町や村があります。アイマラ語はアタカマ族のクンザ語とは明らかに異なり、チュキカマタの語源、"チューコたちの土地"というのは実はアイマラ語で、チュキカマタはクンザ語にかかると"槍の先"という意味になってしまいます。2012年のチリ国勢調査によれば、アイマラ族はチリに住む先住民全体の6.7%（11万4,523人）を占めているのに対して、アタカマ族はわずか0.4%（6,101人）でしかありません。

　キジャウアの税関検問所へ着くと、砂埃を積もらせた検査待ちの車が列をなしていました。検問所は、北のIquique（イキケ、キジャウアの北西217km）にあるフリー・ゾーン（免税地区）で購入した物品を検査して税申告させる目的で設けられているので、南から旅している我々はほぼ無検査で通過できる筈です。が、減速したついでにここで小休止することにしました。炎天下にバイクを停車させると一気に汗が噴き出し、バイクに装着した温度計の標示は見る間に38度まで上がっていきました。

　キジャウアは、アルマグロのディエーゴやペドロ・デ・ヴァルディヴィアも立ち寄った"インカの道"の重要なオアシスですが、ワシントンD.C.に本部を置くナショナル・ジオグラフィック協会によれば、ここが地球上で一番乾いた場所（降雨量を基準）。過去40年間の降雨量は、わずか0.2mm。ロア川の水も枯渇していました。我々のバイクを認めた税関員（多分、アタカマ族の子孫）が寄ってきて、汗を拭きつつ身分証明書を確め、形式的にバイクのパテント番号を控えただけで所持品検査は行わず、通行遮断機の棒を上げて通過を許可してくれ

ました。走り出す前にライディング・スーツのインナーを取り外し、襟と袖口を開けて風通しをよくしました。これで走れば体感気温はかなり下がる筈なのですが、それでもバイクに装着したデジタルの温度計は35度から下がらず、風もほとんど吹いていません。暑い！

　チリの国土は衆知のとおり世界で最も南北に長く、大陸部（ペルーとの国境からマゼラン海峡まで）では4,329km、これを海岸線に直していえば6,435km、また南極地区まで含めると実に8,000kmにもおよびます。これに対して国土の東西の平均幅は177km。その東側に聳えるのは誰もが知っているアンデス山脈ですが、西側には太平洋岸に沿って海岸山脈が長く連なっています。チリ海岸山脈は、アリカの南20kmにあるCerro Camaraca（カマラカ丘陵、標高939m）から南はタイタオ半島（S46°30'/W74°25'）まで延びており、標高が最も高い部分は、アントファガスタとTaltal（タルタル、アントファガスタの南200km）の間に横たわるVicuña Mackenna（ヴィクーニャ・マケンナ）連峰、長さ170kmで、その最高峰ヴィクーニャ・マケンナ丘陵は3,114mもあります。この海岸山脈の高い部分が屏風となって太平洋の湿った空気を遮断してしまうので、山脈の東側はからからに乾いてアタカマ砂漠が形成されているのですが、チリ国道5号線はその砂漠を縦断する形で走っています。キジャウアを過ぎてしまうと草木は皆無となり、国道の左右には赤茶色の泥が凹凸をなして固まっているような大地が延々と続きます。硝石を掘り返した跡です。かつてここに硝石が採れる塩の大平原があって、盛んに採掘が行われていたなごりです。

　硝石とは、一般的には硝酸塩（1個の窒素原子と3個の酸素

原子から成る硝酸イオン NO_3 を持つ塩)の1種である硝酸カリウム(KNO_3)が結晶した鉱物を意味します。アタカマ砂漠の硝石は、硝酸カリウムと硝酸ナトリウム($NaNO_3$)が結晶した鉱物で、日本ではチリ硝石と呼ばれて分別されているようですが、チリ以外にも、例えばボリヴィアのウジュニ塩湖で採れる硝石もこの種類です。硝酸カリウムと硝酸ナトリウムは、ともに火薬や肥料の原料として利用価値が高いことで世に知られていますが、チリ硝石には塩化ナトリウム($NaCl$)や硫酸ナトリウム(Na_2SO_4)、ヨウ素酸塩(IO_3)なども含まれています。

チリ硝石の鉱床は、Quebradas de Camarones(カマローネス山峡、S19°/W70°)からタルタル(S25°24'/W70°29')までの海岸山脈の東側、南北に約700km、東西に30kmから50kmの幅で、平均標高1,000mの土地に、15cmから3.6mの層となって広がっています。その採掘は、スペインがこの地を征服する以前、アタカマ族やアイマラ族、あるいはインカの民たちが既に行っていて、砂状に砕いて大地に撒き作物の肥料にしたと伝承されています。18世紀に入ると、スペインの征服者たちもチリ硝石を利用するようになります。イキケの北東50km、海岸山脈山中のサン・アウグスティン丘陵にHuantajaya(ウアンタハジャ)銀鉱床が発見され、そこで使用する火薬を現地調達する必要から、硝石を掘ったといわれています。

この銀鉱床、もともとインカ帝国トゥーパック・ユパンキ時代に発見され採掘が行われていたのですが、それを再発見したのが、あのマルティネス・ヴェガーソ。ヴェネズエラで金を発見し持ち逃げして隠し持っていた、という噂のあったあの人物です。ヴェガーソは、ディエーゴ・デ・アルマグロが処刑された2年後の1540年、フランシスコ・ピサッロからペルーのタラパカー地方(現在のペルーのタクナからチリのキジャウアま

で）の開拓を委任され、この銀鉱床の開発に腐心してスペイン軍に多大な利益をもたらしたのですが、その後、何故か開発は中断されます。鉱床を掘りつくしたのか、あるいは銀採掘のブームがボリヴィアのポトシーにある銀山に移ったためか。そして100年も経った1680年、先住民の1人がまたここで銀を掘り始めるや否や、たちまち採掘熱が復活し、1718年から1746年の間には3千にものぼる人員を収容する村落ができ上がります。が、1910年頃にはその熱も衰え、銀鉱床の村は消滅しました。

　火薬原料としてのチリ硝石の本格的な採掘は、硝石から硝酸塩を析出する方法が発見されてからとなります。ここで登場するのが、ボヘミア（現チェコ共和国）生まれの博物学者、タデウス・ハエンケです。チェコのフンボルトともたとえられたハエンケは、アレッサンドロ・マラスピーニ（スペインに仕えたイタリア軍人）が率いる科学探検隊（スペイン国王の後ろ盾で、1789年から5年の歳月をかけて科学者たちがアメリカとアジアを探検した）に博物学者、特に植物学の専門家として抜擢され参加しました。南米各地を旅して植物を収集、その薬用効果を研究して1795年、スペインで論文を発表します。その探検の途中、ボリヴィアの野性味に富む自然に魅せられてしまったハエンケは、ボリヴィアに根を下ろすことを決心し、Cochabamba（コチャバンバ）近くの農園に居住して植物研究を重ねていました。1806年、イギリス軍がブエノス・アイレスを侵略します。鉱物学にも卓越していたハエンケは、翌1807年、イギリスが再度ブエノス・アイレスを侵攻したとき、急遽、アルゼンチン陸軍の軍事教官として召し抱えられ、ブエノス・アイレスで火薬製造を指導します。

　1809年、そのハエンケのもとを1人のペルー人が訪ねてい

きました。ペルーの実業家マティアス・デ・ラ・フエンテで、Pisagua（ピサグア。イキケの北 70km にある小さな港町）の東に広大な硝酸塩の地層を見つけ、そこから採取したという硝石の塊、Caliche（カリチェ）を携えていました。この塊の中から塩を除き火薬原料だけを取り出す方法をどうか教えて欲しい、と。ハエンケが伝授した方法はごく原始的で、銅のかめの中にカリチェと水を入れて熱し、溶けた液を盥に移して冷ます、というだけのことでした。この方法に基づいてデ・ラ・フエンテは、ペルー人セバスティアン・ウガッリーサをビジネス・パートナーに加え、ピサグアの東約 50km、Cantón Zapiga（カントン・サピーガ、サピーガ地区。S19°38'/W69°59' 付近。標高 1,118m）と呼ばれていた地区に、次々とカリチェを溶解する作業場を築いていきます。"Parada"（パラーダ）とのちに呼ばれたこの屋外の作業場には、石を積んでコンロを幾つもこしらえ、コンロの上に 50 ガロン（220ℓ）入りの銅製の半円形をしたかめをのせ、それぞれのかめの前には長方形の木製の盆が並べられました。かめには水を 4 分の 3 ほど満たし、鶏の卵大に割り砕いたカリチェをどんどん入れていき、コンロにはタマルーゴの硬く重くよじれた幹を焚きつけ、強火でかめを熱し続けるとカリチェは次第に水に溶けていき、もうこれ以上は溶けないという飽和した状態の液をひしゃくで汲み取りかめの前の盆に入れ、天日で数日、乾かして結晶させるという単純な、しかし炎天下での過酷な作業には、クーリエと呼ばれた中国人が、およそ非人間的な待遇で従事させられていたそうです。かめの底には溶け切らなかった物資、例えば、融点（個体が融解し液体化する温度）が 801 度である塩化ナトリウムなどが溜まりましたが、これは価値がないもの、として茶色の泥状になった土と一緒に捨てられました。

こうして、1813年までにサピーガ地区やCantón Negreiros（ネグレイロス地区。S19°50'/W69°53'付近）などに10か所のパラーダが設置され、析出された硝酸塩の結晶は、全量ペルーのリマへ運ばれ火薬に精製されました。1830年、ペルー政府がこの硝酸塩結晶の輸出を承認すると、チリ硝石採掘はブームを呼んで、1850年頃にはもう50か所以上のパラーダが稼動していました。しかし、ハエンケが発明した直火による析出方法は、燃料を大量に必要とし、硝酸塩を50％以上含む上質のカリチェにしか応用できないという難点がありました。それゆえ、パラーダの経営者たちは質の良いカリチェが出る鉱床を掘り尽くし、鉱床付近のタマルーゴの木も切り尽くしてしまうと新たな鉱床を求めて移動していき、放棄された鉱床跡には析出後に捨てられた沈殿物が赤茶色の凸凹となって残っていったのです。肥料原料としてのチリ硝石の利用は、1841年、ドイツの化学者ユストゥス・フォン・リービッヒが唱えた"植物の成長に必要な3大要素説（窒素・カリウム・リン酸）"の出現を待たねばなりません。この説を踏まえた農業化学者たちが、1848年頃から硝酸塩を作物に施肥してその成果を研究し始めます。同じ頃、ヴァルパライーソ生まれの若い技師ペドロ・ガンボーニがイキケを訪れ、パラーダを見学してそのシステムの欠点に注視します。2年間、化学を勉強してシステムに改良を加え、直火に替わって蒸気で熱してカリチェを溶解する方法を確立し、ペルー政府にパテントを申請、これが1953年11月2日に認可されます。オープン・スチーム方法を応用したシステムでした。長さ7m幅2m深さ2mのタンクの奥に穴が開いた金属板が取り付けられ、ボイラーで熱せられた蒸気がパイプを通って金属板の穴から噴射してタンクの中のカリチェを溶かす仕組みは燃料の大幅節約につながり、硝酸塩含有率が低い

(25％程度) カリチェでも使用できることになりました。ただ、パラーダと違って大きな作業場 (設備) を建設する必要があり、この大設備のある作業場は Oficina (オフィシーナ) と呼ばれるようになります。

ガンボーニのシステムを取り入れた最初のオフィシーナは、Sal de Obispo (サル・デ・オビスポ) と呼ばれた地区で操業していた"カロリーナ"(S19°41'/W70°03') でした。次いでこのシステムを採用したのが"Sebastopol"(セバストポル、S20°23'/W69°55') です。セバストポルは、アントファガスタ硝石鉄道会社の前身であるメルボルン・クラーク・カンパニーの出資者たちのうち、ジョージ・スミスとメルボルン・クラーク、ウィリアム・ギブスの3氏が1850年ごろにかけて作った工場でしたが、カリチェの溶解タンク6基、溶け出た硝酸塩液を浄化する水槽1基、熱い硝酸塩液を冷まして結晶させる貯水槽33基を装備する大きなオフィシーナとなり、その設備で硝酸塩を年間3万3,120t生産し、従業員200人とその家族も含めると約500人が居住する村落となりました。特筆すべきは、セバストポルは、タラパカー地方で最初にヨードを生産したオフィシーナであったことです。年間6,900kgを生産していました。

チリ硝石にヨード (ヨウ素酸塩、IO_3) が含まれていることは、1835年、イギリスの博物学者チャールズ・ダーウィンが既に気付いていました。ダーウィンは、ロバート・フィッツ・ロイ艦長が指揮したHMSビーグル号の第2回世界探検に参加し、ビーグル号がヴァルディヴィアに寄港していた1835年2月20日11時30分、コンセプシオン湾の Quiriquina (キリキーナ) 島付近を震源地として起きたマグニチュード8.5の大地震に遭遇します。コンセプシオンの町は6秒で壊滅。ダーウィンは震源地から直線距離にして約350km南方にいて、浜辺に従者とともに

座っていたとき、突然、大揺れがきて、それが2分間続いたと記録しています。地震についで津波が襲ってきましたが、ビーグル号は難破をまぬがれ、地震から2日後、ヴァルディヴィアを出航します。3月4日、ビーグル号がコンセプシオン湾に入ると、ダーウィンはすぐにキリキーナ島に上陸して地震の影響を観察しました。コンセプシオン湾の南のアラウコ湾にあるサンタ・マリア島（海岸山脈の一部で島の西側は平均高さ70mの断崖で切り立っている）では3mもの隆起が観察された、という情報も入り、これらの予期しなかった体験が、ダーウィンにアンデス山脈の造山活動への興味をもたらします。

　一方、コンセプシオンへの航行中、フィッツ・ロイ艦長はビーグル号に2基装備してある錨の内、1基が喪失していることに気付き、コンセプシオン湾に面したTalcahuano（タルカウアーノ）の町で錨の替えを捜しますが、ここも廃墟同然となっていて、3月6日、ビーグル号をヴァルパライーソに向けて出航させます。3月11日、ヴァルパライーソに入港。ここでダーウィンは、地震が起きる前の1月23日、アコンカグア山（S32°39'/W70°00'。南米最高峰、6,960m）が噴火したという話を聞きます。ダーウィンも、その1月23日、チロエ島にいて、オソルノ火山（S41°06'/W72°29'35"。2,652m）が噴火するのを目撃していました。アンデス山脈が連動している！　そしてその山脈は、海底の地殻が地震とともに気が付かないほどのゆっくりした速度で徐々に盛り上がっていったものである。この理論は、既にさまざまな人が唱えていたのでダーウィンも知っていましたが、今、まさに連動しているアンデス山脈を目前にして、ダーウィンは居ても立ってもいられなくなり、サンティアゴで準備を整えると、3月18日、ピウケーネス峠を目指してアンデス山脈を登り始めたのです。

"ピウケーネス峠"という地名に聞き覚えがありませんか？そうです、アルゼンチンのサン・マルティン将軍が編成した6つのアンデス山脈部隊のうち、ホセ・レオン・レーモス隊長が率いた分遣隊が1817年1月に越えていった峠で、そのルートを再現して我々が2013年1月に馬で越えた峠です。それをダーウィンはチリ側から越えていったのです。

　時節は秋に近づいていたため、ダーウィンは装備を厚くして食糧も十二分に携帯していきました。標高が上がるにつれ酸素は希薄となり、呼吸を苦しくさせ頭痛をさそいました。氷河が垂れ下がる山々から吹き渡ってくる強風は体を凍えさせます。水の沸点は低くなり朝食のジャガイモはなかなか煮えません。高山地帯で起こるこれらの現象をダーウィンは書物で読んで知識として持っていましたが、現実にそれらを体験するたびに新鮮な驚きを感じました。そして山の背に貝の化石を見つけたとき、寒さも頭痛も呼吸の苦しさも吹き飛んでしまいます。ここら一帯が海中であった証しを見たからです。そして貝の化石よりもっと確かな証拠、海底火山の溶岩を発見したとき、アンデス山脈が海底から隆起したことを改めて認識します。だとしたら、その地殻の変化に生物たちはどうやって対応していったのだろうか。新たな種が生まれたのだろうか。それとも、それまでいた生物たちが、地殻の変動で環境が変わるにつれ、新たな環境に順応するべく自らの機能を変化させていったのだろうか。ダーウィンは次第に生物の"進化"という概念を固めていきます。

　3月21日、ダーウィンはピウケーネス峠を越えアルゼンチンに入り、翌22日、エル・ポルティージョを通過して28日、メンドーサに到着。帰路はVillavicencio（ヴィジャヴィセンシオ）、Uspallata（ウスパジャータ）を経由してアコンカグア山

2013年1月、ピウケーネス峠（標高4,030m）に向けて雪中行進しました。

の南側へ出て、現在のアルゼンチン国道7号線にほぼ沿うようにして馬を進め、Paso Internacional Los Libertadores（ロス・リベルタドーレス国際通行所、S32°49'38"/W70°05'32"。標高3,175m）付近からアンデス山脈を越えていったようです。4月10日、サンティアゴに無事帰着。その後、ヴァルパライーソに2日間滞在したあと、ダーウィンはコピアポ渓谷へ向けて再び旅立ちます。ガイドはアンデス山脈を越えたときと同じ、マリアーノ・ゴンサーレス。ディエーゴ・デ・アルマグロやペドロ・デ・ヴァルディヴィアらが通ったであろうルートをダーウィンもたどり、7月1日、コピアポ渓谷に出て、そこで2日間、休息したのち、ようやく太平洋岸に向かいます。ビーグル号は7月3日、ダーウィンが港へ着く2日前に入港していました。ビーグル号に乗船したダーウィンは、フィッツ・ロイ艦長が船に乗っていないことを知らされます。2月20日の大地震による津波の影響で、震源地から120km南の海域を航行していたイギリス船籍のHMSチャレンジャー号（1826年11月14日進水。1835年3月19日、チリのモチャ島で難破）が座礁していました。このことをヴァルパライーソで知った艦長は、ビーグル号の操縦を一等航海士に託し、チャレンジャー号の乗組員救出に向かおうとしていたブロンド号の操縦を買って出たのでした。ダーウィンは、このフィッツ・ロイ艦長と世界

を周航してきたことを改めて誇らしく感じます。

そして 1835 年 7 月 12 日、ジョン・クレメンツ・ウィッカム（この一等航海士は、ビーグル号の第 3 回世界探検の旅で艦長を務めた）が操縦するビーグル号がイキケ港に錨を下ろした翌日、ダーウィンはラバに乗り、2 人のガイドに導かれて海岸山脈の砂の急斜面をジグザグに登っていきました。鳥も昆虫も爬虫類も見当たらない道中は、ダーウィンには至極、退屈でした。アンデス山脈には少なくともコンドルが飛んでいたのに、と。ほどなくして、その乾き切った砂山の風景の中に、ウアンタハジャ鉱床とサンタ・ローサ鉱床（ウアンタハジャ鉱床に次いで開拓された銀鉱床）の集落が浮き出てきてダーウィンの興味をそそります。が、先を急ぐため立ち寄ることができません。ダーウィンがラバを鞭打ち進めてひたすら目指していたのは、山脈の東側、標高 983m の La Noria（ラ・ノリア、S20°23'/W69°51'）と呼ばれた地区にある硝酸塩析出作業場（パラーダ）でした。日没後、ようやく到着した一行を諸手をあげて迎えたのはジョージ・スミスです。スミスは 1821 年、19 歳のとき叔父と一緒にペルーに渡ってきたイギリス人で、1826 年、ウアンタハジャ銀鉱床の監督として赴任してきた化学者ウィリアム・ボラールと知り合い、タラパカー地方の鉱床地図を共同作成する一方、硝石鉱床開発を進め、1830 年、ラ・ノリア地区に最初のパラーダを創業させた人物ですが、このスミスの友人ボラールが、ダーウィンの親友だったのです。当時まだ 26 歳だった若き天才博物学者ダーウィンと、33 歳の野心に溢れた実業家スミス。アタカマ砂漠の満天の星空の下で、タラパカー地方に産出する鉱石のあれこれを、夜を徹して語り合ったに違いありません。翌日、スミスに別れを告げたダーウィンは、イキケへの帰路、ウアンタハジャ鉱床を一巡することも忘

れませんでした。あいにく、ボラールは本国に一時帰国していて居ませんでしたが。そしてラ・ノリアからサンプルとして持ち帰ったカリチェに、ヨードがわずかながら（0.01％から0.2％）含まれていたのです。1840年にはアメリカの化学者ヘイズもカリチェにヨードが含まれていることを認めます。しかし、その抽出方法はまだ誰にも解りませんでした。

　1866年になって、ようやくペドロ・ガンボーニがその方法を発見します。ガンボーニはセバストポルの中に化学実験室を設け、試行錯誤の末、硝酸塩の母液（カリチェをオープン・スチーム方式で溶解した液）を結晶させ硝酸塩を析出したあとに残った溶液に、硫酸塩や硝酸銅などを混ぜてヨードを抽出する方法を確立したのです。同年6月23日、ガンボーニはペルー政府からパテントを取得してヨード生産の独占権を獲得します。ヨードは、1811年、フランスの化学者ベルナール・クールトアがその存在を発見して以来、海藻灰（褐藻類を干したあと蒸し焼きにして作った灰）からしか抽出できず、その方法は複雑でしたから、ガンボーニの発見はまさに画期的でした。

　一方、アントファガスタ地方では、1857年から1860年にかけて、チリ人、ホセ・サントス・オッサ（探検家にして企業家）が金鉱床を探していて偶然、サラール・デル・カルメン（S23°39'/W70°17'）とアグアス・ブランカス（現アントファガスタの南東76km。S24°18'/W69°85'）に硝石鉱床があることを知ります。が、オッサはこの発見をしばらく伏せておきます。硝石鉱床開拓をした場合の採算をソロバンでしきりに弾いていたのでしょう。

　1865年、ジョージ・スミスとギブズ＆カンパニーが"タラパカー硝石会社"を創立。

　1866年9月18日、ボリヴィア政府は、オッサとフランシス

コ・プエルマにサラール・デル・カルメンの硝石採掘権を承認。

1868年、3月19日、メルボルン・クラーク・カンパニーが創立され、オッサもその出資者の1人となります。

1868年、リマのモンテーロ兄弟（ラモン、フアン・マヌエル、マヌエル・エステヴァン、トリビオの4兄弟）がラモン・モンテーロ兄弟会社を設立、同年7月11日、ペルー政府はこの会社に、イキケ港とラ・ノリア地区間の鉄道敷設権を与えます。モンテーロ兄弟は、翌1869年5月18日、ピサグアとサル・デ・オビスポ地区間の鉄道敷設権も取得し、1871年10月26日には、両区間の鉄道を繋げ、さらにボリヴィアとの国境（当時、キジャウア以北がペルー領土だった）まで延長できる権利を獲得します。敷設権所有期間は25年間。但し、1年以上、工事に進捗がなかった場合、権利は失効するという条件付きでした。

1868年10月22日、ボリヴィア政府（当時の大統領はマリアーノ・メルガレーホ）はLa Chimba（ラ・チンバ）の入り江にあった集落を正式に町として設立させます。翌1869年2月20日、メルガレーホはラ・チンバを改めて"アントファガスタ"と命名。メルガレーホの弟、アンセルモがアタカマ荒野で経営していた農場の名前がアントファガスタだったから、というナイーヴな理由でしたが、とにかく同年11月9日、ラ・チンバは正式にアントファガスタと改名されました。

1870年、ジョージ・スミスが死亡すると、ペルー政府はヨードの独占生産権を廃止。

1871年7月、イキケ港とラ・ノリア間（113km）に鉄道（路線幅60cm）が開通。

1872年4月30日、メルボルン・クラーク・カンパニーがボリヴィア政府から鉄道敷設権を獲得して、"アントファガス

タ硝石鉄道会社"を設立。

1873年2月6日、ボリヴィアとペルーはペルーの首都リマで、外国からの侵略に対する防衛同盟協定に秘密裏に調印します。

1873年11月27日、アントファガスタ硝石鉄道会社はボリヴィア政府からボリヴィア沿海地方の硝石鉱床開拓権を取得。

1874年8月6日、ボリヴィアとチリは、ボリヴィアの首都Sucre（スクレ）で国境協定の改定版に調印します。「国境（南北は南緯24度、東西はアンデス山脈の分水嶺を境とする）には変更なし。但し、チリ人とチリ資本企業には25年間、新たな課税はしないこと」などが付け加えられました。

1874年から翌1875年にかけて、ピサグアからサル・デ・オビスポ間（80km）の鉄道（路線幅60cm）が開通します。この路線はピサグア鉄道会社と呼ばれ、イキケ港－ラ・ノリア間のイキケ鉄道会社とは別個に経営されていきます。

1876年に入ると、チリ領土、アグアス・ブランカスの硝石鉱床が再発見され、タルタルの東57km、Agua Verde（アグア・ヴェルデ、S25°38'/W69°98'）にも硝石鉱床が見つかります。

1878年2月14日、ボリヴィア政府は「アントファガスタ港から輸出される硝酸塩1キンタール（46kg）に対し関税10セントを課税する」法案を通します。

1879年1月11日、関税不払いでアントファガスタ硝石鉄道会社の財産が差し押さえられます。同年2月14日、チリ軍はアントファガスタを占拠。3月1日、ボリヴィアはチリに宣戦布告。3月15日、チリ軍はアタカマ砂漠へ侵攻。23日、カラマでは民間人たちだけでチリ軍を迎え撃ちますが、完敗。この間、チリ政府はペルー政府に対して中立の立場を取るように要請し、これが拒否されたため、4月5日、チリはペルーに宣

戦布告。翌6日、ペルー政府はボリヴィアと内密で交わした防衛同盟を発効。こうしてボリヴィアとペルー対チリの"太平洋戦争"（別名"硝石戦争"）へと突入していきます。

1879年4月18日、チリ海軍はピサグア港を砲撃し、11月2日に上陸・占拠してペルー・タラパカー地方へ侵攻する切っ先とします。

1879年11月27日の"タラパカーの合戦"ではボリヴィア・ペルー同盟軍が勝利。翌1880年5月26日の"タクナの戦い"では同盟軍の敗北。同年6月7日の"アリカの戦闘"では、ペルー軍のみ約1,600名の軍勢でチリ軍5,479名の攻撃に対峙しましたが、チリ軍はわずか55分でペルー軍を敗退させ、アリカの象徴、Morro de Arica（モッロ・デ・アリカ。アリカの海岸に突き出ている高さ139mの大岩）にチリの国旗をひるがえしました。

1881年1月17日。チリ陸軍はリマに進駐。

1883年10月20日、リマ郊外のAncón（アンコーン、リマの北43km）でペルーはチリとアンコーン条約を結びます。その骨子は、イキケを含むペルーのタラパカー地方と、アントファガスタとコビーハを含むボリヴィア沿海地帯の譲渡、2,000万ペソの賠償金の支払い、などでした。

1884年4月4日、ヴァルパライーソにてボリヴィアもチリと休戦条約に調印します。その内容は「ボリヴィア沿海地方の譲渡、差し押さえたチリ人の財産の返却、両国の関税撤廃」などで、この条約でボリヴィアは太平洋への出口を失いました。

ところで、この硝石戦争で一番割を食ったのはリマのモンテーロ兄弟だったかもしれません。兄弟は1874年1月24日、ロンドンで"ペルー硝石鉄道国家会社（National Nitrate Railways of Perú Co.）"を設立して主要株主となり、モンテー

ロ兄弟会社が所有する権利の大部分（敷設が完了した部分の鉄道の権利）をこの新会社に移牒していました。また、タラパカー地方が既にチリの占領下にあった1882年8月24日、新たにロンドンで"硝石鉄道会社（Nitrate Railways & Co.）"という別会社を作り（資本金120万スターリング・ポンドの内、90万ポンドを兄弟が出資）鉄道事業の拡張を図ります。いずれも会社の資金繰りをよくするためでしたが、戦争中、鉄道は激しく損傷し、また1881年5月から約1年半、経済的な理由もあって懸案の工事（イキケとピサグアの路線連結、ボリヴィア国境までの路線延長）が停滞していた時期があり、1886年1月26日、チリ政府は、兄弟が先にペルー政府と交わした契約内容を引証させて、工事不履行を理由に兄弟が所有していた鉄道敷設権を無効にしたのです。やむなく兄弟は会社の株を投げ売りし、鉄道経営から手を引きました。

　キジャウアを出発して40分ほど走ると、Lagunas（ラグーナス）という場所にさしかかります。このあたりから北に向かってSalar de Bella Vista（ベジャ・ヴィスタ塩湖）とSalar de Pintados（ピンタードス塩湖）が延びており、これらの塩湖からは良質のカリチェが採れたので、塩湖の中央部にはたくさんのオフィシーナが作られました。ところで、モンテーロ兄弟が開拓した鉄道事業の1つに、Patillos（パティージョス）とラグーナス区間（レール幅75cm、距離85km）の建設がありました。ラグーナスから海岸山脈を越えて（山脈と言っていますが、この付近の海岸山脈は皆、砂山です。その砂山の麓はもう海岸で、かつての海洋民族チャンゴたちが魚や海鳥糞を採取して暮らしていました）パティージョス港へ出る路線です。工事はパティージョスから開始され、オフィシーナ・アリアンサま

での 68km が開通して、1872 年から 1877 年まで運行されていました。この路線がキジャウアまで延長される予定だったのですが、パティージョス港が津波被害で崩壊したことや、ペルー政府を相手に法的問題が発生したことで計画は中断します。そして硝石戦争も末期となった 1882 年 12 月 9 日、モンテーロ兄弟はパティージョス鉄道会社を新たに設立して路線再建を図りましたが叶わず、戦後、チリ政府の管理下に入ったものの放置され、1942 年、線路は"鉄くず"として売却されました。

現在、ここラグーナスでは、ACF ミネーラ株式会社がヨード（年間 3,000t）と硝酸塩（年間 2 万 t）を生産しています。このチリの企業は、豊田通商との合弁事業でカラマの南西 122km にあるアルゴルタ・ノルテ株式会社（旧オフィシーナ・エルシリア）に出資して、2011 年 11 月、ヨードの抽出工場（年間生産能力 4,000t）を立ち上げました。チリにはヨード抽出工場を持つ会社が 6 社ありますが、そのうち、唯一、淡水を使用せず、海水を汲み上げ塩分を除去した水を工業用水に使用しているクリーン工場として注目を浴びています。主として医薬品用途（レントゲン撮影の造影材や殺菌剤）に使用されているヨードですが、その世界需要約 3 万 t のうち、チリ企業 6 社で 1 万 7,500t 以上を供給しています。チリ最大手の SQM 社（世界最大手でもある）が、アントファガスタ地方にある 3 工場（マリア・エレーナ、ペドロ・デ・ヴァルディヴィア、パンパス・ブランカス）と、ここタラパカー地方のピンタードス塩湖に新たに作ったヌエヴァ・ヴィクトリア工場とで年間約 1 万 4,000t の生産能力を有しています。（その分、厖大な量の淡水を使用しているわけでもありますが。）

国道 5 号線がピンタードス塩湖にさしかかると、かつてこ

の付近に鉄道が走っていて、硝石が盛んに採掘されていた名残としての、エスタシオン・アリアンサ（アリアンサ駅）、オフィシーナ（以下 Of. と記す）・アリアンサ、Of. ヴィクトリア、パン・デ・アスーカール駅などが次々に見えてきて、ほどなくピンタードス駅に到着します。ここで国道から外れて西に5km、砂地の獣道をたどっていくと、Cerro Pintados（ピンタードス丘陵、標高 1,035m）が見えてきます。ピンタードス丘陵の麓には、かつて Of. アウッレラーがあったばかりでなく、金属鉱脈（金銀や銅）の採掘所が 40 か所余りもありました。

　この丘陵の山腹に、紀元 700 年から 1500 年に描かれたといわれている山腹絵（ジオグリフ）を見ることができます。ジオグリフは、南米ではナスカの地上絵があまりにも有名ですが、ここピンタードス丘陵のジオグリフは、約 5 万 m^2 の山腹に、60 画区に分かれて約 450 個の絵が、山肌を削り取った手法で描かれています。図柄の 50% は幾何学的な模様で、あとの 50% は鷲やジャマ（リャマ）、魚、そして、人の姿です。狩猟や魚の捕獲を表す絵、ジャマに荷駄を積んだキャラヴァン隊が行進している絵もあります。山腹に絵を描いた目的は解明されていません。が、ここから東へ 40km、アンデス山脈方向へ入った内陸には"インカの道"のオアシス、ピカがあり、その

硝石を掘り返した跡（ピンタードス塩湖）。

ピカと太平洋岸の集落を交易のために行き来したキャラヴァン隊が、海岸へ降りていく道標にしたのだ、という説があります。チリのタラパカー地方とその北のアリカ・パリナコータ地方にはこのような山腹絵が描かれた場所が多くあり、その場所と絵の数をピンタードス丘陵から北へ向かって順に羅列すると、Unita（ウニータ、15個）、Ex Aura（旧アウラ、45個）、Tiliviche（ティリヴィーチェ、74個）、Chiza（チーサ、52個）、Azapa（アサーパ、70個）、Lluta（ジュータ、131個）など、となります。

数と図柄の種類の豊富さでは、ここピンタードス丘陵のものが傑出していますが、大きさではウニータ丘陵に描かれた山腹絵、"El Gigante de Atacama"（エル・ヒガンテ・デ・アタカマ、アタカマの巨人）が一番です。ピンタードス駅から国道5号線を76km走り、Huara（ウアラ）という小村でA55号線に乗り換えアンデス山脈方向に14km走ると、高さ86mの巨人像が見えてきます。ライオンのたてがみのような冠を頭に頂き、左手に錫杖を携えている姿は、いつの時代か、この付近に舞い降りた宇宙人を象ったものだ、という説もありますが、アンデス神話の中の火山と稲妻の神、Tunupa（トゥヌパ）が、ティティカカ湖から駆け下りてきては錫杖をふるって砂漠の民に奇跡をもたらしている姿だ、という解釈の方が私は好きです。

ピンタードス駅から国道5号線はピンタードス塩湖のど真ん中を突っ切るようにして走っており、国道両側には、タマルーゴの森が広がっています。タマルガル国立保護平原の中に入ったのです。タマルーゴは、アルガッローボと同様、塩分を含む乾いた土壌でもたくましく生育しますが、このあたりに繁茂しているタマルーゴは1964年以降に植林されたもの。原生林としてのタマルーゴは、硝石開拓の初期、工場がまだパラー

ダと呼ばれていた時期に、カリチェを溶かす燃料にするためほとんど伐採されてしまいました。わずかに残っているのが、国道5号線から外れてA665号線でアンデス山脈方向へ11km走ったところにある、La Tirana（ラ・ティラーナ）村の周辺の森、2,500haです。

　ここに自生するタマルーゴの木の高さは17-18m、幹の直径は1.5mほどもあります。枝には5cmほどのトゲ（托葉）があり、葉は落葉性で複葉・互生。つまり、一片が4cmほどの葉が6対から12対、互い違いに生えていて、その葉には、長さ5mm、幅1-2mmの楕円形の小葉がびっしりとついています。そして、春（9月から11月）、タマルーゴは円柱形・総状花序で黄色の小さな5弁花を咲かせます。直径5mmほどのごく小さな柄のついた黄色い5弁花が、円柱状に無数に並んで下から順に開花していくのです。年によっては年2回、春と秋（4月から6月）に開花することもあります。実はクロワッサンに似た形をしていて、中に甘く、滋養に富んだ10個ほどの茶色の種子が詰まっており、アタカマ砂漠を旅する者たちにとって大切な栄養源となりました。かつてアタカマ砂漠を縦断したディーゴ・デ・アルマグロやペドロ・デ・ヴァルディヴィ

タマルガル国立保護平原にあるタマルーゴの森の中を突っ切って走るチリ国道5号線。

アも、オアシス、ピカを目指して苦しい旅を続けた途中、このタマルーゴの実でさぞかし空腹を癒したに違いありません。スペイン軍は、灼熱地獄となる日中はタマルーゴの森の木陰で休息し、気温が下がる夜間にのみ行軍したそうですが、我々は、塩の大地の上に繁るタマルーゴに風を遮られ、猛烈な陽射しと塩の照り返しに炒められるようにして植林地区を走りました。

20分ほどでPozo Almonte（ポーソ・アルモンテ）へ到着。アリカまではまだ257kmありますが、ここが最後の給油地です。が、その最後の給油地に、ガソリンが1滴もありませんでした。これは大変！　理由はすぐ知れました。ポーソ・アルモンテの南東20kmにあるラ・ティラーナの村で、昨日（7月16日）、キリスト教のカルメル修道会の祭典、"聖カルメンの祭り"が行われたのですが、チリでは2007年からこの日が祝日として制定されたため、近くはアリカやイキケ、ペルーのタクナから、遠くは首都サンティアゴからも信者たちが続々と巡礼・参拝にやってきて、人口千人足らずの村は蟻塚のごとくに人また人で溢れ、その中で、自家用車でやってきた者たちがポーソ・アルモンテで給油したためガソリンが払底してしまったのです。カルメル修道会は、12世紀、イスラエルのハイファ地区にあるカルメル山中に修道士たちが集まり発足させたカトリックの宗派です。1226年、ローマ教皇ホノリウス3世がその典範を承認すると教義はヨーロッパに波及しました。1251年7月16日、敬虔なイギリス人修道士シモン・ストックの目前に、聖処女（または聖母）マリアが厳かに姿を現し、マリア自らシモンにスカプラリオ（修道服）を授けた、といわれています。爾来、カルメル修道会では毎年7月16日を"聖カルメンの日"（カルメル山の聖処女の日）として祝うようになったのです。南米でもスペインやポルトガルによる植民地化が進む

につれ、各地にカルメル修道院が建てられ、宗徒たちが聖カルメンの日を祝う習慣が定着しました。

　チリのラ・ティラーナの"聖カルメンの祭り"は特に盛大で、7月10日から7月18日まで続きます。ラ・ティラーナ村全体がカルメル山の聖処女に奉献するサンクチュアリ（聖域）とみなされており、巡礼者の中には、苦行として一抱えもある十字架を背負って来る者や、村の10kmも手前から膝で歩き血だらけになって到着する者もいます。7月10日の夜、イキケの司教と司祭、巡礼者、信者、楽師・踊り子たちが村の入り口のキリストの小屋の前に集まり、"天然・自然の領域よ、どうか、われらをお通しください。これなる巡礼者たちが敬意を表しにやってきたのです。"と唄いながら村の寺院まで進み、司祭が司教杖で扉を叩きます。扉が開くと寺院の鐘が連打され、祭りが始まったことを合図します。現在ある寺院は、1886年、タラパカー地方の鉱山・鉱床で働いていた鉱夫たちが建立したもので、それ以前の建物は地震で崩壊したり火災で焼失してしまいました。そして、今は廃墟となっているオリジナルの寺院には、1つのエピソードが語り継がれています。……

　ディエーゴ・デ・アルマグロのチリ遠征の旅には、インカ帝国の2人の貴人、パウリュ・ユパンキとウィリャク・ウムが同行しましたが、インカの最高祭司ウィリャクは、美しい娘ニュスタを伴っていました。1536年11月、チリ遠征の帰路、ディエーゴらがピカのオアシス付近まできたところ、あたりのタマルーゴの木々の幹が赤く染まっているのに気付きます。アタカマ砂漠を縦断するとき、ディエーゴはスペイン軍を10人ほどの小隊に分けて進軍したのですが、タマルーゴの幹の赤が、先発隊のスペイン軍12人の血の色であることを知ったと

き、ディエーゴらは戦慄します。先発隊はインカの戦士たちに襲撃され、頭を槌で砕かれ、その血が幹に塗られていたのでした。ディエーゴのクスコ不在中に、マンコ・ユパンキの命令で、スペイン軍に激しく抵抗していたインカの民たちの仕業でした。ディエーゴらの動揺に乗じて、ニュスタは下僕らを率いタマルーゴの森の中に逃げおおせます。

　こうしてタマルーゴの森の中で暮らすようになったニュスタは、インカの最高祭司の継承者としての権威を発揮して、インカの民に森から出ることを禁じ、厳しい掟で統率していきます。その掟の中に、この地に侵入する外国人を1人残らず捕えて殺し、キリスト教に改宗したインカの民も同様に死刑に処す、というのがありました。これを容赦なく実行に移したので、その冷酷さがニュスタの容姿の美しさとともに、近隣のアタカマ族やチャンゴ族、遠方のディアギータ族の間にも知れ渡り、かれらはニュスタを"ラ・ティラーナ・デ・タマルガル"（タマルーゴの森の女暴君）と呼ぶようになります。が、ニュスタには心に誓ったことがあったのです。

　トゥピサで父ウィリャク・ウムがインカの民に荷駄を持たせてスペイン軍のキャンプ地から逃げたとき、哨兵の1人がこれに気付いて追跡隊が繰り出され、スペイン軍はウィリャク・ウムを捕えて連れ戻し、見せしめとして極刑に処したのです。これを目撃したニュスタは、父を殺した外国人たちと、かれらが信奉するキリスト教への復讐を心に刻み付けたのでした。ニュスタが森の中で暮らすうち、クスコではスペイン軍がピサッロ派とアルマグロ派に分かれて内乱を起こし、アルマグロ派が敗れて父ディエーゴは死刑となり、謀反を指揮したマンコ・ユパンキはヴィルカバンバに退いて鳴りを潜めてました。が、復讐の鬼と化したニュスタは、タマルーゴの森に入ってく

る外国人をことごとく捕らえては殺し続けるのです。

　そして4年の月日が流れたある日、1人の青年が森にやってきます。ポルトガル人ヴァスコ・ダ・アルメイダです。ウアンタハジャで銀鉱床探しをしていた1人で、"太陽の鉱山"と呼ばれる豊かな鉱床がどこかにあるのだが、スペイン人たちがやってくる前に、インディオたちが埋め隠してしまった、という噂を信じていました。ところが、ある晩、寝ていたアルメイダの枕頭にカルメル山の聖処女が立ち現れ、ささやくように告げたのです。かの鉱床はここにはなく、もっと内陸にあるのですが、あなたが恐れずにそれを捜すなら、私がそこへ案内しましょう、と。翌日、ウアンタハジャの司祭、アントニオ・レンドン僧侶に昨晩のことを報告すると、僧侶は言下に答えました。夢の中の出来事を信ずるのは罪業です、まして、幸運を追ってタマルーゴの森の奥深くに入っていった者は、あそこの女暴君の手にかかって殺され、1人として帰ってこなかったことを誰もが知っています、と。が、僧侶の訓戒も若いヴァスコを引き止めることはできず、カナ梃子と掛け矢、いささかの食糧と水を携え、海岸山脈の不毛の丘陵地帯を伝って内陸地へと入っていき、僧侶が言った通り、ニュスタが放ったインカの戦士たちに捕えられ、ニュスタの前に引き出されてしまいます。

　そこから先が、僧侶の言葉とは少し違っていました。ニュスタは、りりしく、何者にも怖けず、しかし眼差しの優しいこの青年に一目惚れしてしまったのです。この青年を殺したくない！　ニュスタは、ヴァスコを取り巻いている戦士たちに、咄嗟の嘘をつきます。"昨夜、亡き我が父のお告げがありました。明日、外国人が森にやってきて捕えられるが、月が4回満ちるまで、その者を殺してはならぬ、と。"こうして時間稼ぎをしたニュスタは、さっそくヴァスコと短い会話を繋げていきま

す。ヴァスコが生まれた土地のこと、ニュスタが生まれた大地のこと、その大地の西の端にある海のほかに、大地の東の端にも大きな海があって、その東の海がヴァスコが生まれた土地と繋がっていること、ヴァスコが胸に掛けている女性の像が、神の子キリストの母、カルメル山の聖処女の姿であること、そしてその女性は、ヴァスコが一番、敬愛している女性である、と言ったとき、ニュスタは激しい嫉妬にかられますが、ヴァスコは時間をかけてニュスタの思い違いを諭します。こうしてニュスタとヴァスコは理解し合い、やがて愛し合い、そしてヴァスコが捕えられてから4度目に月が満ちる前の晩、ニュスタはヴァスコに尋ねるのです。

"では、もし、私がキリスト教徒になり、そして死んだら、再び生を受けて蘇り、私の魂はあなたの魂と結ばれて、永久に一緒に生きることができるのね？""その通りだよ、僕の愛するニュスタ。""それなら、いいわ、私を洗礼して。この世であなたのものになったように、死んだあとでも、ずっとあなたのものでいたいから。"

ニュスタのひたむきな気持ちに心を打たれたヴァスコは、塩の大地を掘り、できた窪みにわずかに溜まってきた水に手を浸し、それをニュスタの頭部に押し付けたとき、一部始終を盗み見ていたインカの戦士たちの手から、一斉に矢が放たれました。ヴァスコは心臓を射抜かれて斃れ、致命傷を負ったニュスタもヴァスコの体の上に重なって倒れ伏し、最後の苦しい息の中から、"自らの掟を破ったことを、わが命を以て償います。だが、わが墓には、キリスト教のシンボルである十字架を掲げて欲しい。"と言い遺したのでした。1545年の半ば、マンコ・ユパンキが暗殺されてから1年も過ぎた頃になって、インカの民のレジスタンスもなくなっていたタマルーゴの森をアント

ニオ・レンドン僧侶が訪れ、2人の逸話を知ります。ニュスタが埋葬された場所には遺言通り十字架が立てられ、十字架にはヴァスコが胸に掛けていた聖カルメン像が吊るされていたのを見て感動し、僧侶は、そこに寺院を建立して聖カルメンを祭ったということです。……

7月16日午前0時、花火が次々と打ち上げられると聖カルメンの祭りは最高潮に達します。この日のために1年間、準備した群舞の見せ所です。群舞は、祭りの開幕日から昼夜の別なく続き、昼は灼熱の太陽の下で、夜は凍えるような寒さの中で行われ、踊りの多様さは、この土地で働いて死んでいった者たちの人種の多彩さを物語っています。

Llamero（ジャメーロ）という踊りは、アンデス高原でジャマを追って暮らし立てをしている種族がジャマを馴らしていく様子を体現したもの。Cuyaca（クジャーカ）はペルーのカハマルカ地方の伝統舞踊で、インカ帝国が支配する以前から伝承されていました。Chuncho（チュンチョ）は密林地帯発祥の踊り。Chino（チーノ）は中国の踊りで、Moreno（モレーノ）はアフリカの踊り。ひときわ奇抜なのがDiablada（ディアブラーダ）です。キリスト教の宗旨に起原する、善と悪の力の対抗、を表現した踊りで悪魔の扮装に毎年、いろいろな趣向が凝らされるのが見ものなのですが、ディアブラーダがラ・ティラーナで踊られるようになったのは1960年代以降だそうです。これらの踊りは全て"La chinita"（ラ・チニータ、カルメル山の聖処女の愛称。牧童の妻や娘をチニータと呼ぶこともある）に奉納されるのですが、最近では参加する舞踏団の数は200近くにもなり、その華麗な群舞を見ようと、アメリカやヨーロッパからも観光客が押し寄せてきて、2014年の祭りでは、巡礼

者・観光客合わせて約28万人がこの小さな村にひしめいたそうです。2007年の祭りの参加者は何万人であったのか。とにかく、ポーソ・アルモンテにガソリンがなかったのです。いつ来るとも判らないタンク・トレーラーを待つより、ガソリンを求めてイキケへ行くことにしました。

　ポーソ・アルモンテから5km走ると、左手に国道16号線が延びています。海岸山脈を横断して太平洋岸のイキケへ下りていく道路ですが、そのほぼ入り口付近に（国道16号線はイキケを起点としていますので、正確には"出口"付近です。国道16号線の47km地点）ユネスコの世界遺産で危機遺産でもある、Humberstone（ウンベルストーネ、ハンバーストーン）のオフィシーナがあります。

　1850年7月8日、イギリスのドーヴァーで生まれたジェイムズ・トマス・ハンバーストーンは、17歳からロンドン＆ノースウェスタン鉄道の兵器工廠で働き、化学や力学を習得します。20歳から夜学へ通い始め工学と鉱物学を修めて化学技師の資格を取得。やがて"サン・アントニオ硝石ヨード会社"（1873年にイギリス人、ジョン・サイアーズ・ジョーンズとジョン・キャンベルらが設立）に雇われ、1874年12月2日、サウザンプトンの港から単身旅立ち、翌年1月6日、ペルーのピサグアの土を踏みます。そこからはラバの背中ならぬ汽車（ピサグア鉄道会社）の硬い座席で数時間揺られ、サピーガ地区にあるOf. サン・アントニオの化学研究主任の助手として赴任。ほどなく、主任が病気で死亡したため、ハンバーストーンが弱冠25歳で押し出し式に主任に昇格します。Of. サン・アントニオは1810年に"パラーダ"として操業が開始され、あまたある硝石工場の最古参の1つで、1850年代、他のパラー

ダと同様、カリチェの溶解方法を直火からペドロ・ガンボーニ方式に切り替えていました。しかし、1870年代に入ると、硝酸塩類の含有率の高いカリチェはもうほとんど採掘し尽くされてしまい、残った質の悪い、硝酸塩含有量の少ないカリチェから、少しでも多くの硝酸塩を溶解して析出できる技術の改良が望まれていたのですが、その技術は既にイギリスで確立されていました。ジェイムズ・シャンクスという化学技師が開発したもので、ボイラーで熱した蒸気をコイル状に渦巻いたチューブに送り込んで熱するシステムです。この技術の存在を知っていたハンバーストーンは、これを硝石工場に応用させることを試みます。カリチェを溶解する鉄のタンクの内側の壁にコイル状チューブを取り付け、チューブにボイラーで熱した蒸気を送り込みタンクを熱するようにしたことが、ペドロ・ガンボーニ方式（溶解タンクに直接、蒸気を送り込んで熱する）と違っていました。この試みは成功し、硝酸塩含有率が15％程度しかないカリチェからでも効率よく硝酸塩を析出できるようになったことから、貴重な水と燃料の使用量は従来の半分に抑えられ、これが大幅なコスト削減をもたらしました。

この業績でサイアーズの信頼を勝ち得たハンバーストーンはサイアーズの姪と結婚、1878年にはネグレイロス地区にあったOf. アグア・サンタの管理を任されます。アグア・サンタはキャンベルが経営する工場で、ハンバーストーンはここにもシャンクス・システムを取り付け生産性を向上させます。工場の生産高があがると、製品（硝酸ナトリウムやヨード）の運搬コストの削減も図る必要が出てきます。従来、製品はピサグアかイキケの港から船積みされていましたが、港までの運搬料金は、当時、モンテーロ兄弟が経営する鉄道会社が独占的に牛耳っていました。

1879年、硝石戦争の火蓋が切られます。ハンバーストーンと妻のイレーネもペルー政府の勧告に従って一時、アリカへ避難します。戦況がチリ軍優勢に傾いていくと、キャンベルは1880年、チリ政府に申請してアグアス・サンタから、当時、"クジラの尻尾入り江"と呼ばれていた小さな入り江まで鉄道を敷設する権利を申請し、これが許可されるとその工事をハンバーストーンに委任します。アグア・サンタと入り江の標高差は750m。勾配は22度から35度。これをハンバーストーンは1,750mのケーブル鉄道で繋げ、3区間に分けそれぞれに駅を設置して独立管理させ、時速15kmで毎時18ワゴンを運行させて、1日2,000tの製品を港の3つの桟橋に運んで船積みすることを可能にさせました。クジラの尻尾入り江にハンバーストーンが築いた港は、1881年9月26日、Caleta Buena（カレータ・ブエナ、良い入り江。イキケの北31km、ピサグアの南30km）と命名されて開港されます。ペルー政府がチリ政府とアンコーン平和条約を結ぶ2年も前のことですが、タラパカー地方は既にチリ政府が統治していましたから、開港許可もチリ政府が発布しています。

　硝石戦争が終結すると、ハンバーストーンはアグア・サンタとカレータ・ブエナ間に蒸気機関車鉄道を敷設する計画を立てます。チリ政府は1890年3月19日、「工期を6か月間に限定し、鉄道敷設地の使用権は25年間のみ、25年後に鉄道をチリ国家に譲渡する」という厳しい条件付きで工事を許可します。工期の短さもさることながら、労働者たちのボイコットにハンバーストーンは悩まされました。硝石戦争以前、鉄道の利権はモンテーロ兄弟の独占市場でしたが、その利権が失効されたいきさつには、アグア・サンタのオーナー、キャンベルがチリ政府に積極的に働きかけたからだ、と噂されていました。ま

た、アグア・サンタの従業員と労働者の中には、戦争敗者側のペルー人とボリヴィア人もいましたから、会社の後ろ盾をチリ政府にいち早く乗り換えたアグア・サンタの工事の失敗を願うものたちが大勢いた筈です。労働者のサボタージュ、機材の紛失あるいは盗難が相次ぎます。が、工期が切れる当日の1890年9月19日、ハンバーストーンはアメリカのボールドウィン製蒸気機関車2基を装備させた鉄道を見事に開通させました。こうしてできた"アグア・サンタ硝石鉄道会社"は、チリ政府から新たな許可を得てアグア・サンタからウアラまで鉄道を延長させる一方、アグア・サンタからJunin（フニン）入り江（ピサグアの南7km）にも鉄道を通して"フニン硝石鉄道会社"として運行させていきました。

　これらの鉄道の管理と、鉄道で結ばれたオフィシーナ（アブラ、デモクラシア、プリミティーヴァ、ヴァルパライーソ、イレーネ）の管理も任されたハンバーストーンは、この時期、体が幾つあっても足りない忙しさだったでしょう。地元の人たちからは、ドン・サンティアゴ・ウンベルストーネと敬愛の念を込めて呼ばれ、本人もそう呼ばれることを好んだといいます。ウンベルストーネが導入したシャンクス方式が、当時、タラパカーとアントファガスタ、そしてタルタル地方に200ほどもあったオフィシーナに次々に採用されていくと、ペドロ・ガンボーニが管理するセバストポルは生産コスト面で競争力を失い、1890年代にかけてイダルゴ＆カンパニーに少しずつ買い取られていき、衰退の一途をたどります。1895年12月27日、ペドロ・ガンボーニ死亡。一方のウンベルストーネは1925年、ピサグアの土を踏んでから50年後、チリ硝石生産者協会から金メダルと年金を供与され、晩年はイキケに住み、論文の発表や講演会への出席などで多忙な時間を過ごしていました。

1939 年 6 月 1 日、イキケの技術学校で講義中に気分が悪くなり、自宅へ戻る途中、心臓発作で死亡。享年 90 歳。ガンボーニとウンベルストーネ。共に硝石産業の技術開発を通じて、ボリヴィア・チリ・ペルー 3 国に莫大な利益をもたらした 2 人でしたが、ガンボーネはイキケの第一墓地で、ウンベルストーネはポーソ・アルモンテから 46km 北にあるイギリス墓地で安眠しています。

　ところで、ドン・サンティアゴ・ウンベルストーネことジェイムズ・トマス・ハンバーストーンと、チリ国道 16 号線の"出口"付近にある Of. ウンベルストーネとの関係を調べてみました。

　1790 年頃、当時、サンティシモ・サクラメントと呼ばれていた土地の地主であったマヌエル・ガッローチョ・デ・アルモンテが井戸（ポーソ）掘りをして、ウアンタハジャの銀鉱床へ水の供給を始めたことから、この井戸のある土地一帯が、やがてポーソ・アルモンテ（アルモンテの井戸）と呼ばれるようになります。1830 年代にかけて硝石鉱床開拓が盛んになると、その作業所であるパラーダ群にもポーソ・アルモンテから貴重な水が供給されました。Of. ウンベルストーネはそのポーソ・アルモンテから約 6km 北西、カラカラ鉱床の上にあります。この鉱床は 1850 年代に入ってアルモンテ・ファミリーの 1 人、マヌエル・アルモンテ・ヴィゲーラスがペルー政府から開拓権を取得して作業所（パラーダ）を設置、操業を開始しました。1872 年、作業所はイギリスの"ペルー硝石会社"（The Peruvian Nitrate Company）に売却され、ペルー硝石会社は作業所に Of. ラ・パルマと命名して 1877 年までペドロ・ガンボーニ方式で操業させたあと、ペルー政府に売却します。硝

石戦争も末期に入った1882年、ラ・パルマはチリ政府の管理下におかれますが、翌1883年、ギブズ＆カンパニーの手に渡ります。1890年に入って"新タマルガル硝石会社"（The New Tamarugal Nitrate Co.）がラ・パルマにシャンクス方式を導入して操業を再開し、1898年にこれを購入。以後、1934年まで新タマルガル硝石会社がラ・パルマのオーナーでしたが、1930年頃から、さまざまな原因で操業が麻痺します。ここに再び息を吹き込んだのが、1934年にチリ政府と民間企業が共同で創設したコサタン（Compañía Salitrera de Tarapacá y Antofagasta の略。タラパカー＆アントファガスタ硝石会社）です。コサタンは、その前身会社であるコサチ（Compañía Salitrera de Chile の略。チリ硝石会社。1930年設立）が、1930年から1933年の間に購入・吸収した34社の硝酸塩生産業者が所有していた64のオフィシーナ（全てシャンクス方式による操業）の近代化と改造、再編成の仕事を推し進めていくのですが、その64のオフィシーナの中の1つがラ・パルマでした。

　一方、ラ・パルマの南西1.5kmで操業していたのが Of. サンタ・ラウラです。ラ・パルマが生まれた年と同じ1872年、ギジェルモ・ヴェンデウがペルー政府から開拓権を取得して操業を開始し、しかし期待したほどにはカリチェが採掘できず、1876年にはもう操業停止となっていました。1880年、チリ政府の管理下におかれたあと1897年、競売でイギリス企業フェルシュ＆マーティンに土地とともに売却され、1913年に入ると"ロンドン硝石会社"がこれを購入して、アントファガスタ地方で廃業となっていたオフィシーナの中古の機材（シャンクス方式）を使ってサンタ・ラウラの再興を図ります。しかし、第一次世界大戦が勃発して不足部品の輸入ができず、操業再開を果たせたのは1921年のことでしたが、時代は硝石産業

に逆境となっていました。化学肥料が出現したのです。1913年、ドイツのフリッツ・ハーバーとカール・ボッシュが、空気中に含まれている窒素を取り出す技術を開発して工業化すると、それまで窒素肥料の原料を専らチリ硝石や海鳥糞などの天然資源に頼っていた世界のマーケットが大きく変革します。空気中に80％近くも含まれている窒素に、石炭をガス化して取り出した水素を、金属触媒（四三酸化鉄など）を使って、高温（550度）・高圧（175気圧）で反応させ作り出した合成アンモニアは、安価な窒素系化学肥料の大量生産を可能にしました。1910年、世界の窒素系肥料の消費量は、その65％をチリ硝酸塩に依存していたのですが、1920年に入ると依存率は30％に減っていました。また、合成アンモニア（NH_3）から一酸化窒素（NO）を、一酸化窒素から二酸化窒素（NO_2）を、二酸化窒素から硝酸（HNO_3）を生成して火薬原料を作り出すこともできるようになり、このマーケットでもチリの硝酸塩輸出は大打撃を受けていたのです。

1929年に起きた世界大恐慌がこの打撃に追い討ちをかけます。サンタ・ラウラは1930年代にかけて、ラ・パルマや他のオフィシーナと同様、経営困難に陥っていきました。この状況の救済を図ったのが前述のコサチで、カラ・カラ鉱床や近隣のネブラスカ鉱床、ピシス鉱床で操業していたラ・パルマ、サンタ・ラウラ、カラ・カラ、ケリマ、ペーニャ・チーカ、サン・ホセなどのオフィシーナをその基地（労働者居住区）とともに購入し、コサチの事業を引き継いだコサタンは、ラ・パルマの設備に集中して改良を加え、基地の環境を整備して1934年11月21日、ラ・パルマを"オフィシーナ・サンティアゴ・ウンベルストーネ"と改名して再竣工させたのです。近代硝石産業の育ての親、ハンバーストーンに敬意を捧げた命名でしたが、

その竣工式にハンバーストーンが主賓として招待されたことは書くまでもありません。

コサチが購入してコサタンが刷新したオフィシーナと基地群はネブラスカ・グループと呼ばれ、Of. ウンベルストーネを中心とした1つの村になり、1930年代後半には5,000人以上が居住していました。が、1950年代に入るとチリから輸出される窒素系肥料原料は世界マーケットのわずか3％までに落ち込みます。コサタンはオフィシーナを1つずつ閉鎖して工員とその家族を出身地へ帰し、あるいは工員たち自らが新たな仕事先を求めて基地を出ていきました。1958年、Of. ウンベルストーネ操業停止。1959年、コサタン解散。そして1960年、最後まで生産を続けていたOf. サンタ・ラウラの操業の火を消してコサタンが破産します。1961年、ネブラスカ・グループの工場群と基地は土地ともども競売にかけられ、イシドロ・アンディーア・ルーサの個人所有となってゴースト・タウン化しました。1995年、そのルーサも破産。

そして2001年12月28日から翌年1月1日にかけて工場群と基地が競売に出されると、ドーニャ・イネス・デ・コジャウアシ鉱業会社（ポーソ・アルモンテ地区の露天掘り銅鉱山会社）がその購入資金をイキケの"Corporación de Museo del Salitre（硝石博物館法人）"に寄贈します。この法人は、ネブラスカ・グループ硝石工場群基地のかつて住人とその子孫たちが発起人となり、1999年11月11日付けのチリ司法省法令で設立した非営利的団体で、廃墟となった工場群を管理・維持して博物館として世に広く公開することを計画していたのです。こうして硝石博物館法人の所有物となった工場群のうち、ウンベルストーネとサンタ・ラウラをユネスコの世界遺産に登録するため2万人の署名が集められます。2002年10月、この団

体とチリ政府の請願に応えて、ユネスコ本部とフランス文化・通信省の視察団が工場跡を見学。そうして 2005 年 7 月 15 日、Of. ウンベルストーネと Of. サンタ・ラウラは世界遺産に登録され、同時に危機遺産に登録されたのでした。この登録記念物のうち、こんにち、我々が見学できる箇所は、ウンベルストーネの基地部分とサンタ・ラウラの工場部分のみです。ウンベルストーネの基地は、そのほぼ中央に小さな広場（50m×53m）が配置され、広場の周囲には 1934 年から 36 年の間に造られた特徴ある建物の数々を見ることができます。

　広場の南側、メルカード通りにあるのが日用品市場の細長い平屋建物（間口 43m、奥行き 6m）。建物中央部の屋根には時計台があり、1934 年当時、3,637 人が居住していたというパンピーノたち（塩の"平原"パンパで硝石を切り出す作業に従事した男たち）の生活必需品のほとんどがここで賄われていました。市場の西側の端には礼拝堂が、南側には幼稚園が設けられ、礼拝堂から幼稚園へ通路が延びています。広場の北側、エレウテリオ・ラミレス通りに作られたのがアール・デコ様式のシンプルで渋みのある劇場（長さ 31m、奥行き 17m、高さ 11m）で、外壁はオレゴン松（ベイ松）の板材で覆われています。広場の西側を占めているのがプルペリーア（食料・雑貨店兼居酒屋）。セメント作りの長い屋根付き通廊を持つこの建物は、その南端部分だけがバルコニー付 2 階建てとなっています。パン屋と肉の貯蔵庫もこの一郭にあります。プルペリーアの西端の倉庫部分に面して鉄道が乗り入れていて（イキケからポーソ・アルモンテを通って北のウアラ方面へいく鉄道の本線から引き込んだ支線）、貨物の積み下ろしの便宜が図られています。小学校はプルペリーアの北側。そして広場の東側には来賓客用のホテルとソーシャル・クラブの木造建物があり、そ

れに隣接させて作られた鉄製プール（12m×24m）が2m30cmの深い底を覗かせていました。その他、病院、テニス場、バスケット球技場など。住宅部分がこれらの公共施設を取り囲むようにして作られ、基地の東端にはサッカー場もあったそうです。アタカマ砂漠のど真ん中に作られたカンパニー・タウン。我々がそこを訪れたのは2007年4月7日でした。激しい直射日光で熱く焼かれた建物の壁に手を押し当て、当時の喧騒を思い浮かべ、パンピーノたちの息づかいを感じ取り、汗の匂いを嗅ぎつけようとしました。が、建物群の廃墟は寂寞として完全な沈黙を保ち、何かを語るのを拒絶しているかのようでした。

Of. ウンベルストーネの廃墟から出て国道16号線を1.5km西に走ると、国道沿いにOf. サンタ・ラウラの廃墟があります。ウンベルストーネの工場が基地の北側に造られたのに対して、サンタ・ラウラは基地の東側に工場が立地しています。カリチェの溶解工場は上下4層に分けられた巨大な木製建造物で、屋根までの高さは16.6m。長いベイ松の梁が縦横に張りめぐらされ、上層部・水平方向に張られた金属製"T"字型の梁が、8個ずつ2列に並べた重いカリチェの溶解タンクを支える仕組みになっています。工場の外壁は赤錆びたトタン板で覆われ、燃焼ガスを排出させる鋼鉄製の煙突（高さ37m）が、広大な砂漠の空を突き刺していました。カリチェは3基の粉砕機で段階的に細かく砕かれ、ベルト・コンヴェアーで粉砕小屋から溶解工場へ運搬されたそうです。このオフィシーナが操業していた期間はごく限られていましたが、1925年には年間1万9,320tの硝酸塩を生産したという記録を残しています。（同年のウンベルストーネの生産高は5万5,200t）

コサタンが経済破綻を招いた原因が、もう1つありました。

硝石工場群の改造を行った際、設備を一新させず、既存のシャンクス方式を改良させるのみに留まったことです。1930 年代、シャンクス方式は既に古い技術となっていたのです。これを説明するために、ここでもう一度、グッゲンハイム財閥に登場してもらいます。この財閥は 1889 年、アメリカのコロラド州、プエブロ市に"フィラデルフィア製錬・精錬会社"(The Philadelphia Smelting and Refining Company)を設立します。その名の通り、鉱石の製錬（鉱物から金属を取り出す）と精錬（取り出した金属の純度を高める）を専門とする鉱山会社で、そこで開発されたリーチング（鉱石を水に溶かして貴重な元素だけを取り出す操作）の技術は、チリのチュキカマタ銅鉱山の銅製錬工程にもそっくり応用されていきます。チュキカマタに着任したノルウェー生まれの冶金学者エリアス・アントン・カペレン・スミスは、チュキカマタ工場の監督を務める傍ら、硝石の溶解プロセスを約 10 年間研究します。そして考案したのが"グッゲンハイム方式"。シャンクス方式が中温度（70 度）の蒸気で硝石を溶解していたのに対し、低温度（35 度から 40 度）の蒸気で溶解を行い、硝酸塩が溶け出た液を天日で蒸発させて硝酸ナトリムの結晶を得る代わりに、その溶解液を冷却させて結晶させるところが違っていました。

1922 年、スミスはアントファガスタ地方の Of. セシリアにグッゲンハイム方式の設備を取り付け、パイロット生産を行います。結果、硝酸塩の含有率が 7% 程度の質の悪いカリチェからも硝酸ナトリウムを余すことなく析出することができ、低温度溶解ゆえ燃料費も節約され、生産コストの 40% カットを果たしたのです。グッゲンハイム財閥は、さっそくこの技術を商業ベースに活用するべく 1924 年、競売に出された Salar de Miraje（ミラーヘ塩湖）の国有地 Coya Norte（コージャ・ノル

テ。チュキカマタの西 76km）を購入して大規模なオフィシーナ建設を開始します。カリチェの採掘にはトラクター・ショベルを導入し、カリチェの粉砕にも工夫を凝らします。溶解を容易にさせるため粉状になるまで細かく砕いて溶解タンクへ運び、そのタンクは 1 基 1 万 2,000t 容量の巨大なコンクリート製にしました。シャンクス方式のタンクが鉄製で、その容量が 1 基 60t から 90t に限られていたことと比較すると、いかに大きなタンクであったかが想像できます。天日乾燥である程度まで結晶させた不揃いな長方形の硝酸ナトリウムは、反射炉を使って再び溶かされ、その溶解液をポンプで吸い上げ、ノズルの先から冷却室の冷気中に放散させて乾燥させると、綺麗な細かい粒状の結晶となりました。こうしてできた粒状硝酸ナトリウムは、輸出の際の運搬の便利が良く、購入側の製品の取り扱いをも簡便にしたのです。このグッゲンハイム方式の工場を完成させるのにスミスは 2 年を費やし、1926 年 11 月 26 日、Of. コージャ・ノルテが竣工。が、間もなくスミスの妻、マリー・エレンが死亡したことから、この夫人を悼んで 1927 年 4 月 18 日、Of. コージャ・ノルテは Of. マリア・エレーナと改名されます。

　このオフィシーナは操業初期の数年間、マーケット価格の低迷や世界恐慌の影響で採算が赤字でしたが、グッゲンハイム財閥は莫大な資本に飽かせて 1930 年 1 月、マリア・エレーナのすぐ南に Of. ペドロ・デ・ヴァルディヴィアを建設し始め、翌年 6 月 6 日にはもう最初のロット生産に漕ぎ着けます。それと前後する 1929 年、アメリカ合衆国商務長官ハーバート・フーヴァー（のちの第 31 代大統領）がチリを訪問、アメリカの農業発展のためにグッゲンハイム資本の工場とシャンクス方式のチリ硝酸塩生産者間でトラストを結び、肥料原料の質と価

格の安定供給を図ることを勧告します。そうすることで、ドイツ原産の安い、しかし質の悪い合成化学肥料原料と競合することを説いたのです。スミスは早速、ときの革新主義チリ政府（大統領はカルロス・イバーニェス）に働きかけ、1931年3月、半民半官の信託企業コサチが発足するとスミスはその初代社長に就任します。そうしてコサチはグッゲンハイム財閥にグッゲンハイム方式のパテント料を支払い、シャンクス方式で操業しているオフィシーナ群の大改造に乗り出したのですが。チリ国民の猛烈な国家主義による反発と外国資本排斥運動に直面します。機械化に徹底したグッゲンハイム方式は、硝石産業に従事してきた多数のチリ国民の職場を奪う原因に直結したからです。イバーニェス大統領は失脚して国外へ逃走、1931年12月、スミスもコサチ社長を辞任します。結局、グッゲンハイム方式の巨大オフィシーナが建設されたのは、あとにもさきにもマリア・エレーナとペドロ・デ・ヴァルディヴィアの2工場だけでした。

　1932年12月、国民選挙で人民党のアルトゥーロ・アレッサンドリがチリ大統領に選出されると、新政府はアンチ外国企業、アンチ近代化を唱道していきます。1933年3月、コサチを解散させたあと翌1934年1月8日、法令を発してコヴェンサ（Corporación de Venta de Salitre y Yodo de Chile の略。チリ硝石・ヨード販売法人）を創設、チリ硝酸塩とヨードの販売・輸出取引を専売制にしてコヴェンサに管理させる一方、生産に関しては新たにコサタンを設けてコサチが購入したオフィシーナの生産管理と設備改善の仕事を請け負わせたのです。法令で規定された専売の期間は35年間。しかし、その間を生き延びることができたオフィシーナはトコピージャ地方のマリア・エレーナとペドロ・デ・ヴァルディヴィア、タラパカー

地方のヴィクトリア（1979年10月閉鎖）など、ごくわずかでした。1968年、生き残ったオフィシーナは統合されソキミチ（Sociedad Quimica y Minera de Chile の略。現 SQM 社）として生まれ変わり、1971年、一旦、国営化されたあと、1983年から1988年にかけて民営化が行われていきました。ペドロ・デ・ヴァルディヴィアは1996年に環境汚染が発生して住民が退避、現在は工場だけが稼動しているオフィシーナとなりましたが、マリア・エレーナの方はカンパニー・タウンの機能も果たしているオフィシーナとしてこんにちまで操業を続けています。こうして SQM 社は、マリア・エレーナとペドロ・デ・ヴァルディヴィア、そしてタラパカー地方に新たに竣工させたヌエヴァ・ヴィクトリアの3工場から、年間1万3,300tのヨードを産出するキャパシティを持つ、世界最大のヨード生産者となったのです。

　幸い、イキケの手前10km、Alto Hospicio（アルト・オスピシオ）のガソリン・スタンドで給油することができました。遅めの昼食、ハムとチーズのサンドウィッチを熱いコーヒーで胃袋へ流し込みながら、海岸山脈をジグザグにイキケまで降りていかずに済んだことをホセと喜びあいました。降りていったら、今度は登ってこなければならず、その分の時間のロスが、日没前にアリカへ到着できる可能性をゼロにすることを知っていたからです。ここアルト・オスピシオの郊外北約3kmにウアンタハジャ銀鉱山の廃墟があるのですが、国道16号線からは見えません。その国道をウンベルストーネまで戻り再び国道5号線に乗ったのは、もう午後も2時を大分まわっていました。15分ほど走り、小村ウアラを通過。ここから国道右手・アンデス山脈方向へ10分も走れば、山腹絵"アタカマの巨人"が

見られるのですが、その 10 分の寄り道が我々にはできません。国道の両脇に迫るタマルーゴの森の中を疾走しました。

　国道左手・海岸山脈側は、かつて硝石採掘が盛んに行われたネグレイロス地区です。海岸山脈を越えた先には、ハンバーストーンがケーブル鉄道を通した"クジラの尻尾入り江"があるのですが、そこへ降りていく土の道は、よく知った者でも 3 時間はかかるそうで、大型バイクではまず無理。ネグレイロス地区に続いて現れるのがサピーガ地区で、ハンバーストーンが敷設したフニン鉄道と、モンテーロ兄弟が施工したピサグア鉄道が走っていた地域です。この先、国道は坂道にさしかかります。約 6km 続く坂道、Cuesta de Tiliviche（クエスタ・デ・ティリヴィーチェ。ティリヴィーチェ坂）です。この坂道を皮切りに国道 5 号線は約 170km に及んで断続的に坂とカーヴが現れるので、この部分を日没前に走り切るために急ぎに急いで走ってきたのです。坂道は、灰色のアスファルト道路と、その延長線上のカーヴに現れる灰色の砂の断崖との境界を識別しづらく、一瞬の不注意で谷底に落下しかねない危険な道で、事実、カーヴを切り損ねて転落した人の鎮魂を祈って崖っぷちに十字架が掲げられている場所が何箇所もあります。砂の底からアリ地獄が触角をうごめかして獲物が落ちてくるのを待っているような錯覚すら起こさせる場所の連続で、"そう想像しただけで、砂の底に引きずり込まれていくような気がする。"といって、ホセが最も苦手としているルートなのです。（ティリヴィーチェ坂の途中には、サンティアゴ・ウンベルストーネことハンバーストーンが眠っているイギリス墓地があります。）

　午前中にこの部分を走ろうとすると、大抵、深い霧に悩まされます。現地の人たちから"カマンチャカ"（アイマラ語で"暗黒"という意味）と呼ばれている濃密な霧です。日中、太

陽の放射熱を吸収した海は、夜間、特に明け方、その熱を空気中に放出し、その際に大量の蒸気が発生しますが、この蒸気は太平洋高気圧のために上昇できずに濃い霧となって海岸山脈地帯に停滞するのです。その霧を集めて水にする装置があります。その名も、"アトラパニエブラス（霧捕獲）"。イスラエルの化学者たちが考案した装置だそうで、高さ6m、幅4mほどの金属の枠にプラスティック製のメッシュを張り、その細かい網の目で濃い霧を捕えるのだそうです。網に"かかった"霧は、網に取り付けられた溝を伝わって吸水タンクに集まる、というしかけです。網の面積 $1m^2$ 当たりで1日2ℓから10ℓの水を収集することができる、というのですが、国道5号線上からその霧捕獲器を見たことはまだありません。濃霧は、正午過ぎ、太陽が高くなった頃に消滅します。

　さて、ティリヴィーチェ坂に続いて現れるのが Cuesta de Tana（クエスタ・デ・ターナ。ターナ坂）です。2つの山峡に跨る 4km のこの短い坂を過ぎると、その先は約 10km の直線コース。ホセはここで勢いスピードを上げます。が、ほどなく Chiza（チーサ）坂にさしかかるのでホセはまたスピードを落とし、標高 1,300m まで登っていって、そのあとは下り坂。17km 続くこの坂道の終わり付近の国道脇の山の斜面に、何体かの人を象った絵が見えてきます。山腹絵です！　チーサ坂の山腹絵は山肌を削って描いたものではなく、砂の斜面に黒色の石を並べる手法で描かれているのが特徴です。坂道を下りきると Camarones（カマローネス）渓谷へと入り、Cuya（クージャ）村で身分証明書の検査があります。ティリヴィーチェ坂からここまで約1時間。そろそろ運転の疲れが出て、注意力が低下する頃ですので、検問は嫌でも走行を止め、緊張し切った手足の筋肉を屈伸させる格好の理由となります。北から南へ旅する

者にはチリへの持ち込みが禁止されている果物や野菜の所持検査もあります。検問所付近にはスナックや飲み物の売店が幾つもありますが、先を急ぐ我々はペット・ボトルの水を口に少し含んだだけで、すぐまたバイクに跨りました。検問所を通過するとカマローネス坂が現れます。21km続く長い難しい登り坂で、平均勾配率は5.5％。次が14kmの下り坂 Chaca Sur（チャカ・スール。南チャカ）。勾配は6％以上あり、ホセはしっかりブレーキを利かせて下っていきます。この南チャカ坂に入る手前2kmのところから、アンデス山脈方向に向かって延びている細い未舗装道路の下り坂があり、そこを降りていくと集落 Suca（スカ）に出ます。スカ渓谷の山腹に描かれた約200個の絵で有名な場所なのですが、3か月前、日本の友人夫妻を案内して4駆車でこのインター・セクションまでやってきて、未舗装道路を降りていくかどうか、さんざん思案した挙句、ホセがギヴ・アップした下り坂道です。有名な山腹絵はアリ地獄が待ち構えているような谷底にあるのです。

　南チャカ坂を出て3km平坦な道を走ると、今度は11kmの登り坂 Chaca Norte（チャカ・ノルテ。北チャカ）です。勾配は3.5％と緩やかですが、国道沿いの山の斜面から石が転げ落ちてくるので最大の注意を払う必要があります。この坂が終わる頃には日はもう随分と西に傾いていて、茫々とした砂漠の中をひた走る我々のバイク、めすロバとそれに跨った我々の影を、国道の路肩に黒々と浮かび上がらせていました。アリカの郊外手前約16km。最後の急坂、Acha（アーチャ）坂に入る前、国道右手側に特徴のある彫像、紺碧の空を突き通す刺股のようなレンガ色の建立物が見えてきます。チリの彫刻家、ファン・ディーアス・フレミングが1997年に創造してアイマラ族の村に捧げた、高さ8mから9mの彫像群、"守護たちの出

第 I 部　パン・アメリカン車道　　149

チリの彫刻家フアン・ディーアス・フレミング作、"守護たちの出現"の彫像群。

現"です。素早くカメラのシャッターを切り、彫像群を後に残してアーチャ坂を下っていきました。最大勾配7.6％の坂道が8km続きます。ここはペルー側から走ってきて登る方がよほど簡単。が、今日は下りです。ホセはブレーキ・パッドが磨耗するのを避けるため、ギアを入れながら細心の注意を払って慎重に下っていきました。17時50分、日没直前にアリカ郊外に到着。"永遠の春の都、アリカへようこそ！"と書かれたアーケードが逆光の西日の中からうっすらと浮かびあがりました。"アリカの大岩"139mの頂上にひるがえる赤と白と紺色のチリ国旗を左手に見て海岸通りを走り、行きつけのホテルの駐車場にバイクを着けたとき、あたりにはもう薄闇が立ち込めていました。この日の走行距離は707km。ホセは苦手なチリ海岸山脈ルートを今回も無事、走り遂げてくれました。

　パン・アメリカン車道は、ペルーでは国道1号線とも呼ばれ、首都リマの中心部で国道22号線と交差し、その交差点を0kmとして、北へ上る道をパン・アメリカン北車道（またはペルー国道1号線北）、南へ下る道をパン・アメリカン南車道（またはペルー国道1号線南）と呼び分けられています。チリ

との国境からエクアドルとの国境まで、ペルー国道1号線の全長は2,375.82km。しかし、チリとペルーの国境線は未だに論争中です。

両国の太平洋戦争（または硝石戦争）を事実上、終息させたアンコーン条約（1883年10月20日調印）では、「イキケを含むペルー領土のタラパカー地方が"永久的かつ無条件に"チリ領土となること」で合意し、ペルー領土であったタクナとアリカは10年間、チリが統治したあと住民投票で最終的な統治権を決定することすることになっていました。しかし、その10年が過ぎたあとでも、チリはタクナとアリカにチリ化政策（チリの伝統・文化の移植）を推し進めたため、チリとペルーの外交関係は一気に悪化。ここでアメリカ合衆国第30代大統領カルヴァン・クーリッジが仲裁に入り、1925年9月1日、タクナ地方の一部、Tarata（タラタ。タクナ地方北の山岳地帯）をペルーに返還する裁定を下します。次いで"住民投票委員会"を発足させ、合衆国代表には数々の軍功で名高い元陸軍参謀総長ジョン・パーシングを任命して投票を敢行させようとしますが、チリ警察・軍隊・自警団によるペルー人有権者への威圧は高まる一方となりました。住民投票が実施されないまま1929年6月3日、チリとペルーはリマ条約に調印。この条約の調停者となったアメリカのフーヴァー大統領の裁定により、タクナ地方は1929年8月28日付けでペルーに帰属、アリカはチリ領土として承認されたのですが、両国の国境線"コンコルディア"を規定する表現が曖昧であったため、その解釈をめぐって一大論争が起こります。

ペルー側は、リマ条約に基づき杭打ちされた第1番国境標識から海岸線に対してほぼ垂直・南西方向に264.50m下ったところをコンコルディア線の起点であると主張。これに対して

チリ側は、第1番国境標識から海岸に向かって水平方向、つまり真東に323.54m延長させた場所がコンコルディア線の起点であると固執して譲りません。ペルーが主張する線と、チリが固執する線と、その間の海岸線を結んだ三角形の面積は3万7,610m^2。この3.7ha強の"三角形の陸地"の領有をめぐる論争は未解決で、ペルーの主張が通れば、国境線の起点は南緯18度21分08秒／西経70度22分39秒となり、チリの固執に軍配が上がれば、国境の起点は北西にずれて南緯18度21分00秒／西経70度22分49秒となります。

● 2007年7月18日

午前9時30分。アリカの海岸沿いのホテルを出て、境界が曖昧なコンコルディア国境を目指しました。22km走りチリ側の出入国管理所、Chacalluta（チャカジュータ）に到着。2日前、サン・ペドロ・デ・アタカマの入国管理所で記入し承認印を押してもらった通行証（バイクと我々の分）をここチャカジュータの出国窓口に提出し、チリからペルーへ出国するバイクと人間が、アルゼンチンからチリに入国したバイクと人間に相違ないことが確認されて出国手続きが完了。チャカジュータ管理所を出て1km走ると、ペルー側の出入国管理所、Santa Rosa（サンタ・ローサ）が見えてきます。その途中のどこかで、コンコルディア国境を越えました。

ところで、アルゼンチン・ナンバーの車輛がペルーに入国するためには、ペルー国内で有効な車輛保険の証書を必要とします。我々のバイクにはメルコスール（南米南部共同市場）圏内でのみ有効な保険が付保されていました。が、ペルーはメルコ

スール圏外。国境に一番近いペルーの都市、タクナで付保するつもりでアルゼンチンを発ったのです。その旨を伝えると入国窓口の役人はうなずき、あっさりバイクの入国を許可してくれました。先々の検問所では必ず保険証の提出が求められるので、タクナで付保を怠り旅を続けることは不可能なことを知っているからです。国境からタクナまでは40km。国道の両側には不毛な海岸砂漠地帯が続き、その途中、空のマッチ箱を無造作に並べたような、作りかけの小さな家が林立している場所を何箇所か見かけました。レンガを積んで一部屋分の壁だけを立ち上げた屋根のない建造物や、ムシロのようなもので四方を囲っただけの小屋。土地を不法占拠し、とにかく家らしきものを建て、ひとたび中に入り込んでしまえばもうこっちのもので、これを強制撤去するには複雑な法的手続きを踏まねばできまい、と行政を侮った勢いが覗える風景。が、不法占拠だろうが、違法建築だろうが、その家の中から人が飛び出してきて石でも投げつけてこない限りは我々には無害な存在。見なかったことにして走り続け、11時30分、人口約25万（2007年当時）の都市、タクナに着いて公衆電話に直行、クスコでバイク旅行会社（バイクを旅行者に賃貸しツアーを組んでクスコ周辺を案内している）を経営している知人に電話しバイクへの付保を依頼すると、タクナ市内の保険会社を紹介してくれました。

　保険会社の事務所でホセが手続きをしている間、私は外でバイクの見張り番。国境付近の町では過剰なほど盗難に気をつけるに越したことはなく、一方、車輛保険といっても我々のバイクの盗難や破損事故がカヴァーされるわけではなくて、我々のバイクがペルー国内で人身事故などを起こし加害者となった場合の弁済に適用される保険なのです。とにかく、ペルーの道交法に則って付保されたバイクに再び跨ったのは午後2時。

午前中いっぱい曇っていた空に太陽が現れ、ペルー国道1号線南を快調に飛ばして160kmを一気に走り、年間日照時間が3,230時間、平均月間雨量1.58mmの"太陽の首都"モケウア（標高1,410m）に到着する頃には、空は爽やかに晴れ上がっていました。S17°12'/W70°56'。

南米のコロンビアとエクアドル、ペルーとボリヴィア、そしてチリの北部で"Cuy"（クイ）と呼ばれている動物がいます。テンジクネズミ科・テンジクネズミ属の家畜種で、学名はCavia Porcellus。モルモットのことですが、ペルー、特にクスコではケチュア語で"Qoi"（発音は、ほぼクイ、と聞こえる）といえば食用ネズミを意味します。クイは主に2種類。ペルー種の体色は茶と白、丸みを持った体躯を持ち、56日で体重1kgに成長して繁殖可能となり妊娠期間は68日、1回で平均2.8匹の子を出産します。アンデス種は白一色で目だけが黒いのが特徴。ペルー種よりこころもち細長い体で成長が遅い。1kgになるまでメスは75日、オスは85日を要しますが、その代わりに1回の妊娠（妊娠期間は67日）で平均4.2匹の子を産み、さまざまな環境に適応して、海岸地帯から密林地帯、海抜3,500mまでの山岳地帯でも育つ、というメリットがあります。

クイの肉はタンパク質に富み（平均含有量20.3％）、脂肪分が少ない（7.6％）ので大いに食すべき、としてエクアドルのクエンカや、ここペルーのモケウアでは盛んに飼育されており、ペルー国内のクイの年間消費量は6,500万匹。（エクアドルでは1,500万匹。）クイをネズミだ、と思えば食べるのが気持ち悪く、モルモットなのだ、と定義すると食べてしまったら気の毒に感じるのですが、食べ方次第では日本人の口にも結

構、美味しい食材です。

　クイを初めて食べたのは、クスコの高級レストランでした。日本とアルゼンチンの国旗付きで供された一皿で、香辛料たっぷりの液に漬け込んだものを丸焼きにしたものでしたが、正直いってあまり美味しいとは思えなかった。スパイスが効きすぎていて、こんなに香辛料を使うのは肉の鮮度をごまかすためかも知れない、と疑ってしまったほど。アレキーパのレストランで食べた一品は、クイをお腹の部分から開いて油で揚げたもので、塩と胡椒のさっぱり味。このフライド・モルモットは、地元では Cuy Chactado（クイ・チャクタード）と呼ばれ、モケウアでもこの料理法が主流です。庶民的なレストランでクイを揚げていたおばあさん（に見えましたが、もしかしたら私と同じ50代だったかもしれない）にその料理法を質問すると。皮を剝いで開きにしたクイを塩水でよく洗い、頭を下にして風通しの良い場所に4－5時間吊るしたあと、肉に塩・胡椒してトウモロコシ粉をふり、フライパンに油を熱してクイの開きの上に石をのせて重石をしながらクイを揚げ、黄金色になったら引っくり返す。塩・胡椒だけでは物足りないなら、クミンをふりかければよい、ということでした。この料理法で食べたモケウアのフライド・モルモット、肉の臭みを全く感じさせず、美味しく食べることができました。

　一方、エクアドルのクエンカでは、串刺しにしたクイを炭火で時間をかけて炙りこんがり丸焼きにしたあと、お腹の部分で開いて皿に載せ、芳香野菜（玉ねぎ・赤ピーマン・コリアンダーなど）を刻み込んだオリーヴ油ベースのソースを別皿に入れ"お好みでどうぞ！"と供してくれました。私はコリアンダーが嫌いなのでソースを付けずに食べたところ、肉がほろほろくずれるほどよく焼けていて、皮はカリカリして香ばしく、

第Ⅰ部　パン・アメリカン車道　155

クエンカで食べたクイの串刺し焼き。

このときはひどくお腹が空いていたせいもあり、歯と骨、爪だけを残して耳まで美味しく頂けました。

● 2007 年 7 月 19 日から 7 月 20 日

午前 7 時 30 分。

昨晩、宿泊した国道沿いのホステルは素泊まりだったので、朝食を求めてモケウアの町の朝市に繰り出しました。朝食サーヴィスを行っていると聞いた建物は、クリーム色の 2 階建て、清潔な感じがする大講堂のようなスペースで、何十ものスタンドに間仕切られ、その 1 つ 1 つが肉屋であったり、果物屋であったり。が、まだ朝が早いのか、ほとんどのお店が閉まっており、2 階部分に並んだ食べ物店だけが、仕事に出る前にしっかり腹ごしらえをしようという地元の客たちで盛況でした。モケウアの人たちの朝食は、アルゼンチン人のそれとは全く異なり、皆、朝からしっかり食べています。焼いた肉や揚げた魚、目玉焼き、それに付け合わせのスパゲッティとライス、ベークド・ポテト、生野菜など。それらが 1 つ大皿に盛られたもの

を、皆、黙々と平らげています。

　アルゼンチンの朝食の定番、カフェ・コン・レーチェ（ミルク・コーヒー）＆メディア・ルーナ（クロワッサン）とでは、栄養のバランスという点で大違い。日本式朝食（サケの切り身、ご飯、味噌汁、焼き海苔、漬物）なら食べられる私でも、朝からご飯とスパゲッティを一緒には食べられない。がっしりした四角い体躯のおばさんに、小声でカフェ・コン・レーチェとパンを頼むと、日本のどんぶりほどもある器に並々とミルクとコーヒーを満たし、フライパンのような大きな平たいパンをにこりともせずに出してくれました。固い無骨な塩味パンをちぎり、ミルク・コーヒーに浸して柔らかくして食べながら、ガラス窓越しにふと路上を見ると、極彩色のフレア・スカートに白のドルマン袖のブラウス、体にぴったりしたベストに山高帽子を被った女性たちが地べたに座り、かごの中に入った何かを売っています。ポケットからカメラを取り出しズームにすると。かごの中のものは紛れもなくモルモット！　ミルク・コーヒーを飲み干し、食べ切れなかったパンを摑んで食用モルモットことクイの売買の現場を見にいきました。植物のツルを編んで作ったかごの中に、白・茶・黒が混色したクイが数匹ずつ入れられ、かごの周りにはアルファルファの束がこんもりと積まれています。クイにはアルファルファしか食べさせないので、その腸内はごく清潔だとか。真っ黒なクイがいるので、種類を尋ねると、"Criollo!"（クリオージョ、スペイン産との混血種）。その混血種の値段を聞くと、30ソル（昨日の為替レートは、1ドル＝2.85ソルだった）とふっかけてきました。昨晩の庶民的レストランでの夕食代が、2人分合わせて34ソルだったから、調理もしていない1匹が30ソルもするわけない、といったら、これは種付け用のクイなのだ、と。本当でしょうか。こ

れで種付けしたら、生まれた子は皆、黒くなってしまうでしょうに。

　午前8時30分、気温22度。
　アンデス山脈の西側斜面、モケウア川渓谷の谷間に広がるオアシス、モケウアの町をあとにすると、パン・アメリカン車道は再び、砂漠の中を北西に向かって走ります。標高は900mから1,400m。国道の両側には淡いアザミ色の低い丘陵が連なり、その山肌に草木は1本も生えていません。モケウアの北東260kmには豊かな水をたたえるティティカカ湖が横たわっていますが、その間を隔てている南緯16度線と17度線、西経70度線と71度線の4本の線で囲った四角形の土地の中には、5,000mから6,000m級の火山が10ほど存在しています。このあたりがアンデス山脈中央火山帯にかかっているからで、中でも Ubinas（ウビーナス）火山5,672mは現在ペルーで最も警戒されている火山で、2006年から活動期に入り、2013年以降、200回以上も大小の噴火を繰り返しています。モケウアを出発して1時間走ると、次のオアシス El Fiscal（エル・フィスカル）地区に到着します。給油し、コーヒーを1杯飲んで小休止しました。ホセはライディング・ブーツの先でタイヤをツンツンと突つき、空気が抜けていないかを確認します。ここからパン・アメリカン車道は真北方向、アレキーパ方面に向かって山岳地帯を登っていくからです。山峡を切り通した道は幅が次第に狭くなり、お椀を伏せたような丸い無数の丘陵が押し合うように重なって、不気味な灰色の光彩を放ち、盛り上がって見えてきます。マグマが噴き出したあと冷えてできた丘陵。かつてこの付近でも火山活動が盛んであったなごりで、アレキーパ県では4つまで活火山を数えることができます。北から

Coropuna（コロプーナ、6,450m）、Sabancaya（サバンカージャ、5,967m。2008年に噴火）、Chachani（チャチャーニ、6,075m）、そして美しい成層火山の Misti（ミスティ、5,822m）。

　ところで、火山噴火といえば2008年5月2日、約5,000年ぶりの大噴火を起こしたチリの Chaitén（チャイテーン）火山1,122m をすぐ想起します。フィヨルド地帯にある小さな町、チャイテーン（S42°54'57"/W72°42'22"。海抜17m）の北東10kmにあるこの山は、およそ310年の周期で小噴火を繰り返し、その都度2－3cm程度の降灰をもたらしていたというのですが、2008年の噴火は24時間で20cmもの大量の火山灰を積もらせました。2002年の国勢調査で4,065人を数えていたチャイテーン一帯の住民のほとんどが、プエルト・モントやチロエ島に避難し、住み慣れた土地を離れることを拒否した住民も強制退去させられて、町はゴースト・タウンとなりました。

　2010年1月、チリ国道7号線、別名、カッレテーラ・アウストラル（南車道。プエルト・モントを起点としてヴィジャ・オ・ヒギンズまで、フィヨルド地帯を南下して走る未舗装道路1,240km。フィヨルドとフィヨルドの間は艀で連絡されている）を走ることを思い立った我々は、ブエノス・アイレスを出発して3日目に、ネウケン州の Paso Cardenal Samoré（カルデナル・サモレー峠、S40°42'47"/W71°56'38"。標高 1,305m）からアンデス山脈を越えていき、4日目の早朝、サーモンの輸出港として名高いプエルト・モントにバイクを着けました。そして南車道の走行2日目、オルノピレンという場所から艀に乗り、アピアオ水道を5時間半かけて南下、下船してすぐチャイテーンの町に入ったのです。実はチャイテーンの北側にも全長56kmの砂利道があるのですが、この部分はまだ灰の下で通

行不可、それで通常より２時間長く艀に揺られチャイテーンまで航行したのでした。

　当時、チャイテーンには少しずつ住民が戻りつつあり、ホテルも１軒、開いていると聞きました。が、水道の水がまだ出ない。それに、家々の軒や庭に寄せ集められた灰がまだ１－２m の高さで積もっていましたから、我々の健康上の心配も起き、チャイテーンに泊まることを断念、大きな砂利がごろごろしている狭道45km を慎重に走り、エメラルド色の水が美しい氷河湖、ジェルチョ湖畔の Puerto Cardenas（カルデナス港）の村までいったとき、日没を迎えてしまいました。たまたま通りかかった住人に宿泊施設を尋ねると、村にはホテルもホステルもないが、旅人を泊め慣れている民家ならある、食事も家族と同じものを出してくれる、但し、トイレはそこの家族と共同使用だから、それが嫌なら数 km 先にレストランも備えた釣り人用の高級ロッジがある、と懇切丁寧に教えてくれました。

　夜の帳が下りるまでにはまだ30分はある、と頑張ってその数 km を走ったのですが。ロッジは予約客で満室でした。戻るしかありません。が、戻るためには早、薄暗くなりかけたこの狭く路肩もない砂利道をＵターンせねばならず、しかし、この大型バイクの回転の半径は大きいのでこの道幅で半回転できるかどうか、それに道路の左側に停めたので回転はホセが苦手な右回りとなり、あっ、これは間違いなく転倒する！　と、思い当たった次の瞬間に、ホセはその右半回転を試みて見事に転倒したのです。250kg の車体に加えてガソリンと荷物の重み約60kg は、転倒時、我々が足や手を体の横に出さない限り、我々の体にはのしかかりません。ホセの足は車体の両脇に大きく張り出したボクサー・エンジンで保護され、私の足はサイド・ケースの厚みによって守られるからです。倒れたバイクは、折

り良く前方から走ってきた4駆車のドライヴァーが手伝って起こしてくれました。起こさなければ4駆車が通れないから。バイクを点検し、バイクの前部、右の方向指示ライトのプロテクターが砕け散ってしまったのを知ってホセは逆上しました。
"回るとき、君は僕が転倒すると思っただろう？""うん。""分っていたよ。その君の不安が僕に乗り移ってしまったんだ。それで転倒してしまったんだ。君は僕に方向指示ライトを壊させてくれた！"（これは随分な"いいがかり"だ。）しかし、ホセの心の動揺がひしひしと伝わってきました。これから走るアイセン地方は年間降雨量3,000mm以上という亜寒帯多雨地方です、プロテクターなしではライトのランプは雨に濡れ放題となり、やがて切れてカーヴの際の方向指示ができなくなる！　ランプのスペアは持ってきましたが、付け替えてもプロテクターなしでは、またすぐ切れる！　動揺し逆上しているホセが気の毒になりました。それで薄闇の中で目を凝らし、散乱したプラスティックの破片を丹念に拾い集め始めたのです。
"そんなことしても無駄だよ。もう壊れてしまったんだから！"と、なお文句を言い続けるホセを黙殺し、集めた破片をティッシュ・ペーパーに包みポケットにしまい込みました。

　カルデナス港に戻り、1軒の民家のドアを叩くと頭髪を黒いターバンで束ねた中年の太った婦人が応対に出て、夕食と朝食付きで宿泊が許可されました。そしてホセがバス・ルームでシャワーを使っている間、私は拾い集めた破片を瞬間接着剤を使って1つ1つ組み立てていったのです。根気がいる作業でしたが、幸い、足りない部分もなく、完全な卵形に復元することができたプロテクターを、タオルで頭髪をごしごし拭きつつバス・ルームからでてきたホセに渡すと、ホセの斜めに尖って崩れていたご機嫌も、たちまち丸く修復されたのでした。長い

旅の道中には、暑さ・寒さや空腹・疲労が原因で2人の気が立つことが多々あります。意見・願望の相違で気まずくなることもまれではありません。バイクで走る我々の長旅は、悪天候や事故などの厳しい環境下での生存の闘いであると同時に、文化・習慣が異なる世界で育った2人の共存の闘いでもあるのです。

　ペルー火山地帯の南側を走りつつ、チリ火山チャイテーンにまつわる旅のエピソードを懐かしく思い出していたのです。が、その追想は、ピピピピーッ！　という鋭い警笛音で破られました。枯れ草色の制服に白ヘルメット、黄色い反射チョッキを着用した警官が、前方で我々に走行を止め道路の端にバイクを停車させるよう指示していました。バイクを停めてヘルメットを開け、警察官に"おはよう！"と朗らかに挨拶するホセ。"後方でトラックを追い越したね。"（！）アレキーパの南西37kmには銅鉱山セッロ・ヴェルデがあり、アレキーパを通過して北西へ24kmいけばセメントの町、ジュラがあるため、この付近の国道にはトラックの走行量が格段に多く、列をなして上り車線を時速40kmほどで走られると、その後ろについてじりじり走るのは多大な忍耐を必要とします。それでホセは追い越しに出たのですが。（でも、どうして知ったのかしら。そうか、あのとき、どこかに1人潜んでいて無線で連絡したのだ。）"追い越したけど、追い越し禁止区間にはまだ入っていなかったよ。"と引き続き朗らかに応えるホセ。"いや、追い越し禁止区間だった。"ホセの主張を無視して警官は、胸ポケットから小冊子を取り出しその1か所を人差し指でとんとんと指しながら、"この道交法のここの箇条によると190ソルの罰金になるが、マケて100ソルにしてやる。"（！！）"オマケなんかしてくれなくてもいいよ。違反したのなら罰金を全額払うけど、

でも、僕は違反していなんだから払わないよ。""なら、大マケにして50ソルにしてやるから払え。""いいや、1ソルも払わないよ。"男同士の議論に女が口出しすると、議論はなおさら喧々囂々となります、男たちは女の手前、さらに意地を張り合い一歩も譲らなくなるからです。私はスペイン語が解らないフリをしてあらぬ方向を見ていました。ホセと警官は、払え、払わない、をさんざん繰り返していましたが、やがてホセが、"ねえ、こんな議論、もう止めようよ。リラックスするために出たバケーションが台無しになるじゃないか。それに僕たち、何かの偶然で国籍は違うけど、元をただせば君も僕も、共にひとつ大地の南米に生まれた、いわば南米の兄弟じゃないかい？"（！！！）南米の兄弟、という言葉を聞いたとき、ペルー人の警官の心のどこかの何かがピリンと共鳴したようです。警官は小冊子を胸のポケットにしまい、"いけ！"といい捨て、我々のバイクから離れていったのでした。

　アレキーパの手前、約50kmでパン・アメリカン車道は方向を西にかえ、次第に太平洋岸へと降りていきます。午後1時、Camaná（カマナー）に着きました。この先、パン・アメリカン車道約400kmに町らしい町はないので、この日はここで宿泊することにしました。モケウアからの走行距離は320kmでした。

　カマナー（S16°37'24"/W72°42'33"。海抜13m）は1539年11月某日、フランシスコ・ピサッロの命令でスペインのコルドバ出身者たちが開墾した町です。その開設に当たっては"ヴィジャ・エルモーサ"（麗しの村）と命名されました。当時は、マンコ・ユパンキがインカの民によびかけ叛乱を起こしていた時期で、ピサッロはリマの居城を出てクスコへ赴くため

の中継地としてこの地を選び村を築いたのです。1540年8月15日、ピサッロはこの麗しの村を約180km北東に移します。中継地をよりクスコに近づけたわけですが、新たに築かれた麗しの村は、1541年9月22日、カルロス1世の名においてアレキーパと改名されたのです。

旧麗しの町カマナーから、パン・アメリカン車道はぴったり海岸線に沿って走ります。急斜面の砂丘が国道の右手にのしかかるようにして迫り、砂はところどころで道路にまで溢れ出てきます。落石もあります。午前中は深い霧で覆われているこの海岸部分、細かいカーヴが続く300kmを4時間かけて走り、内陸のNazca（ナスカ）に向けて進路を北に取ったのは、7月20日の12時25分でした。

午後1時。国道脇の小さな売店兼簡易レストランで昼食を摂りました。メニューは単品、炊いた白いお米にじゃがいも・ピーマン・鶏肉を煮込んでクミンで味付けしたルーをかけたもの。この一皿で胃袋は充分、満たされました。国道がナスカ砂漠へ入っていくにつれて気温もぐんぐん上昇していきますが、転倒時の衝撃から身を守ってくれる分厚いライディング・スーツを脱ぐわけにはいきません。耐え難い暑さをじっと我慢しているうち、私の体は次第に睡眠状態に陥っていきました。凍死する直前には意識が朦朧として寒さを感じなくなり、穏やかな眠りに就くように死んでいく、とは聞いていましたが、極端な暑さから逃れるためにも脳は体に眠って体温を下げろ、と指示するのかどうか、ともあれ、私は走行中のバイクの上で眠りかけました。頭が垂れヘルメットの前面がホセのヘルメットの後部にゴツンと当たり、ホセは私が眠りかけているのを知って臀部をぐっと後ろに寄せてきました。私の体をトップ・ケースに押し付けて私がバイクから転げ落ちるのを少しでも防ごうとい

う配慮なのです。それでも眠り込んだ私の体が左に右に大きく揺らぐたびにうっすら覚醒しますが、またすぐ心地よい眠りに落ちていきます。暑さは完全に忘れました。そうやってどれほど眠っていたのか。

"ミドリ、前を観てご覧。"ホセがインターコムで呼びかけました。午後1時50分、国道左側の路肩に大型トレーラーの転覆事故現場が出現、瞬時にしてカメラのシャッターを切りました。カメラを手首にかけたまま寝込んでいたのです。撮った映像をズームにして確認すると、積荷は大量の黒いビニール袋にぎっしり詰まった褐色の土。バイクのハンドルに装着したデジタル気温計は37度を示しています。暑さのせいか国道に交通量はほとんどありません。午後3時15分、ついに国道右手前方にナスカの飛行場マリア・レイヒェが見えてきました。雲ひとつない真っ青な空には、単発プロペラの軽飛行機が2-3機、それぞれの飛行高度を保ちながらゆっくり弧を描いて飛んでいます。

ナスカの地上絵遊覧飛行には、2004年6月、リマからバスとタクシーを乗り継ぎ初めてナスカを訪れたときに参加しました。運よく4人乗りのセスナ172型スカイホークに乗れたので、ホセと2人で後部座席を占領し、夢中でカメラのシャッターを切りました。当時、使っていたカメラはデジタルではなく、うまく写せたかどうか心配でしたが、ブエノス・アイレスに帰って現像に出すと、果たして有名な地上絵の数々がはっきりと写っていました。ナスカの地上絵は、パンパス・デ・フマナ（フマナ平原）と呼ばれる約520km^{2}の平原（海抜330m）に描かれた800に近い数の絵や線ですが、中でも、ナスカ渓谷とインヘニオ渓谷の間の盆地、パンパ・デ・サン・ホセ（聖ホセ平原）に描かれている26個の動植物や線は、その形が鮮

明であることから特に広く世に知られており、この26個を空から見せてくれるのが前述の遊覧飛行なのです。

　ナスカ川を渡ると国道の右側にはナスカの市街地が広がります。その東方には灰黒色の低い丘陵が連なって見えますが、その奥にひときわ高く白く輝いているのがセッロ・ブランコ、標高2,078mのペルーで一番高い砂丘です。地上からの高さを測っても1,200mはあるというこの砂丘、サンド・ボーディング好きには垂涎のスロープ800mを有しています。ナスカの市街地が終わると乾いた大地、聖ホセ平原が広がります。そこに描かれている地上絵は、パン・アメリカン車道を走っている我々の目線には、ざらざらした表面の砂地をほうきで掃いたような幅50cmほどの溝としか移りません。が、空からみた場合、国道左手に最初に現れるのは、鯨、またはシャチだ、といわれている長さ30mの海洋生物の姿。ついで現れるのが、わずかに隆起した丘の斜面に図柄された宇宙人、あるいは宇宙飛行服を着用したような32mの人の姿。宇宙人の横を走りすぎると、国道脇左手に物見やぐらが見えてきます。正確にはパン・アメリカン車道ペルー南417km地点ですが、高さ12mの金属のやぐらの下では順番待ちの観光客が十数人、このやぐらのすぐ西側に描かれた2本のサルの手（指が9本ずつある）と1本の木を象った絵を観ようと列をなしています。それらの西側には142mのコンドルが、そのさらに西側には49mの犬が、そのさらにさらに西側には135mのサルが、空からだと見えるのですが、物見やぐらからはどこまでが見えるのか、登ったことがないから分りません。

　鳥類の中で最も体が小さいコリブリ（ハチドリ、体長約10cm）を描いた絵はくちばしの先から尾羽の先までが97m、広げた両翼は66mもあります。聖ホセ平原の最北西に描かれ

たこのハチドリの絵のはるか東側を走ったあと、パン・アメリカン車道はインヘニオ川を渡りインヘニオ渓谷へと入っていくのですが、川を渡る前、国道右手東側にはナスカ・ライン最大の図絵、285mの鳥の姿、ペリカンともフラミンゴともいわれている鳥が地表で飛翔しています。いつ、誰が、何故このような絵を大地に描いたのかは、まだはっきりとは解明されていません。

　スペインの征服者の1人、ペドロ・シエーサ・デ・レオンは、コロンビア征服に参加したあとペルーへ移り、1540年から1550年にかけてペルー征服の記録、"ペルー年代記"を書きましたが、その中でナスカの地上絵に関して1547年、"美しく偉大なインカの民の道をたどってこれらの渓谷を通っていったのだが、砂地の何箇所かに、どこを通ればよいかを標した符号が幾つも見える"と書き残しています。ナスカ・ラインはインカの民の道しるべだったのでしょうか。その約400年後、ナスカの地上絵を約20年に亘って研究したアメリカの考古学者ポール・コソックは、地上絵が描かれている表土に存在する炭素14で放射性炭素年代を測定、その描かれた年代を紀元550年頃だと特定し、図絵は地球上で造られた最も大きな暦であったのではないかという仮説を立てます。この説を継承してさらに研究を深めたのが、ドイツ生まれの数学者マリア・レイヒェ。1932年、クスコのドイツ領事の子女教育のためペルーへ渡り、1936年、生まれ故郷のドレスデンに一度帰ったのち、翌1937年、再びペルーへ。リマでドイツ語と英語の教師、翻訳の仕事などをして生計を立てていたマリアは、1941年、ティー・ルーム（リマ在住の外国人や知識人たちが集まり雑談したサロン）でコソックと知り合い、コソックに翻訳家として雇われてナスカを訪れ地上絵に魅せられます。

1959 年にコソックが死去したあともナスカの北、27km に居住し研究を続けながら地上絵の保護活動に腐心します。1976 年、マリアは居住場所から約 3km 北に前述の物見やぐらを私費で建て観光客たちに提供しますが、そのやぐらのすぐ北に描かれている 188m の巨大なトカゲの体は、1938 年に建設されたパン・アメリカン車道でその胴体が真っ二つに切れており、車道を挟んで頭と尻尾が東西に分かれてしまっているのです。マリアは物見やぐらを建てることにより、観光客が平原の奥へ入って絵を踏むことを避けようとしたのでしょう。マリアの地上絵の研究とその保護活動を経済援助した人たちはあまた居ますが、1984 年にドイツからナスカに移住したマリアの妹レナーテは、ドイツ国の年金をリマで受け取り、それを全額、地上絵の保護資金としてマリアに提供、マリアと共に住んで 1996 年、肝機能不全で他界します。その 2 年後、マリアも 95 歳で卵巣ガンを病み逝去したのですが、マリアが提唱した、"地上絵は太陽と月、そして天体の位置関係を指し示し、季節の移り変わりを知ることにより、いつ種まきをすればよいか、いつ雨が降り始めるかなどを知る目的で描かれた農耕用の暦だったのでないか。" というのが一応、定説となっているようです。

パン・アメリカン車道はナスカの地上絵を寸断して走っている。

2004年6月、ナスカ・ラインの上を軽飛行機で飛んだ我々は、昼下がり、パン・アメリカン車道ペルー南の421.3km地点にあるマリア・レイヒェ博物館、マリアとレナーテが死ぬまで住んでいた小さな家を訪れました。ペルー空軍の協力で撮影した地上絵の写真。聖ホセ平原とその北東に広がるパルパ渓谷に描かれた地上絵の地図。マリアが生前愛用した遺品の数々など。別棟にはマリアとレナーテが永眠している霊廟もあります。庭には深紅のサンタ・リータ（ブーゲンビリア・グラブラ）が鮮やかに咲き誇り、澄みきった深い青い空の下の、深閑とした乾いた空気をほんのわずかだけ震わせていたのは、サンタ・リータの花と花の間を蜜を求めてせわしなく飛び回る青緑色のハチドリたちの羽音だったか、あるいは、はるか上空をゆっくり旋回していた軽飛行機のプロペラ音だったのか。ナスカ砂漠は地上絵の謎を秘めたまま、午後の強烈な太陽の光を反射させて静まり返っていました。

　マリア・レイヒェ博物館から北へ21km走るとパルパの町に着きます。町の南側をヴィスカス川が、北側をパルパ川が東西に流れる人口6千のオアシスですが、そのオアシスの東側を南北に走っているパルパ渓谷の山腹に描かれているのが、パルパの地上絵（山腹絵）です。南から、ハチドリ・星・旅人・コソックのハチドリ・豊穣を祈願する寺院とそこに仕える女性と男性の姿など。そしてパルパ川を渡った先、オアシス・パルパの北1kmの山腹には巨大な日時計が描かれています。遊覧飛行するまでもなくパン・アメリカン車道から充分見えるそうですが、耐え難い暑さのせいで萎れたレタスのようにくたびれた私はバイクの上でまた眠りこけていたようで、不覚にもこれらの地上絵を写真に収めそこなったのです。17時20分、イカ川を渡ってこの日の宿泊地であるSan Jerónimo de Ica（サン・ヘ

ロニモ・デ・イカ、通称イカ。S14°04'/W75°44'）の町に入っていきました。リマまではあと 303km。

　ペルー 24 県の 1 つ、イカ県には 5 つの郡（南からナスカ・パルパ・イカ・ピスコ・チンチャ）があります。イカ県の県都がここイカですが、市街地はイカ川の西側に発展しており、そこをパン・アメリカン車道が南北に縦断するように走っています。市街地に入って最初に交差する大通りがアヴェニーダ・クテルヴォ（パン・アメリカン車道ペルー南 305km 地点）。これを左折して西へ 1km ほどいくと大通りはウアカチナ通りと連結し、ウアカチナ通りはさらに 4km 西の郊外へ延びてそこで終わります。そして通りが終わった先に横たわっているのが、ウアカチナ湖沼。高さ 200m ほどの砂丘に幾重にも囲まれた濃いエメラルド色の小さな湖沼（6,000m^2）は、地下水が湧いて溜まった泉性オアシスです。

　湖沼の周囲には宿泊施設が大小 10 軒ほどもあり、砂山でサンド・ボードやバギー・カーを滑走させる若者たちで一年中、賑わっていますから、予約なしでは宿泊は無理、と最初から諦め、クテルヴォ大通りを横切りさらに北へ進むと、突然、街中に大きな砂丘が出現しました。砂丘は、西側に夕陽を浴びて黄金色に輝き、三角形に盛り上がった砂の先端からＳの字を描いて尾根をうねらせ、東側斜面の濃い茶色の影は絹ロープのように滑らかにしなって地上へ流れ落ちています。ロス・メダノス（砂丘群）地区に入ったのです。エジプトの砂漠をチュニックをまといラクダの背中で何時間も揺られていかなくても、街中でこんなに美しい砂丘が見られるなんて！　その砂丘を目指して走ると、高級そうなホテルの敷地の入り口に着きました。敷地内に入れるのは恵まれたホテルの泊り客だけです。入り口

の警備員詰め所で客室の空きを確認すると、にべもなく"ナーダ！（皆無）"という返事。（よかった。目玉が飛び出るほど高いに違いないから。）と思ったのは負け惜しみで、"ホセ、ここで砂丘を背景に一枚、写真撮って。"しかし、長時間の走行で疲れ切ったホセは砂丘には関心を示さず、無言でバイクを左半回転させ、道路を隔てた反対側の 2 階建て赤レンガ屋根、1 階部分にアーチ型回廊付き、白壁にペルーの国旗を掲げたこぢんまりした旅館にバイクを着けました。

　呼び鈴を押して待つこと十数秒。出てきたのは初老の白人男性で、"グループのメンバーは何人？"と何か勘違いしている。"いや、我々だけだけど。""たった 2 人で旅行してるの？それは大変だ。"と堅固そうな高い鉄柵を開けてくれました。念のためバイクは道から見えない裏庭に置いた方がいい、という忠告にも従い、石畳の回廊を伝って芝生が綺麗に刈り込まれた裏庭に回りました。この親切な旅館のオーナーはオーストリア移民で、1987 年からホテルやキャンプ場の経営に携わっている業界のベテラン。旅館入り口の白壁に掲げられた旗はオーストリアの国旗でした。一見、ペルー国旗、旗の左右が赤で中央が白、に似ていたので見間違えましたが、オーストリアのは上部と下部が赤で中央が白。通された部屋の調度品は白と茶色で統一され、ベッドのシーツには皺 1 つなく、浴室には厚手のバス・タオルが何枚も積み重ねられ、ホテル用の小さな石鹸とシャンプー・リンスが複数備えられていました。そしてホセが何より有り難がったのは、旅館内にレストランとバーが営業していること。670km を走って疲れ切っているホセはシャワーを浴びたあとは、もう市街へ出たくないのです。オーナーの奥様自らが料理なさるらしく、その奥様は紛れもなくペルーの女性。奥様の手料理、牛肉のシャリアピン・ステーキ風を戴きつ

つ、ペルー産ワインをホセと2人でボトル1本、空けました。旅館の北東5kmにはペルー最古のワイナリーがあるそうで、オーナーのお薦めはそこのプティ・ヴェルド種の赤。ペルー産ワインの起原は1540年代、スペイン人征服者フランシスコ・デ・カラヴァンテスがカナリア諸島から持ってきた葡萄の株をここイカの北東に植え付けたものが順調に育ち、18世紀にはワインがボトルで年間4万本、また葡萄を蒸留したピスコは3万本分の収穫が得られるまでの産業に成長したそうです。歴史のあるワイナリーの上等なアルコールが適度に胃袋に入ったおかげで、食後、すぐ寝付いてしまった私。翌朝、すっきりと目覚め、旅館を引き払う前に例の美しい砂丘を背景に写真を撮ろうと、ホセを急かしてバイクを引き出させ砂丘に向かったのですが。昨日、夕陽の中であれほど美しく黄金色に輝いていた砂丘は、朝の濃霧の中ではただの灰色の砂の山としか写りませんでした。

● 2007年7月21日

午前10時。

朝方の濃霧はやがて小雨となりました。渋滞するパン・アメリカン車道を時速40kmでだらだらと、かれこれ、もう30分も走っています。我々の前を走っているトラックは砂を山盛りに積載しているのですが、その砂が雨と混ざって泥と化し、風で飛び散って我々に降りかかってくるのです。トラックが何かにバウンドすると、大量にどしゃっ！　ときますが、よけることができません。この惨状は、渋滞した国道をキャラヴァン走行するときの悲惨度ランキング第3位に相当します。

その第1位は、何といってもアルゼンチンのパンパ地方で牛の運搬トラックの後ろに付いて走るときです。無蓋ワゴンにギュウギュウ詰めに押し込まれた牛たちは自分たちの運命（競売にかけられ屠殺場へ曳かれていく）を知っているのか、ほとんどが諦めたような悲しげな目をしていますが、中には不安に大きく見開いた目や、憤慨して真っ赤に剝いた目もあります。そんな牛の目、目、目に見つめられながら走るのも辛いのですが、それよりもっと辛いのは、かれらがひる大量のいばりをもろに被ることなのです。トラックにある程度のスピードが出ていれば緑色のゆるい糞便まで飛んできます。では、悲惨度第2位はどういう状況かというと、アルゼンチンのトックマン地方で収穫したての砂糖キビを満載して精糖工場へひた走るトラックの後ろに付いてしまったときです。砂糖キビは束ねられておらず幌もかかっていませんから、伐採くずが風で飛ばされ、ばさばさと降りかかってきます。トラックが大きくバウンドしたはずみに長い砂糖キビが槍のごとく飛んでくることもあります。

　今回の泥かぶり惨状対策として、ホセはインターコムで私に、"指サック式ヘルメット・シールド用ワイパー"を取り出すように命じたのが、約30分も前でした。このワイパーは、自動車のフロント・ガラス用のと同じ材質で作られていて、雨天の走行時に左手の人差し指にはめ、ヘルメットのシールドについた水滴をぬぐうのですが、この小さなディヴァイスを私はいつもライディング・スーツの胸ポケットに収めて走っているのです。ホセが要求したときにすぐ取り出し、ホセが左手人差し指を私に向けて突き出したら直ちに装着できるためです。小雨と泥とで見通しが利かないので、ホセはトラックの追い越しにでられません。パン・アメリカン車道は内陸部のイカから西

雨対策は外科手術用手袋と指サック。

に向かい、海岸に近いParacas（パラカス）地方にさしかかっています。ケチュア語でParaは雨、Acoは砂。つまりParaaco（砂の雨）がスペイン語風に訛ってパラカスとなったのですが、強風が海岸の砂を巻き上げ、それを雨のように降らせる地帯を今、我々は走っているのです。車道にうっすら積もった砂も雨に濡れて泥状となり、前方のトラックのタイヤがその泥を跳ね上げながら走るので、道路から跳ね上がった泥と、トラックの積み荷から降ってくる泥とで、バイクも我々ももう泥まみれ、濡れそぼったドブネズミのようになっていました。と、突然、前方トラックの左右後輪の間に、直径20cmほどの大きな尖った石が見えたかと思うと、それを避ける間もなくバイクの前輪が石を食み、車体が大きくバランスを崩しました。ホセは懸命にハンドルを操り何とか転倒だけは免れましたが、ここで転倒したら最後、後続のトラックに轢かれます。タイヤの状況確認のために走行を停止することもできず、イカ県ピスコ郡パラカス地方を北のChincha（チンチャ）へ向けて走り続けました。この近辺はパラカス文化発祥の地です。

　イカ県の文化は、その一帯がインカ帝国に征服される以前、考古学的に3つに区分されると考えられており、その最古のものがパラカス文化（紀元前700年から紀元100年）で、そ

の遺産はパルパ渓谷の山腹絵に代表されます。次いで起こった ナスカ文化（紀元 100 年から 800 年）は、聖ホセ平原の地上 絵や、多色使いの陶器（手足を切られた人が描かれている）に よって特徴付けられます。9 世紀に入るとチンチャ文化（800 年から 1476 年）が起こり、アドベ（日焼きレンガ）を使った 建築物を造るようになりますが、クスコ王国（のちのインカ帝 国）の第 9 代皇帝、パチャクーテック・ユパンキが王国の領 土を拡大していき、第 10 代皇帝、トゥーパック・ユパンキの 時代、1476 年にインカ帝国に併合されてチンチャ文化は滅び ます。

　パラカス文化のもう 1 つの遺産に、木綿やジャマ（リャマ） の毛の生地に人の毛髪や植物の繊維を折りこんだ織物が挙げら れますが、これを発見したのがペルーの考古学者フリオ・セー サル・テージョです。1925 年、パラカス半島の付け根、コロ ラード丘陵と呼ばれている丘で採掘活動をしていたテージョは 丘の斜面に、入り口がワイン・ボトルの首のように細く長く、 その底が広い部屋となっている古代の墓を発見しました。採 掘場は 2 か所。テージョはそれらにセッロ・コロラード（赤 い丘陵）とカベーサ・ラルガ（長い頭）と命名します。"赤い 丘陵"にはボトル状の墓が 39 個、ボトルの底には円錐形の梱 （コリ）が何個か納められており、織物で幾重にも包まれた梱 の中にはミイラが 1 体ずつ鎮座していました。"長い頭"から 出土したミイラは 6 体、これらも織物で包まれた円錐状の俵 の中に埋葬されていましたが、個々に埋葬されたミイラとは別 に、少なくとも 60 体が一緒に埋葬されたと思われる納骨堂も 発見しました。それから 2 年後、テージョは"赤い丘陵"と "長い頭"の中間点、コロラード丘陵の麓、ワリ・カジャンで 大霊廟を発掘します。そこで発見された 429 体のミイラも鎮

座して円錐形の梱の中に安置されていましたが、梱を包んでいた（あるいは梱の周囲に畳んで置かれていた）織物には精巧で多彩な刺繍が施され、中には微妙に異なる色調を190色まで数えることができる豪華なマントもありました。墓の形態とミイラを包んでいる織物の技術から埋葬された年代が異なっているのは明らかで、テージョは"赤い丘陵"と"長い頭"墓地には"パラカス・カヴェルナス（パラカス洞窟）"、大霊廟には"ネクロポーリス（死者の都）"と名付け、それらが造成された時代は、前者が紀元前600年から紀元前200年頃、後者は紀元前200年から紀元100年頃ではないかと推定します。が、いずれの墓の、どのミイラにも共通なことは、頭が異常に長いこと。通常の頭蓋骨の容量と比較して25%大きく、重さにすると60%も多い。宗教上か何かの理由で特殊な器具を用いて故意に変形させたのだと、テージョは考えました。しかし、かくも長く頭蓋骨を変形させた場合、脳に悪影響が及んで尋常な生活は営めないのではないかという脳外科の見地から、変形説は疑問視されてもいました。ごく最近になって行われた頭蓋骨のDNA検査では、どうもホモ・サピエンスのものとは違うのではないかという見解まででてきて、"長い頭"の謎は深まるばかりです。

　一方で、ネクロポーリスから出土したミイラの莚の傍らに畳んで置かれていたマントには、ライオンのような顔をした人間が、片手に短剣を掲げ、もう一方の手にはその短剣で切り落としたと思われる人の生首の長い髪の部分を摑んで空を飛んでいる気味の悪いモチーフがあり、それが極彩色で繰り返し繰り返し幾つも刺繍されているのですが、あれは果たして人間（シャーマン？）なのか、死者の国からきた死神なのか、あるいは他の星からきた生き物が地球の人間を取って殺している

姿なのか、などなど豊かな想像をかきたてられてしまいます。（長い頭蓋骨の標本はイカの市街中心部にあるイカ地方博物館に、また空飛ぶ人殺しが刺繍されたマントはロンドンの大英博物館に所蔵されています。）

　イカを出発してからほぼ3時間、休憩なしで110kmを走り通し、Chincha Alto（チンチャ・アルト）のガソリン・スタンドに滑り込んで、ようやくトラックのキャラヴァン隊から抜けだすことができたのは、もう正午過ぎでした。バイクを降りたホセが真っ先にしたことは、石を嚙んだ前輪のチェック。タイヤには異常はなさそうですが、リムにほんの少し傷がついている。"尖った石だったからね。でもこの程度で済んでよかった。僕たち、まだ幸運の女神に見放されていないようだよ。"濡れ雑巾でフロント・ガラスを拭いたあと、その雑巾でお互いの体を叩き合ってライディング・スーツにこびり付いた泥（濡れた砂）をはたき落としました。小雨は降り止んではいたものの、霧はまだ晴れません。"このペースでいったら210km先のリマへ着く前に日が暮れてしまうよ。あのトラック群の運転手たちは丁度、今、どこかで休憩して食事している最中だと思うから、僕たちは昼食は我慢してトラック群の先を越そう。"給油し、非常食用のシーリアル・バーを1本ずつ食べ、出発。パン・アメリカン車道はホセの思惑どおり空いていて、55km先から車道は高速道路になったので、そこを時速140kmで飛ばして午後2時、意気揚々とリマに入京したのですが。大渋滞です。真昼間に都心部のそこここで道路工事を行っているのです。迂回に次ぐ迂回。車と車がこすりあうようにして進んでいきます。早く都心部を通り抜けて"パン・アメリカン車道北"に乗り継ぎたいのですが、それがなかなかできない。30分以

上も都心部をぐるぐるまわり、やっとハイウェイに乗れたのですが、またもや霧が深くなりました。

実は、リマへ着いたら Callao（カジャオ。リマの西 11km）までひとっ走りして写真の 1 枚も撮りたかったのです。1537 年に創立されたといわれるペルー最大の港町。イギリスやオランダの私掠船からたびたび襲撃・掠奪された町に非常に興味があったのですが、バイクの鼻の先がようよう見えるほどのひどい霧では寄り道もままならず、そろそろと北へ 70km 歩を進め、人口 3 万の港町 Chancay（チャンカイ）に入ったのが午後 3 時 20 分。道路脇の軽食堂で遅すぎる昼食（ひよこ豆入り鶏肉スープ）をしたため、そそくさとまた走り出したのです。霧は相変わらず深く、灰色の砂丘が連なる中を切り通したパン・アメリカン車道は、リマから北へ向かう下り線が東側・砂丘の高層部を、北からリマへ向かう上り線が西側・砂丘の低層部を、それぞれが片側 2 車線で上下に平行して大きな弧を描いて走る箇所にさしかかりました。リマから 104km、Óvalo de Río Seco（オーヴァロ・デ・リオ・セーコ、乾いた川の楕円）と呼ばれている地点ですが、反対車線を遠くから大きくカーヴを切って猛進してくる車輛につい気を取られ、自分がカーヴを切り損ねてしまうという事故が絶えません。晴れていれば、砂丘は夕陽に映えて黄金色に輝くでしょうから、なおさら視線を奪われます。が、霧の中では変哲もない砂の山。楕円を難なく周りきったあとの直線コース 45km を走り、パン・アメリカン車道北 149km 地点で高速道路を降りて、リマ県はウアラ郡の港町 Huacho（ウアーチョ）のメイン・ストリート "7 月 28 日大通り" を西へ 2km 進み、太平洋の砂浜の手前 200m に見つけた簡素なホテルにチェック・インできたとき、時計の針は午後 5 時 40 分を刻んでいました。S11°06'/W77°36'。

● 2007 年 7 月 22 日

日曜日。
　タイヤの修理サーヴィス店を求め朝 8 時、曇天の空の下に走り出て、運よく町の出口付近で日曜でも開いていたお店を見つけたホセは、タイヤに空気を充填しました。タンデムで舗装道路を走るとき、ホセは前輪を 36 PSI（ポンド・スクエア・インチ）、後輪を 42 PSI に調節します。かなり張り詰めた状態ですが、今朝、携帯用のゲイジで空気圧を計ったところ、少し低かったのです。そのままの状態で走り、昨日のように石を食んだらタイヤに石がめりこみパンク事故を起こします。充填され張り切ったタイヤをブーツの先でとんとんと蹴飛ばす癖は、ホセのタイヤに対する祈願でしょう、今日も 1 日、パンクせずに走り通しておくれよ、という。高速道路だったのはウアーチョまでで、再び 2 車線道路となったパン・アメリカン車道北に乗ったのは 8 時半でした。
　砂浜を見ながら海岸沿いを走り 184km 地点まできたとき、車道の右手・アンデス山脈方向に未舗装道路が延びていて、その入り口に大きな立て札 "Caral（カラル）の聖都へようこそ。この先 23km。リマ県バッランカ郡 Supe（スーペ）地区" が掲げられていました。カラルの廃墟へいく道です。道に沿って流れているのはスーペ川。その両側に 1.5km の最大幅でスーペ渓谷が長く細く延び、渓谷の南側の 66ha の肥沃な土地に築かれたのが、かつてのカラル文明の都、カラルです。遺跡では、7 個のピラミッドを含めた 32 個の建立物が確認されており、ピラミッドの最大のものは、長さ 153.52m、幅 109.42m、高さ 28m。大小多様な形の石を組み合わせ、植物の繊維で編

んだ網を組み込みながら泥で固める技法で建てられたピラミッドは、9mもある幅広の階段を伝われば登っていけるそうです。炭素14年代測定法から、少なくとも今から4600年以上も昔（紀元前3000年から紀元前2600年頃）に築かれたのではないか、だとしたらアメリカ大陸最古の都であろう、とも考えられているこの古代都市のかつての住人の数は、推定3,500人。しかし、スーペ川流域にはカラルの都の他に、チュパシガッロ（カラルの西1km）、ミラージャ（カラルの西2.3km）、ルリウアシ（同じく3.6km）、アスペロ（太平洋岸から500m）など、18か所に同様の遺跡が発見されていることから、流域全体では万単位のカラル文明人が居住していたらしい、と推測されています。

アスペロの遺跡に関しては1905年にドイツの考古学者マックス・ウーレが、1937年にはフリオ・セーサル・テージョが発掘作業を行いましたが、いずれもスーペ川を遡ってカラルに至ったという記録はなく、ポール・コソックが1949年にチュパシガッロを訪れていますが、かなり古いものであろう、という以外にはあまり価値を見出していません。1975年、ペルーの建築家カルロス・ウィリアムズがチュパシガッロ・グランデ（現カラルの遺跡）を含む十数箇所の遺跡群を発見・記録し、1979年、スイスの考古学者フレデリック・エンゲルもこれらの遺跡群を訪れ地図を作成しています。そして1994年、カジャオ生まれの考古学者、ルース・シェイディ・ソリース女史が、"カラル＝スーペ考古学特別研究プロジェクト"を率いて18個の遺跡群の再調査を開始、それまでチュパシガッロ・グランデ（大チュパシガッロ）と呼ばれていた遺跡にはカラル、中央チュパシガッロにはミラージャ、西チュパシガッロにはルリウアシと命名して1996年から本格的な発掘作業に入り

研究を深め、カラル文化の遺産を世界に再評価させたのです。2009 年 6 月 28 日、カラルはユネスコの世界遺産に登録されました。

　古代都市とその文明への空想をかきたてる看板を見てから 2km ほどで、パン・アメリカン車道北はスーペ村の東側をかすめて走り、そしてさらに 15km 走って Pativilca（パティヴィルカ）村の西側の端に並んだ民家を国道右手に見たあとアーンカシュ県へと入っていき、その先に集落が絶えました。車道は太平洋の砂浜に密着し、それを北へ北へと進んでいた 10 時 40 分、車道にはみ出してくる砂にタイヤを取られたのか、車道から飛び出し砂浜に転覆して大破しているトラックを見ました。左手には太平洋の波、右手には奥深く連なる砂丘。灰色の空と灰色の海、そして灰色の砂丘。人が住んでいる気配のかけらもありません。車道が少し内陸側にそれると、波の動きが目を楽しませてくれた海も見えなくなります。延々と砂丘が続く殺伐とした風景の中で、ときおり送電線が北へ向かって延びているのが見えると、その先に町があることを確信させてくれたのですが、その町は 95km も先にありました。

　冬場で水が涸れた Huarmey（ウアルメイ）川を渡ると、ウアルメイの町が国道右手に広がりました。2007 年当時の人口は 1 万 6 千余り。川の北側に発達したこの集落の起原は、紀元前 2000 年頃まで遡ることができるそうで、紀元前 1000 年頃に Chavín（チャヴィーン）文明（紀元前 1200 年から紀元前 200 年。ウアルメイの北東・直線距離約 110km にある標高 3,150m のチャヴィーン・デ・ウアンタルを首都として栄えた）に組み込まれます。次いで Huari（ウアリ）文明（紀元 550 年から 900 年。ウアルメイの南東約 525km にあったウアリの都を中

心に栄えた。ワリ文明とも呼ばれる）がその領土を拡大してウアルメイにも築城し、ウアリ王朝の勢力が衰えるとペルー北海岸地方に勃興したチムー王国（紀元1100年から1470年）の一部となります。そのチムー王国が1470年、トゥーパック・ユパンキに滅ぼされてウアルメイもインカ帝国の支配下に置かれたのです。ウアルメイの町の東1km、太平洋岸から約2km入った土地に、南北200m、東西65mの大きさで作られたのがウアルメイの城。スペイン人がこの地を征服したときから、珍奇な城だという印象で大いにかれらの注意を喚起させたのですが、その城跡から2013年6月、ウアリの王侯貴族のものと思われる63個の墓が約1,200点の埋葬品と共に未発掘のまま発見されます。この城がウアリ帝国の出城であったことがほぼ確証されたのは、ごく最近のことなのです。

　ウアルメイの町を過ぎると、パン・アメリカン車道は15km先でCulebras（クレブラス）の入り江に近づき、暫く海岸に沿って走ったあと、進路をこころもち北東へ取り内陸部へと入っていきました。次の町Casma（カスマ）まではあと30kmほどでしょうか。灰色の空。灰色の車道。そして累々と連なる灰色の砂丘は、しかし、よくよく見るとわずかながら色合いが違っています。黄味がかった灰色、茶色がかった灰色、黒っぽい灰色。一見、砂丘のようですが、よく見れば山のようにも見えます。アンデス山脈の裾野部分なのです。この辺りから東へ200kmほどいけば、万年雪を頂いた標高6,000mを超える山々を16個まで数えることができるコルディジェーラ・ブランカ（白い山脈）が約180kmに亘って聳えています。白い山脈は、ナスカ・プレートが南アメリカ・プレートの下に沈みこんだ結果、隆起したといわれているアンデス山脈の一部ですが、その最高峰はHuascarán（ウアスカラーン）山。3つの雪嶺をもつ

この山の南の峰 6,768m はペルーの最高峰であるとともに、熱帯地方にある山の中では世界の最高峰でもあります。白い山脈の西側には 4,000m から 5,000m 級の黒々とした岩山を連ねるコルディジェーラ・ネグラ（黒い山脈）が控えています。

　白い山脈と黒い山脈の間の、幅 20km、長さ 175km の地帯は Callejón de Huaylas（カジェホーン・デ・ウアイラス、ウアイラスの横丁）と呼ばれ、その最南東にあるコノコーチャ湖沼（標高 4,050m）からはサンタ川が流れ出ています。白い山脈の山々の山腹にかかった氷河は溶けて 23 の川となって流れ落ち、それらの川の水を吸収したサンタ川の奔流は南から北へ流れ、その流域に Recuay（レクアイ、標高 3,422m）、Huaraz（ウアラス、3,090m）、Yungay（ジュンガイ、2,500m）、Caráz（カラース、2,285m）などの大きな町と、小さな無数の集落を山脈と山脈の壁の間に発達させました。"ウアイラスの横丁"の最北端、カラースの北方 39km 地点で、白い山脈と黒い山脈は 15m の至近距離にまで接近します。サンタ川はこの深い峡谷、カニョン・デ・パート（パート峡谷）で早瀬となって標高 2,000m から 1,400m の山峡を流れ落ちつつ次第に西に向きを変え、太平洋岸の港町 Chimbote（チンボーテ）の北 10km にあるサンタ港で海に注いで 347km の旅を終えるのですが、そのサンタ川と平行して走っているのがペルー国道 3 号線北と国道 12 号線です。我々に旅の資力の 3 拍子（まず健康、そして充分な時間、最後に潤沢な旅費）が揃っていたなら、このアンデス山脈山中をいくルート、"ウアイラス横丁"を走ってみたかった。午前中に通過したパティヴィルカの少し先から国道 14 号線に乗り、東へ走って Abra de Conococha（アブラ・デ・コノコーチャ、標高 4,100m）でアンデス山脈の支脈を越え、そこを起点とする国道 3 号線北に乗りさえすれば、"ウアイラ

ス横丁"に出られたのですが。ここまできていながら、とチンボーテの手前60kmに位置するカスマの町へ向かって驀進しながら、白い山脈と黒い山脈が接近するという地点、そしてパート山峡の岩山をくりぬいて通した46のトンネル、などにいつまでも熱い思いを馳せていました。

　午後1時40分、チンボーテ到着。海岸通りから街中へ入り、町を通過して町の西の外れの、風が土埃を巻き上げている車道わきの屋台の前でホセはバイクを停めました。たっぷりとした長い髪を頭の後ろで無造作に束ねたおばさんが、大声でランチの呼びこみをしたのです。日本人の私には高すぎて足が地面に届かない丸椅子に座り、伏せてあったお皿の底にわずかに積もっていた土埃をティッシュ・ペーパーで払い、お皿を表に返して、茹でてほぐしたジャイアント・コーンの白い巨大な粒と、渦巻状に巻いた細いソーセージを載せてもらって食べました。屋台の元気なおばさんは、冬場のこの時期、晴れてさえいれば、はるか東のウアスカラーン山の3つの峰のうち、南峰6,768mと北峰6,655mが黒い山脈の山々の間に白い頭をのぞかせているのがここからでも見える、と自慢げに語りました。

　そのウアスカラーン山ですが、1970年5月31日午後3時23分、チンボーテの南西44kmの海底で起きたマグニチュード7.9の大地震（アーンカシュ大地震）で北の峰の西側の氷壁が大崩壊し、4,000万m^3の氷と石と泥が幅1.5kmの土砂流となって時速280kmで18km流れ、麓のジュンガイ郡の町や村の住民、2万2千の命を一瞬にして奪い、ジュンガイ市そのものを地図から消し去りました。1961年の国勢調査では、ジュンガイ郡の住民は3万6,063人。その内、ジュンガイ市には1万5,210人が住んでいたのですが、この大災害を生き延びたジュンガイ市民はわずか300人ほど。

その地震のことを尋ねると、"黒い山脈を鳴り轟かせながらやってきた灰白色の土砂流はね、高さが60mもあったんだよ。頂きを海の波頭のように砕けさせながらものすごいスピードで進んでいったんだ。その土砂流がさぁ、ランライルカ川渓谷の山壁に突き当たったときにゃ、赤や緑や黄色や、いろんな色の火花が散ってねえ、そのあと一気にジュンガイ（おばさんはユンガイと発音した）になだれ込んだんだよ。"と我々の想像を絶する光景を、たった今、見てきたような信憑さで描写してくれたのですが、詳しく尋ねてみると、おばさんは地震当時はまだ6歳、それもチンボーテに住んでいたチンボターナ（チンボーテに生まれて育った女）なのです。"太平洋の表通りに生まれ住んで、ウアイラスの横丁通りには行ったこともない。"という方なのですが、"よく晴れた午後だったね。うん、午前中に教会へいったから日曜だったよ。通りの犬たちが一斉に吠え出したあと、地面がひっくり返ってカラホへ行ってしまったんだよ。"と、これだけは本当だろうと思われる6歳の子供の恐怖体験を、例の"カラホいき（地獄いき）"という表現でポツンと語ったのでした。

ペルー有史以来の大地震といわれたアーンカシュ大地震の犠牲者（死者）は、県全体で6万7千（一説では8万）、チンボーテと近郊都市を結ぶパン・アメリカン車道には大亀裂が生じ、救援は主に海路でしか届かなかったことが被害をさらに大きくしました。現在、地図上で我々が見つけることができるジュンガイ市は、土砂流で埋没した町の北1.5km、標高2,458mの土地に1970年6月に作られた新しい町です。旧ジュンガイの市街地は掘り返されることなく犠牲者たちの遺体とともに、巨大な墓地として保存されることになったのです。ナスカ・プレートは毎年数cmずつ南米プレートの下に沈み込んでいるそ

うですから、その真横を走っている我々も、いつ大地震に遭遇するかわからない危険を冒して走っているわけです。が、ホセが背中にしょっている幸運の女神の威力を信じて次の宿泊地、Trujillo（トゥルヒージョ）までの130kmを猛進しました。

　トゥルヒージョの町の南側を北東から南西へ流れているのがモチェ川です。川を渡り、工業地区を通って北へ進むと、環状道路が2重に走っています。外側の通りがアメリカ大通り。南アメリカ・北アメリカ・西アメリカ大通りと呼び分けられて、町の外縁をモチェ川と平行して楕円形に取り囲んで走っています。内側に、もう1つの楕円形を作って走るのがスペイン大通りで、この通りの部分にはかつて城壁が巡らされ、15の城塞が等間隔に壁に付設されて外敵を睥睨し、城兵は5扉の門から出入りするように作られていました。城壁の内側は、北東から南西方向に9ブロック（1ブロックは長さ約100m）、北西から南東に8ブロック、計72ブロックに仕切られて通りが縦横に走り、中核にプラーサ・デ・アルマス（武器の広場。いざ合戦のときの兵士たちの集合場所）が設けられました。ディエーゴ・デ・アルマグロの命令でマルティン・デ・エステーテが設計したというこの町は、少なくとも1534年12月頃までには構築が終了し、フランシスコ・ピサッロの生まれ故郷（トゥルヒージョ）の名が与えられて開設されたのですが、1535年3月5日、ピサッロがこの町に参議会を設立した日をトゥルヒージョの創設日とする説もあるようです。白や青、紅色や黄色、ピンクなどに塗り分けられた美しい建物群に目を奪われつつ"武器の広場"まで進むと、広場の地面に敷き詰められたタイルは、どのような薬剤を使って磨くのか、光り輝いていてゴミひとつ落ちていません。広場の南側はフランシスコ・ピサッロ通り。西側はディエーゴ・デ・アルマグロ通り。北側

のインデペンデンシア（独立）通りに見つけたホテル、綺麗な藤色の建物にチェック・インしたのは、午後3時30分でした。S08°06'43"/W79°01'44"。

● 2007年7月23日

午前6時。

　起床すると朝食も採らずに、ホセはバイクを引き出しにいきました。藤色のホテルには駐車場がなかったので、昨晩はホテルから2ブロックも離れた青天井のスペースにバイクを保管したのです。ここトゥルヒージョやクスコのように、スペイン植民地時代の重要な都の中核部には古い建物が密集しているため、ホテルに駐車場がないことはやむをえません。仮にバイクなら駐車できるスペースがホテル内にあったとしても、ホテルに入るためには高さが30cmほどもある歩道に乗り上げねばなりません。ホテル側も心得ていて、車道と歩道に分厚い板を立てかけバイクが板の上を走って歩道に乗れる用意をしているところもありますが、藤色のホテルには板の用意もスペースもなかったのです。青天井の駐車場もほぼ満杯でしたが、そこのわずかなスペースにバイクを押し込んできたので、今朝、早く出発する客の迷惑にならぬよう、一番でバイクを引き出しにいったのですが。戻ってきません。まさか、バイクが無かったのでは。薄黒い不安が募った頃、ホセがようやく戻ってきました。

"駐車代に15ソルも要求されたので議論していたんだ。ホテル代120ソルの中に含まれている、と昨日、チェック・インしたときに君も聞いただろ？　領収書くれるなら払ってやる、といったんだけど、領収書はない、というから払ってこな

かった。(正解!)だけど、チップとして10ソルあげてきた。(大正解!)"チップも払わなければ、今晩、またバイクを入れたときに、あだをされます。この日、我々はトゥルヒージョでもう一晩、宿泊する予定でいたのです。ブエノス・アイレスを10日前に発ってから既に5,000kmを走っていましたので、エンジン・オイル交換が必要でした。朝食後、エンジン・オイル交換の専門ショップを捜してこれを行い、午後の空いた時間を使ってChan Chan（チャン・チャン）遺跡へいくことにしました。

"武器の広場"の東側の通りは県道104号線となっていて、町の西側の郊外へ延びていきますが、これをたどって約4km走ると、県道左手南側に土の道が現れます。これがチャン・チャン遺跡へと続く道。その先1kmにかつてのチムー王国の首都、チャン・チャンがありました。"チャン"とは、Quingnam（キングナム）語で"太陽"を意味する言葉です。チャン・チャンと重複することから"太陽の光がさんさんと降り注ぐ都"という意味合いでしょう。キングナム語は、海洋民族チムー人たちが話したといわれる言語ですが、チムー人の中でも、トゥルヒージョがあるラ・リベルタッ県からアーンカシュ県のウアルメイにかけての沿岸部に住んでいた人たちが話し、それも身分の高い者たちの間だけで使われていた言語だそうです。同じチムー人でも、北のトゥンベスやピウラに住んでいた者たちは使っていなかったと考えられています。"太陽が降り注ぐ都"の総面積は約 $20km^2$。土で造られた都としては南米最大の規模で、最盛期の西暦1400年頃、約10万人が生活していたと考えられています。都の中心部は約 $6km^2$。この広さの中に、高い城壁（藁状の植物繊維を混ぜて捏ねた土を天日で干して作ったレンガでできている）に囲まれた城、あるいは

宮殿、の境内を 10 個まで数えることができるのですが、その内の 9 つの境内に次のような共通点があります。まず、城の形が長方形であること。そして南北方向に作られていて北側に入城門があること。城は北部・中央部・南部の 3 つのセクションに分けられていること、などですが、我々旅行者が見学することができる境内は、最南端にある Chayhuac-An（チャイウアク・アン）の北側に位置している、保存状態が最も良い Nik-An（ニク・アン、中央の邸宅という意味）のみです。

　ニク・アンは高さ 12m ほどの分厚い壁（壁の土台部分は 5m、頂上部分は 1m の厚みを持つ）で囲まれ、外界と遮断されています。壁の内部には耐震用に植物の茎で作った梁が巡らされているというのですが、アーンカシュ大地震でも崩壊しなかったのですから、梁以外にも何か特別な工夫が凝らされているのでしょう。壁の縁飾りとして尾を跳ね上げたラッコらしき動物の姿が浮き彫りで連続して施されています。この壁に開口部があり、そこが境内の正面玄関です。玄関前で城を警備している 2 対の兵士（土の像）の間を通りぬけ、静まり返った境内に入ると、高さ 6m ほどのもう 1 つのがっしりした壁があることに驚かされます。城は 2 重壁で守られているのです。内側の壁の細い開口部を通って式典用の広場（長さ 75m、幅 65m）へと進むことができました。広場の西側には、高さ 4m ほどの 2 枚の壁（外壁から数えると 3 枚目と 4 枚目の壁）で作られている狭い通路があります。壁の基部には、ペリカンのような海鳥が羽を広げて南へ向かって歩いていくレリーフが連続して彫られています。また壁の中央部には、鯛に似た魚群が波に乗って南へ進んでいく様子が浮き彫りにされていて、魚が進む方向へ我々も進むと、広いスペースにでられます。交易でこの城を訪れた者たちは、この広間で迎えられて商取引をした

と考えられています。

　一方、先ほどの広場を南へ突き抜けるとスロープ（渡り廊下）があり、それを登ると12に区画された箇所へと進めます。"接見の場"と呼ばれている箇所で、12の区画には城の要人たちが控えていて実務を行い、税金や貢物のたぐいもここで受け取ったようです。式典広場の東側には24の壁がん（ニッチ）のある広場があります。広場の四方は高さ3m、幅2m程のぶ厚い壁状の建造物で囲まれており、その前面部には24個の大きなくり抜きがあるのです。くり抜き部分に何が納められていたのかは解明されていません。ここまでが北部。そして境内の中央部に進むと広い中庭があり、その奥には貯水池があって蓮がその白い花を可憐に咲かせていました。境内の南部分には霊廟があります。この城の主が眠っていた墓のまわりを妻妾と重臣たちの墓、44基が取り巻きます。霊廟には、遺体と一緒に夥しい財宝（金銀）が埋葬されていた筈。が、チムー王国は1470年頃からインカ帝国に侵略され、墓も暴かれ、次いで1532年、フランシスコ・ピサッロがこの地を征服したので、それらの財宝は多分、インカの民とスペイン人の手で全て持ち去られてしまったのでしょう。その証拠に、県道104号線左

陽光がさんさんと降り注ぐ都、チャン・チャン遺跡のニク・アン境内。

手にあるチャン・チャン遺跡博物館で、現在、我々が見ることができる発掘品は、木製品や陶器、織物のたぐいがほとんどなのが残念です。

　チャン・チャン遺跡の見学を終える頃でした。それまで曇っていた空にようやく雲の切れ目ができて、太陽が姿を現しました。すると、それまで灰色にくすんでいた土の都は陽光を浴びた途端、鮮やかな赤褐色となって宝玉のように輝き始めたのです。チャン・チャンとは"陽光に光り輝く都"という意味だったのでしょう。

　県道104号線をさらに西に7kmたどってHuanchaco（ウアンチャーコ）の海岸にでました。砂浜には、トトラ（カヤツリグサ科の水生植物）を編んで作ったカヌーが数艘ずつまとめて立てかけられています。カバジート・デ・トトラ（トトラの仔馬）と呼ばれているこのカヌーは、チムー王国が北ペルー沿岸を征服する以前に、同じ地帯で栄えていたモチェ文明の産物です。モチェ川の渓谷に西暦100年頃に起こったといわれるこの文明は、灌漑用水路を施設し、海鳥糞を使ってインゲン豆やライ豆（リマ・ビーン）、カモーテ（スィート・ポテト）やジューカ（キャッサバ）などを農作するかたわら、トトラの仔馬を操り沿岸で魚を捕獲し、それをほとんど生のまま食べたそうです。が、完全に生のままではなく、リマ（ライム）の苦味のある酸っぱい絞り汁に魚肉を浸し、マリネーにして食べました。ペルーの代表料理セヴィーチェの起原は、モチェ文明の時代に発祥したといわれています。ウアンチャーコのビーチで、太平洋に沈む夕陽を見ながら、そのセヴィーチェを食べてみました。使われた魚はメロ（ハタ科の魚）。もともと身がしまっている魚ですが、それをライムでさらにしめ、スライスしたレッド・オニオンとコリアンダー（この香りが強すぎる芳香

野菜は嫌いなのに、またここでも入っている)のみじん切りが載せてありました。セヴィーチェをつまみにして頂いたドリンクは、トウモロコシの醸造酒チーチャ。アルコール度は7％程度だという薄茶色に泡だったその液体の味は、ほんのり甘く、ちょっと苦く、でもやはり甘かったので、改めて辛口のトゥルヒージョ・ビールを注文し、夕食までの時間をくつろいですごしたのです。ペルーのパン・アメリカン車道北を走るのもあと2日間だけとなっていました。(ペルー政府はその後、2016年開通を目指してトゥルヒージョ―ウアルメイ間の高速道路化を進め、2013年5月にはカスマ―ウアルメイ間が、2014年12月にはウアルメイ―パティヴィルカ間が高速道路となりました。)

● 2007年7月24日から7月26日

午前6時。

朝食前に、ホセはホテルのベッドの上に地図を広げ、エクアドルとの国境までの距離をしきりに計算していました。国境は2つ。トゥンベス県のアグアス・ヴェルデスから越えるか、ピウラ県のLa Tina（ラ・ティーナ）から越えるか。双方ともパン・アメリカン車道を走るのですが、前者は支線です。ピウラの北38kmのSullana（スジャーナ）から太平洋岸へ下り、20－30km間隔で点々と続く小さな集落を7つ、8つ通ったあと、国境の手前30kmでペルー最北西の都市、人口8万のトゥンベスを横切って行かねばなりません。このルートだと国境まで725km。一方、本線はスジャーナから北東へ向かっています。亜熱帯密林地域の低い丘陵が続く中を123km走り、国境付近

の集落ラ・ティーナ（人口435人、標高434m）まで走るのですが、その間に村はほとんどありません。トゥルヒージョからの距離は580km。

　トゥンベスといえば、パナマを出航したフランシスコ・ピサッロが1532年に上陸した場所です。ピサッロは海岸地帯に町を築いて海賊の襲撃に遭うことを恐れ、南の内陸部へ進み、チラ川渓谷のタンガラガー（スジャーナの西16km、S4°52'/W80°42'付近）に都を築いたのですが、ここにマラリア禍が発生。そこで、ディエーゴ・デ・アルマグロがピウラ・ラ・ヴィエハ（ピウラの東70km、S5°14'/W80°07'付近）に遷都させます。1578年までここに住んでいたスペイン人たちは、その後、パイタ湾の港町Paita（パイタ、S5°04'/W81°06'。現在はカジャオに次いでペルー第2の港町）に移り住みました。しかし、1587年、パイタはイギリスの海賊キャヴェンディッシュに何度も襲撃されたため、1588年8月15日、パイタから57km東方にサン・ミゲル・デル・ヴィジャール・デ・ピウラ（現ピウラ、S5°12'03"/W80°37'31"）を築いて、ようやくここに安住の地を得たのでしたが、これらのスペイン人入植の歴史が、我々に、海岸地帯は危険、というオカシナ先入観を抱かせていました。密林地帯へ入ればマラリアを媒介する蚊の大群が待っているかもしれませんが、抗マラリア剤メフロキンをすでに7日前から飲み始めています。蚊よりも、海岸地帯の国境付近に多数生息している人間たちの方が怖そうに思えました。人口過疎地域を走ることにしました。

　午前10時45分。トゥルヒージョを出発して1時間30分。130kmも走ったとき、曇天の下に標高400mほどの黒いはげ山、Chepén（チェペン）丘陵が国道の前方右手に見えてきて、その麓の町チェペンに入る少し前に、アンデス山脈方向へ走る

ひと筋の道が見えました。カハマルカ（標高 2,750m）へいく道です。インカの第 13 代皇帝アタウアルパがピサッロ軍に捕えられた場所は、ここから東へ 200km ほど走ったところにあるのです。このインター・セクションからさらに 75km を走り、人口 52 万 4 千の大都会 Chiclayo（チクラージョ）の西のはずれのガソリン・スタンドで給油して、サンドウィッチを食べ終えたのが正午過ぎ。ホセはピウラまでの距離を確認します。216km。

"ミドリ、今日はピウラで宿を捜そう。スジャーナまでいってしまって宿がなかったら困るから。"勿論、私に異存はありません。チクラージョから 33km、Mórrope（モッロペ。1920 年頃までこの付近で話されていた言語、モチカ語で、"イグアナの地"という意味）の町を通過したあと、集落が絶えました。Sechura（セチューラ）砂漠に入ったのです。セチューラ湾の南東、南北方向に 150km、東西 100km に亘って広がる砂漠の特徴は、砂の色が極めて白いこと。高さ 20m から 300m の白砂の丘が峰を連ねているというのですが、車道に迫ってくる白い砂丘はせいぜい 5m ほど。そして、砂漠地帯ではあってもアタカマ砂漠のような容赦ない暑さは感じません。セチューラ湾から風が吹いてくるからです。セチューラ湾は、南緯 5 度 18 分 46 秒と 5 度 50 分 33 秒の間で、南北に 62km、東西に 23km の大きな口を太平洋に開けている入り江ですが、その沖合は、南から北へ流れる冷たい海水（水温 13 度から 19 度）のフンボルト海流と、北のエクアドルからくる暖かい流れ（水温 21 度から 27 度）、エル・ニーニョ海流がぶつかりあう場所です。潮目では魚がよく捕れるので漁業が発達する、といいますが、セチューラ湾の沿岸都市、人口 4 万強のセチューラも、漁民としての歴史は 7000 年も昔まで遡ることができる、とい

われてます。チムー王朝に支配されていた時代でも、セクと呼ばれる独特な言語を操っていました。ところで、砂漠には不思議な伝説や語り伝えが付きものですが、この地域にも、"真昼と午後6時と午前0時には砂漠を渡るな。"というのがあり、その時間に砂漠を通ると、金色のアヒルがでてきて旅人を砂丘の頂上にいざなったあと、砂の底深くに引きずり込む、のだそうです。砂漠の真ん中にアヒルがでるというのも奇遇ですが、実は、セチューラ湾の東側には海抜マイナス30m前後の地区があり、エル・ニーニョ現象が起きる年に、淡水湖（ラ・ニーニャ湖沼）が出現するという事象があるのです。湖の大きさは定まっていません。1998年2月から3月にかけては最大2,326km^{2}に達したという記録があります。水深3－4mほどの巨大な湖ができるので、そうなると自然に水鳥も集まってくるでしょうから、その中にはアヒルもいたのでしょう。そのアヒルを捕まえようとして砂漠の奥深くに迷い込み、行方不明になった人は確かにいたのかもしれません。

　我々がこの砂漠を走った翌年の2008年にエル・ニーニョ現象が起きて、砂漠に再び湖が出現したそうですが、その年、金のアヒルはでたのかどうか。いずれにせよ、我々が走ったときはエル・ニーニョ現象の年ではなく、魔の時間帯でもありませんでしたので、金のアヒルに遭遇することもなく走るうち、午後2時10分、国道右手の白砂の中に掘っ立て小屋が何軒か見えてきました。植物の太い茎（または枝）を並べて立てかけ、縄で縛った上から泥で塗り固めて壁にした貧相な小屋でしたが、人が住んでいるということは、もう町が近いという証拠です。果たして10分後、砂漠を無事、脱出。さらに50km走ってピウラ市郊外に走り込んだのは、午後2時40分でした。

ブエノス・アイレスを発つ3日前、私は市の中心部にある外国為替銀行へいき、南米各国の通貨を調達しました。チリのペソ、ペルーのソル、コロンビア・ペソ、ヴェネズエラ・ボリーヴァル、そしてブラジルのレアル。国境には大抵、両替商が出店しているのですが、そこで両替をするのを私は好みません。ただでさえ煩雑な国境越えの手続きをしたあとで、さらに両替までするというのが面倒ですし、国境付近の両替レートは、往々にして悪いのです。町より5％ほど高い。しかし、それよりも何より、国境付近で札束を数えるのは避けたい行為です。それで、今回も各国のお札にアルゼンチン・ペソと米ドルも含めて7か国の通貨を持ってきたのです。それらの札束は、一番高額を準備したドル札の束以外はバイクのサイド・ケースに詰め込んだ衣類で包み隠し、ドルの札束はビニール袋でくるんでホセはブーツの中に入れて履き込み、私はビニール袋をさらに日本の晒しの手ぬぐいで包んだものを胴体に巻きつけて走っているのです。

　ペルーでの最後の夕食のあと、明日から使用するドル札の準備をしました。エクアドル共和国は2000年1月から米ドルを通貨としています。100ドル札を5枚、ウエスト・バッグの内ポケットにしまい、1ドルから20ドルまでの小額のお札を金額にして約200ドル分、ライディング・ジャケットの胸のポケットに入れました。小額のお札は道中の飲食や、ガソリン・スタンドでの支払い、そしてボーイがいるようなホテルにチェック・インした場合、重いサイド・ケースを部屋まで運んでくれたときに与えるチップです。ツーリング中に発生するお金の支払いは、全て私の仕事。ホセにはバイクの点検や、次の給油地までの距離の確認に専念してもらうためです。アルゼンチンのデビット・カードやクレジット・カードは、南米各国で

も原則として使用できる筈ですが、もし使用できなかった場合のことまでを考え、現金は充分に所持しています。盗難の危険はありますが、現金を入れたウエスト・バッグの上から私はライディング・ジャケットを着込んでおり、胴体に巻いた札束を盗むには、私を拉致して裸にしなければできません。しかし、エクアドル以北の南米を我々はまだ走ったことがありませんでしたから、その晩は未知の世界への不安から、2人とも浅い眠りを繰り返し、ようやく迎えた2007年7月25日の朝、8時前にホテルを出発しました。40分後、チラ川の南側、海抜60mの地に発展したスジャーナの町の入り口に到着。町を北へ抜けてチラ川を渡り、パン・アメリカン車道北の支線を西へ行けば、ピサッロが開設したかつての都、タンガラガーへいけます。が、我々はスジャーナの町の南側を東へ向かって延びているパン・アメリカン車道幹線をたどらねばなりません。

　西へ向かう車線と東へ向かう車線のインター・セクションに、奇抜な陶製のモニュメントがありました。マテ壺(マテ茶を入れる壺。カラバーサというカボチャの果肉をくりぬき乾かして作る)を象った巨大な器の両脇を2匹の大トカゲが這いあがって頭を突き出し、カボチャの中央部分には漆黒の髪を長く垂らした横向きの美しい先住民の女性が1人、オウムを持っ

タジャーン文明(西暦500－1471)をイメージさせる巨大マテ壺のモニュメントがあった。

て立っています。インカ帝国に征服される以前にこの地に栄えていた Tallán (タジャーン) 文明 (西暦500年頃から1471年まで) をイメージさせる作品です。東へ30kmほど平地を走ったあと車道は方向を北東へ変え、インカ帝国時代、タジャーン人たちが隠れ住んでいたという亜熱帯密林の山岳地域へと入っていきました。車道は次第に曲がりくねった隘路となり、そこをときおり、密林からでてきたヤギの群れが横切り、また密林へと入っていきます。右に左にカーヴを切りながら30kmほど進み、"ラス・ローマスへようこそ！"と水色のアーチを掲げたかなり大きな集落を通過したのが10時10分。パン・アメリカン車道北1,100km地点。青い幌をかけたオート三輪車のタクシーが、調子が悪いエンジンの唸りを上げ、排気筒から紫煙を噴かして走っていくのを追い越し、車道前方にうっすら浮かぶ低い山影を目指して走りました。その山の先の奥深くに、エクアドルとの国境があるのです。我々がまだ走ったことのない国の入り口がもうすぐそこです。11時10分。ラ・ティーナに到着。パン・アメリカン車道北1,160km地点。国境は Macará (マカラー) 川で隔てられていました。その川に架けられている橋をペルーでは国際ラ・ティーナ橋、エクアドルでは国際マカラー橋と呼んでおり、橋脚の高さは8mほど。川の水の流れは極めてゆるやかで水嵩もあまりありません。橋のたもと左手にはテント張りの屋台が並んで清涼飲料水やスナック菓子などを販売し、右手にはペルー警察と税関と外国為替銀行の支店が平屋の1つ建物の中にありました。出国手続き完了。

　私は40mの橋の中央部まで歩いて渡ったあと端に寄り、続いて橋をバイクで渡る準備をしているホセにヴィデオ撮影の焦点を合わせました。ホセがバイクを発車させ、カメラに近づいてきます。そしてカメラの前を通過するとき、革手袋をはめた

左手の人差し指と中指でVの字を作ってカメラに挙手し、次いで背中を見せながら遠ざかっていくとき、左手で握りこぶしを作ったあと、親指を上に向け、腕を空に突き出してエクアドル領へ入った感動を表しました。そのあと、橋の向こう側でバイクを降りたホセが私にカメラを向け、橋の残り半分を歩いてエクアドル領入りする私の姿も映像として記録されたのです。1964年に建設されたこの橋は、車輛の荷重制限20t。ところどころでコンクリートの上床の舗装が剝げており、メンテナンスの悪さが気になりました。

　ペルーとエクアドルの陸の国境の全長は1,529km。1821年7月28日、ペルーがスペインからの独立を宣言して共和国となり、1830年5月13日、グアジャキル共和国がコロンビアから分離してエクアドル共和国となったときから、両国には国境紛争が絶えませんでした。特にコンドル山脈（S04°/W78°30'。北東から南西へ約150kmの長さで延びているアンデス山脈の一部。平均標高2,900m）の領有をめぐっては160年以上も争いました。その間、1942年1月29日、アメリカ合衆国、アルゼンチン、ブラジル、チリの4国の調停でリオ・デ・ジャネイロ議定書に調印後、コンドル山脈は一応、ペルー領土となったのですが、そのうちの78kmの部分に関しては依然として境界線が未画定のままでした。そのコンドル山脈を源とするのがセネパ川で、185km南方へ流れてマラニョン川へと注いでいるのですが、その水源付近に、いつの間にかエクアドル軍が基地を築いていたのです。1995年1月9日と同月11日の2回、セネパ川水源付近でペルー軍とエクアドル軍が衝突、1月26日から本格的な交戦状態に入ります。両国軍に数十名ずつの死者（一部の報道では数百名）をもたらしたセネパ戦争は2月28日までには終息しましたが、両国ともに勝利を詠ったた

め、戦争終結には再び前述4か国の調停に委ねることになりました。

1998年10月26日、ブラジリアで両国は決議書に調印。以後、紛争はなくなりました。決議書に調印する以前のエクアドル側の主張がもし認められていたなら、ペルーのカハマルカ県やアマソーナス県は、国境から200kmほど南側が全てエクアドル領となっていたところです。とにかく、セネパ戦争を最後として、ペルーとエクアドルは友好関係を保っています。経済面でも協力し合い、老朽化が目立っていたマカラー橋の架け替え工事計画を協同で推し進め、これに日本の国際協力機構（JICA）が8億円の無償資金協力を行い、日本の建設会社の施工で2012年11月10日、長さ110m、幅14.5m、荷重制限40tの新国際マカラー橋が開通したのです。新しい橋は、私が歩いて渡った橋の西側100mに架けられました。

さて、旧国際マカラー橋を渡りホセに追いついた私ですが、エクアドル入国手続きを終え、査証が押されて手許に戻ってきたパスポートを見て軽い驚きを覚えました。査証には、チリやペルー、ボリヴィアなどの国境で押される査証（国名・国境の場所・国境を越えた日付）の他に、私のパスポート番号と入国許可を得た時間が印字され、それ以外にも何やらたくさんのコード番号（暗号化されていると思われる情報、たとえば、バイクで入国し、そのバイクの種類はこれこれだ、とか）が記入されていたのです。ここまでしっかり入国管理するということは、不法入国がそれだけ多いということなのかもしれません。とにかく、2007年7月25日11時38分、我々はエクアドル入国を許可されて、国道E35号線（パン・アメリカン車道幹線）に走り出ました。

アンデス山脈。南緯 11 度から 55 度にかけて南北 7,240km にわたって延びている、地球上で最も長い山脈です。最高峰はアルゼンチンにあるアコンカグア山 6,960m ですが、2 番目に高いオーホス・デル・サラード火山（6,891m）から 10 番目のインカウアシ火山（6,638m）まで、9 指の高峰のうち 7 個までがアルゼンチンとチリにまたがるアタカマ荒野に聳立しています。アンデス山脈はペルーへ入ると 3 つの支脈（東山脈・中央山脈・西山脈）に分かれます。東山脈にある主な山脈は、クスコ県のヴィルカノータ山脈やウルバンバ山脈など。エクアドルと国境を争ったコンドル山脈は中央山脈の一部。西山脈としては、火山が密集している火山山脈や、氷壁崩壊を起こしたウアスカラーン山が属する白い山脈などが挙げられます。そしてアンデス山脈はペルーの北からエクアドルにかけて幅が狭くなり、エクアドルの最南端、Loja（ロハ）州で 2 つの支脈（東山脈と西山脈）に分かれてエクアドルを南北に貫通しています。

　東山脈の最高峰はコトパクシ火山 5,987m。活火山としての世界の最高峰でもあります。西山脈にはエクアドルの最高峰チンボラーソ山 6,268m が聳えています。東西 2 つの支脈にはさまれた部分は平均標高 2,500m の台地を成し、台地の上に 8 つの重要な都市を発達させました。南からロハ（標高 2,060m）、Cuenca（クエンカ、2,550m）、Riobamba（リオバンバ、2,750m）、Ambato（アンバート、2,500m）、Latacunga（ラタクンガ、2,750m）、Quito（キト、2,850m）、Ibarra（イバッラ、2,220m）、そして Tulcán（トゥルカーン、2,980m）。これらの 8 つの都市を結んでいるのが国道 E35 号線で、マカラー橋からコロンビアとの国境、Calchi（カルチ）川に架けられた Rumichaca（ルミチャカ）橋までの 781.19km を繋いでいます。

　エクアドル共和国は 24 州・221 地区の行政区画に分割され

ていて、マカラー橋を渡って2.5kmほど走ったところにあるのがロハ州・マカラー地区のマカラー市。人口は1万2千余。この日の宿泊地として我々が考えているのはロハ州の州都ロハですが、マカラー市からは192kmあり、道中にある2つの町のうち、最初の町は93kmも先です。マカラー市内で早いお昼を済ませ、再び国道に走り出たのは午後1時。午前中、曇っていた空が晴れて強烈な陽射しが降り注ぎ、気温は一気に上昇しました。国道左手には水田が広がり、苗が整然と植えつけられていますが、狭隘な国道にはセンター・ラインがなく、路面にはいたるところに穴が開いています。しかも、国道右手に迫る山の斜面はところどころで崖崩れを起こし、道路に大小の石を散乱させていました。それらの穴や石を避けながら、曲がりくねる道を東へ進んでアンデス西山脈の丘陵を登るうち、空はまた雲で覆われ、気温も再び下がっていきました。道の左手には熱帯落葉広葉樹林の山々が連なり、谷間には、今、走ってきた山道の細い茶色の筋が弧を描いて長く這っているのが見えます。午後2時30分、人口5千のCotacocha（コタコーチャ、標高1,183m）の町の入り口で給油のために走行を停止させた以外は、交通量がほとんどない山道を走り続けました。

　午後3時40分、Catamayo（カタマージョ）の町を通過。ロハまではあと40kmなのですが、山道はますます狭くなり、見通しが利かないカーヴが続きます。午後4時10分、車輛の後部に大きくLOJAと書かれて走っているバスが前方に見えてきました！　追いつくと、"ロハへいったことがないのなら、あなたはまだ私の国を知りませんよ。"と小さく書かれているのが読めます。ロハ市の宣伝文句を貼り付けて時速40kmで走っているバスを追い越すことができないまま、午後4時20分、ロハ郊外へ着きました。国道E35号線は北側からロハの町へ

とアプローチしています。10分後、中世風の城門（若草色のアーチの両脇に2層の望楼を備えている）をくぐってロハ市内に入った途端、ひどい交通渋滞に見舞われ辟易しました。大通りを7ブロックほど歩く速度で走ったあと、ホセはそれ以上進むことを諦めて左折し、1ブロック走るとすぐホテルが見つかって、ようやく走行を終えることができました。S03°59'26"/W79°12'18"。

ロハは1546年、ゴンサーロ・ピサッロにより創設され、1548年12月8日、アロンソ・デ・メルカディージョ（スペインのロハ生まれの征服者）がリマ法廷総裁ペドロ・デ・ガスカの命令によって開設しなおした町です。ここで、フランシスコ・ピサッロとその3人の異母弟の話をまた少しします。

ピサッロとともに新大陸に渡った3人のうち、一番、短命だったのが末弟のフアンです。マンコ・ユパンキが叛乱を起こしていた時期、1536年5月16日、マンコがたてこもっていたサクサイウアマーン砦の襲撃戦に参加し、インカの戦士が投げつけた石で頭を砕かれて死亡します。享年26歳。ゴンサーロは真ん中の弟で、1538年4月6日、クスコ郊外でディエーゴ・デ・アルマグロの軍勢と戦って勝利したあと、すぐ上の兄、エルナンドに付き添ってチャルカス（現ボリヴィア）へいき、デスアグアデーロとコチャバンバ一帯を平定して銀の都、ラ・プラータ（現ボリビアの首都スクレ）を征服者ペドロ・アンスーレスと共にうち建てます。ゴンサーロはその後もラ・プラータにとどまり、銀鉱山開発に専念していましたが、1539年11月、長兄のフランシスコからインカ帝国の都、キトの長官に任命され、同時にアマゾン地帯にあると信じられていた幻の都、エル・ドラード（黄金郷）の探訪と、貴重なスパイ

ス（シナモン）の森があるという、シナモンの国、を見つけて征服する権限を与えられ、チャルカスを出発。クスコで遠征の準備を整えたのちキトへ赴き、1540年12月、340人のスペイン人（うち200名は騎乗）と4,000人のインカの民を率い、2,000頭のジャマに荷駄を積んでキトから東へ向かい、アンデス東山脈を越えていきました。

ゴンサーロ一行を追ってきたのがゴンサーロの遠い親戚（一説には従兄弟）、フランシスコ・デ・オレジャーナとその配下23名でした。このオレジャーナ隊をしんがりとして行軍するうち川にでて、その川に沿って進むと、川はさらに幅の広い川へと合流しました。現在、ナーポ川と呼ばれている、コトパクシ火山の麓を水源としてエクアドル領を463km、ペルー領を667km流れたあとアマゾン川に注いでいる大河です。ゴンサーロは川岸の木でベルガンティン船を急造することを命じました。食糧が尽きかけていたので、その船に乗って何名かが川を下り、食糧を調達して戻ってくるためでしたが、この役を買ってでたのがオレジャーナでした。ところが、オレジャーナが配下たちと川を下るうち、水流は勢いを増し、それを遡ることはもう不可能となりました。1日200kmほどの速度で川を下り続けた1542年2月12日の日曜の明け方、川はさらにさらに幅の広い、海のような川（アマゾン川）にでたのです。そこで新たなベルガンティン船を建造し、ゆったりとした流れに船を任せて下っていき、1542年12月26日、オレジャーナは大西洋へでたのです。

一方、一向に戻らないオレジャーナ隊を全滅したものとみなしたゴンサーロは、キトへ戻ることを決心します。黄金郷は見つからず、シナモンまがいの森はありましたがスパイスとしての価値はありませんでした。失意のうちに密林を行軍し、アン

デス東山脈を再び越えて生きてキトへ帰りついたものは 80 人足らず。インカの民も逃げ去り、馬とジャマは道中の食糧と化しました。文字通り身一つでキトに戻り着いたゴンサーロを待っていたのは長兄の訃報でした。フランシスコ・ピサッロは 1541 年 6 月 26 日、リマの居城（現ペルー大統領官邸）をディーゴ・デ・アルマグロの遺児、ディエーゴ（エル・モーソ）を擁立するアルマグロ派スペイン軍に急襲され落命していたのです。享年 63 歳でしたが、その年齢で、フランシスコは最後まで果敢に防戦したようです。2007 年、リマのキリスト教大聖堂に埋葬されていたかれの死体が引き出されて解剖されました。その結果、身長 174cm 以上のがっしりしたフランシスコの体躯には、この防戦で負ったとみられる凄まじい傷痕が何箇所かに発見されたのです。まず、鋭い剣の一突きで左目がくりぬかれた模様で、右頬骨も真っ直ぐに切り降ろされていました。背骨は第 6 胸椎と第 1 腰椎が切られており、第 4 と第 5 頸椎の間が切断されていて、第 1 頸椎の部分で首を切り落とそうと試みたらしいのですが果たせず、最後には壺のようなもので殴ったのか、頭蓋骨が複雑骨折していたそうです。

　キトに帰任したゴンサーロは、スペイン軍の内乱を収めるために本国から正規軍とともに派遣され、既にリマに着任（1542 年 8 月 7 日）していたクリストーバル・ヴァーカ・デ・カストロに協力することを申し出ました。が、カストロは丁重にこれを断ります。ペルーの全領土と全財宝を賭けて争われた壮絶な内戦、チューパスの戦い（1542 年 9 月 16 日）でアルマグロ派がスペイン正規軍派に敗れると、スペイン国王カルロス 1 世はブラスコ・ヌーニェス・ヴェラをペルー総督に任命して派遣するとともに、新法を発布してリマ法廷を創立し 4 人の聴聞官を置きます。これを大いに不服としたのが征服者たちで、

ゴンサーロを抗議代理人に推したて叛乱を起こし、1546年1月18日、イニャキト（現キト市内の北地区）の戦いで正規軍派を大敗させ、ヌーニェス総督を捕えて斬首し、以後、ゴンサーロは実際上のペルーの首領として征服者たちを統率して栄耀を極めます。が、1547年、ペドロ・デ・ガスカ司祭がリマ法廷総裁として赴任してくると、事態は一変しました。

ガスカ司祭は追加のスペイン正規軍を一兵も携えず、しかし、政治犯に対する恩赦を発行する権限を携えてきたので、叛乱を起こした多くの征服者が、ガスカ司祭の恩赦を受けて正規軍派に帰属してしまったのです。1548年4月9日、クスコの西25km、ハケハウアーナ平原（現クスコ県のアンタ郡）で正規軍派とゴンサーロ派が戦い、ゴンサーロは敗れて斬首され（享年38歳）、首はリマへ送られ中央広場の鉄のおりの中で晒し首となって永久保存されることになりました。が、1563年、首は何者かに盗み出されて喪失。一方、首のないゴンサーロの遺体はクスコへ運ばれ、皮肉にもディエーゴ・デ・アルマグロとその息子が眠っているラ・メルセッ教会に埋葬されたのでした。

ピサッロ兄弟の中で長生きしたのが、フランシスコのすぐ下の弟、エルナンドです。1504年、スペイン正規軍の陸軍大尉、ゴンサーロ・ピサッロの嫡男としてトゥルヒージョに生まれ（他の3人は非嫡出子）、正規軍人になるための入念な教育を施され、若くして軍籍に入り功績を上げ、陸軍大尉まで昇進したあとフランシスコに説得され弟たちを連れて新大陸へ渡り、フランシスコをよく助けました。ディエーゴ・デ・アルマグロが処刑されたとき、エルナンドがまず牢屋でディエーゴの首を絞めて殺し、そのあと広場へ遺体を引き出し断頭の刑を執行したといわれています。ディエーゴが処刑されたあとすぐ、

アルマグロ派のディエーゴ・デ・アルヴァラード（ゴメス・デ・アルヴァラードのいとこ。ディエーゴ・デ・アルマグロから遺言執行人に指名されていた）がスペインへ向けて発ちました。ピサッロ兄弟の所業を本国の法廷に訴えるためでしたが、それを知ったフランシスコ・ピサッロはエルナンドを抗弁のためにスペインへ赴かせます。双方、相次いでスペインに到着しますが、正規陸軍大尉として幅が利くエルナンドに法廷が有利に働くことを懸念したアルヴァラードは、エルナンドを個人的に制裁するため決闘を申し込みます。が、決闘が行われる直前に、アルヴァラードは変死。ディエーゴ・デ・アルマグロの処刑もさることながら、アルヴァラードの不審な死を由々しき事態として認識した法廷は、エルナンドを有罪にして 20 年間の投獄刑に処し、ヴァラドリドゥの都のラ・モタ城に幽閉しました。服役中に姪（フランシスコの娘のフランシスカ・ピサッロ・ユパンキ。フランシスコ・ピサッロはインカ帝国の皇女、キスペ・シサを妻にしてフランシスカをもうけた。キスペ・シサはインカの皇帝、ウアスカル及びアタウアルパの妹）と結婚したエルナンドは 5 人の子供を成し、1561 年に釈放されたあと郷里のトゥルヒージョに住んで、現存しているパラシオ・デ・ラ・コンキスタ（征服の大邸宅）などを建て 1580 年、76 歳で病死するまで生き長らえました。

とまれかくまれ、ゴンサーロ・ピサッロが 461 年前に創設した町の快適なホテルの一室で熟睡した私は、翌朝 8 時 30 分、ホセがホテルの駐車場からバイクを引き出し、ホテルの正面玄関の前に駐車させている間に、部屋を引き払いました。チェック・アウトを済ませて正面玄関へでると、ホセが 1 人の青年と話しこんでいます。ブルー・ジーンズを履き白いワイシャツ

の袖を肘までまくりあげた青年はフリオ氏。バイクで出勤途中、ホテルの前を通りかかり、我々の大型バイクを見て停まったのだそうですが、出発を急がないのであれば、僕の生まれた町を一緒に走ってガイドしてあげたい、というのです。ホセはこういう出会いが大好きで、たとえ先を急いでいたとしても予定を変更して誘いに乗ってしまいます。私はホセほどは人を信用せず、このフリオ氏の申し出にも、まず何か魂胆がないかを疑ってかかりましたが、フリオ氏の話し方は育ちの良さを感じさせ、一方で今日、走る距離は200kmほどなので時間的な余裕はあります。市内観光することにしました。

フリオ氏のバイクの先導でホテル前を発車、すぐ右折してシモン・ボリーヴァル通りを6ブロック走り、アロンソ・デ・メルカディージョ通りを渡ると"独立広場"(別名サン・セバスティアン広場)へでました。この広場ですぐ人目を引くのが広場の北にある高さ32mの時計塔です。先端の4面に時計がはめ込まれ、塔の台石部分の4面にはブロンズ製のレリーフが施されていて、この町の歴史を4つの時代に分けて象徴させています。まず、スペインの植民地となる以前、ロハ一帯で栄えていた先住民パルタス族の時代、次がスペインの統治時代、そして1820年11月18日の独立宣言を迎えた時期、最後は、ロハ連邦政府(1859年9月18日から1860年3月23日)が存在していたエクアドルの政治危機時代。時計塔を背景にフリオ氏と記念撮影をしました。

広場の南側を占めているのはサン・セバスティアン教会です。マラリア熱と地震から救われますようにと、聖セバスティアン(3世紀、ディオクレティアヌス帝の迫害を受け、体中に矢を射られたが死ななかったといわれる聖人)を守り本尊とするこの教会のオリジナルの建物は、1660年1月20日の地震

であえなく崩壊しました。ゴシック建築風の部分とアンデス・バロック建築風の部分が混ざったような現在の建物は、1900年に再建されたものだそうです。広場を出てスクレ通りを走り、町の入り口の門（昨日、くぐってきた城門）までいきました。この城門が建造されたのはごく最近の1998年で、ロハ市の紋章に描かれている城のレプリカだそうです。紋章は1571年3月5日、スペイン国王フェリペ2世がロハの町に授与したもので、銀色の兜の下に赤い盾（軍人が持って戦う盾）が配置されており、盾の中央部には2筋の川（マラカートス川とサモーラ川）に挟まれた黄金色の城があって、今、まさに開かれたばかりの城門から2人の白馬の騎士が大勢の歩兵を従え威風堂々と出陣する光景が描かれているのですが、その城門を大きく再現させてロハ市の入り口に据えたのでした。城門前でフリオ氏が我々を写真撮影してくれました。

　城門をくぐり町をでて、石畳の坂道を走ってフリオ氏は、我々を町の西側の高台へと誘導し、大きな石を敷き詰めた展望台で止まりバイクを降りました。そして、眼下に大きく開けたロハの町のはるか西側の密林地帯（昨日、通過したカタマージョ渓谷）を指差してフリオ氏は、1546年にゴンサーロ・ピサッロが町を築いたのはあの辺りだった、と教えてくれたのです。しかし、マラリア禍が発生したあと、すぐ町は地震で崩壊し、ゴンサーロ自身もペドロ・デ・ガスカに成敗されて首のないむくろとなってしまったため、アロンソ・デ・メルカディージョが今の場所に町を築き直したのだ、と。次いで町の東側に奥深く広がる密林地区を指差したフリオ氏は、"あそこがZamora（サモーラ）という地区で、サモーラの東側にコンドル山脈が北東から南東に延びていて、そこから東側は現在、ペルーのアマゾン地帯となっているが、本当ならそこはエクア

ドルのロハ州になる筈だったんだよ。"と、いったのです。

"1859年、当時のペルー大統領、ラモン・カスティージャがエクアドル領に侵攻してきた。キトのガルシア・モレーノとアマゾン地帯の領有を交渉するためだったが、思うように運ばなかったので、交渉相手をGuayaquil（グアジャキル）のギジェルモ・フランコに変えた。11月18日、5千の兵をグアジャキルに上陸させて、マパシンゲの農園地帯を占拠した上で、フランコにアマゾン地帯の領有放棄を迫ったんだ。それで、1860年1月25日、フランコの代表のマヌエル・モラーレスと、カスティージャを代表したニコラス・エストラーダがマパシンゲ協定に調印したんだ。だけどね、当時のエクアドルは内戦状態で、少なくとも政府が4つも同時に存在していたんだよ。キトのガルシア・モレーノ政府、グアジャキルのギジェルモ・フランコ政府、クエンカのヘロニモ・カッリオン政府、そしてロハでも1859年9月18日、マヌエル・カッリオン・ピンサーノが連邦主義を唱えてロハ連邦政府を打ち立てていたんだ。たった半年の短命政府だったけどね、それでも行政区分の県（Departamento）を廃止してエクアドルを州（Provincia）に区分けし直した。分るかい？ フランコはグアジャキルの独裁者として国境協定に調印しただけで、エクアドルの国家元首として調印したのではないんだよ。その後、キトのモレーノがフランコを倒して、1860年9月26日、グアジャキル入りしてみたら、フランコが勝手に調印したオカシナ協定がでてきた、ということなんだ。無論、そんな協定はその後の国会でも一度も承認されなかったよ。"丸い展望台を囲んでいる低い石垣に両肘をついて、悠遠と広がる密林地帯の先の先を見透かすように目を細めたフリオ氏は、コンドル山脈をめぐる国境紛争の政治的背景を懇々と語ってくれたのでした。"とにかく、ロハはその

後も独自の経済発展を遂げ続けて、1897 年にはエクアドルで最初の電力公共サーヴィスを行ったんだよ。"

　展望台をあとにして坂道を下っていき、フリオ氏が最後に連れていってくれた場所がありました。お城です。円柱型と円錐型の望楼をそれぞれ数基ずつ備えた石造りの大きなお城です。望楼には丸窓や半円形、四角の窓がたくさん付けられ、よろい戸が閉まっています。が、どこか妙です。中世風に作られてはいますが、何かが近代的で、望楼のうちの 2 か所ではテレビ・アンテナが空に突き立っています。"ここが僕の家。" と控えめに紹介されて納得がいきました。実際にはフリオ氏のお父さん所有の家（お城）で、"ロハの町の入り口の城門ができたあと、父が真似してこんな物を作ってしまった。大きすぎて住むには全く不向きだよ。" と照れ隠しのようなことをいいつつもカメラを向けると胸を張り、穏やかな笑みを浮かべて自宅のお城を背景にして写真に納まってくれました。

"ロハからクエンカにかけては 7 月が一番寒い時期。しかも貿易風が湿った空気を運んで細かい雨を降らせるから、視界の利かない道では充分、対向車に気をつけるんだよ。エクアドル人にはカーヴで追い越しをかける悪い癖があるからね。" そし

フリオ氏の自宅、"お城"。

てパン・アメリカン車道の乗り口まで先導してくれたフリオ氏は、左腕を前に突き出し親指を上側にした手のひらを上下に振って、"このまま真っ直ぐ進みなさい。"という指示を送ってきました。ホセはクラクションをパーパーパーパーと晴れやかに鳴らし、"じゃ、ここでお別れだね。いろいろどうもありがとう。"という意味の挨拶を送ると、フリオ氏もプップーと鳴らして"元気でいくんだよ。"と挨拶を返してくれました。

　我々は北へ進み、フリオ氏は右折して後方へ離れていったとき、私はフリオ氏の姓を聞き忘れたことに気がつきました。BMWのGS1200にヘルメットも着けずに乗っていた不思議な魅力を持つエクアドル青年に、もし尋ねたとしても、"ロハのフリオだけでいいよ。"と応えたに違いなく、このとき限りの縁でしたがエクアドルといえばすぐ、"ロハのフリオ氏"と思い出すほど、爽やかな印象の出会いと別れでした。

　こうして午前10時、国道E35号線に乗ってクエンカへ向かったのですが、道路のメンテナンスは劣悪で、舗装されている部分の方が少ない。そしてまもなく国道は舗装が完全に剝げて赤土丸出しの未舗装道路となってしまいました。道にできた陥没部分には、何時間か前に降ったらしい雨が溜まり、池のような大きな水溜まりをいくつも作っています。陥没の深さが判らないため、都度、ホセはバイクを降りて水の深さを測りながら慎重に歩を進めました。何日か前、あるいは何箇月か前によほど多量の雨が降ったらしく、国道右手に見える渓谷の深緑の山の斜面には、がけ崩れを起こした跡、茶色く山肌が露出した部分が太い滝のように現れ、山の中腹に細く水平方向に延びている道をも寸断して谷底まで流れ落ちているのが見えました。10時55分。国道のすぐ右手に急斜面の山が迫る集落にさしかかると、たった今、落石を起こしたらしく、子供の頭ほどもあ

る石が道路に散乱しています。

　70kmほどの距離を1時間半もかけて走り、Saraguro（サラグロ）地区に入って給油。固くなった手足を屈伸させているうち、国道の路肩を黒い袴のような形の長いスカートを履き、黒いマントをまとって白の鍔広の帽子を被った女性が何人も歩いていくのに目がとまりました。道路端にテントを張ってバナナと柑橘類の果物を売っている女性も黒のくるぶしまである袴とマントのスタイルです。サラグロ族の女性たちだとすぐ思い当たりました。インカ帝国の第11代皇帝ウアイナ・カーパック（トゥーパック・ユパンキの息子）がキト王国の征服を敢行したときに送り込んだのが、サラグロ族の勇猛な戦士たちでした。人口約3万のサラグロ地区に、こんにちでも3千人ほどの末裔が住み、サラグロ族としての伝統と習慣を決して変えず、女性たちが平素、黒い服装でいるのも祖先への供養の気持ちが重厚だからで、スペイン軍に殺されたウアイナ・カーパックの息子、アタウアルパを追悼して未だに喪に服しているのだ、ともいわれています。

　サラグロ地区に入ってから道は俄然よくなりましたが、天候があやしくなってきました。我々が走っている道のすぐ前方の空には黒雲が低く垂れ込んできている一方、はるか前方の谷間には真っ白な雲海が湧いています。このまま走っていけば、いずれあの雲海の中（自分の手も見えないほどの濃霧の中）へ突入するのではないか、という不安が私を捉えてなりませんでしたが、午後1時、国道沿いにプレハブ住宅が並んでいる地区へ着きました。San Felipe de Oña（サン・フェリペ・デ・オニャ）。それぞれの住宅脇に張られたテントの下には、5－6人が食事できるテーブルと椅子が置かれていて、テント前の路上には鉄製の三脚が据えられ、その上に皮が少々焦げた大き

な豚が丸ごと乗せられています。国道を走ってくるトラックの運転手や旅行客に、ランチとして豚の丸焼きを供しているわけですが、四肢と尻尾を垂らした豚の前を通って反対側から豚を見ると、すでに一部、皮をそぎ肉を切り取ってある部分が見えました。これが生焼けでピンク色の肉がむき出しになっています。豚の傍らにはプロパン・ガスの中型ボンベがあり、ボンベからガス管が伸びて先端のガス・バーナーが三脚に吊るしてありましたので、多分、客の注文に応じて好みの部位を切り取り、ガス・バーナーで炙って好みの焼き加減にして供するのだと想像できました。

　豚の生焼けが並ぶ地区を走りすぎて10分、瓦屋根の住宅の並びの最後に、2階部分を住居にして1階部分で小さくよろずやを営んでいる家がありました。清涼飲料・野菜・果物・お菓子・衣料・化粧品など日常生活に最低必要なものが並んでいて、公衆電話まであります。軒下には売り物のタオルや布製のリュック・サックがぶら下がっていて、プラスティック製の丸テーブルも2卓置かれていました。ランチあります、ということです。昼の定食メニューの値段を尋ねると、たったの2ドル。但し、前払い。それで、2人分4ドルを支払って供された料理は、まず前菜として、ほぐした鶏肉と短く折ったスパゲッティ入りのスープが日本のラーメンどんぶり大の器ででてきました。これだけでもかなりお腹が一杯になったところででてきたメイン・ディッシュは、炊いた白いご飯の上にロースト・チキン（一羽の1/4）がどっかりと座り、チキンの横にはバナナの縦切りを油で揚げたものが2枚、アヴォカドの種をくりぬいて半分に切ったものが2個添えてあります。別皿で塩茹での白いジャイアント・コーンもついてきました。

　信じられないほど安い金額で胃袋を満たし、幸せな気分で国

道に走り出したのですが、空の黒雲はいよいよ厚く重く、雹でも降ってきそうな様相です。クエンカまではあと 100km ほど。国道 E35 号線は標高 2,500m から 3,000m ほどの丘陵を繋いで、西に走り東に走り、また西に向かったのち東に向かい、を繰り返しながら少しずつ北上していきます。西の丘陵から東の丘陵へ、東の丘陵からまた西の丘陵へと登り下りしながら走るうち、なるほど、この国道が別名 Troncal de la Sierra（トロンカル・デ・ラ・シエッラ、丘陵幹線）と呼ばれるわけが得心できました。やがて道の両脇に平屋住宅が散在し始め、まもなく 2 階建てが多くなり、午後 3 時 20 分、アイアス州の州都、人口約 38 万の都市クエンカの南郊外に到着。さらに北へ 15 分ほど走り、流れの速い Río Tomebamba（トメバンバ川）に架けられた橋を渡ってクエンカの歴史地区へと入っていったのです。

　トメバンバ川はクエンカの北西 33km、アンデス西山脈山中にある国立公園 El Cajas（エル・カーハス。2 万 8,544ha、約 230 の湖沼がある）の Tres Cruces（トレス・クルーセス、標高 4,200m）を源として流れてきて、クエンカの歴史地区の南側を縁取り、町の北東でマチャンガラ川と合流してクエンカ川と名前を変え、さらに他の川との合流を繰り返しながら、水はやがてアマゾン川に吸収されて大西洋へと注いでいます。

　ところで、西暦 500 年頃、クエンカの北のカニャル州で発祥した文明がありました。カニャリ文明です。族長の 1 人、アトゥン・カニャルが統治した北の都（現カニャル州にあるインガピルカの遺跡）、族長ドゥマの権力下にあった南の都（現アスアイ州のシグシグ地区チョブシ。クエンカの南東 62km）、そしてその中間地点に築かれたグアポンデーリグなどの都を中心として栄えていました。インカ帝国が侵攻してくると、カニャリ族たちはグアポンデーリグに集結して頑強に抵抗しまし

たが、1470年、ついにトゥーパック・ユパンキの攻撃に屈服して帝国に併呑されます。トゥーパック・ユパンキはグアポンデーリグの酋長の娘の1人を妻に迎え、都にプマプンゴ宮殿を築いてトメバンバと改名し、そこからさらに北の地方へと進攻するための拠点としたのです。トメバンバで生まれたウアイナ・カーパックが皇位を継承すると、都はますます大きく美しく造成されていきました。が、その息子たち（ウアスカルとアタウアルパ）が内乱を起こし、カニャリ族たちはウアスカルを支持したため、都はアタウアルパによって破壊されます。現在のクエンカは1557年4月12日、トメバンバの都（現プマプンゴ考古学公園40haとして保存されている）の北西約2kmに、征服者ヒル・ラミーレス・ダーヴァロによって創設された町です。トメバンバ川に沿った高台に歴史的な建造物が約120棟、所狭しと軒を並べており、1999年12月1日、町はユネスコの世界遺産に登録されました。ところで、そういう歴史地区というのは、旅行者がバイクや自家用車で乗り入れた場合、概してホテル捜しに往生する場所なのです。石畳の車道幅は極めて狭く、車道と歩道の段差は格段に大きく、そこを車が渋滞を起こしてクラクションを鳴らしながら走っているので、ホテルを見つけてもやたらに走行を停止することもできません。車の流れに沿って走るうち、大聖堂（カテドラル・デ・インマクラーダ・コンセプシオン、聖母マリアの原罪なき懐胎の聖堂）の前まできてしまいました。ホセを聖堂前の広場で待たせタクシーに飛び乗った私は、広場から東へ3ブロック走り、北へ2ブロックいったところにホテルを見つけ、ホテルの車寄せにタクシーを待たせて仮チェック・インし、駐車場の位置（ホテルから2ブロック）をメモ用紙に書きとめ、待たせておいたタクシーに乗ってホセを迎えにいきました。タクシーの運転手

にメモを渡してホセを先導して駐車場へと走り、ホセは駐車場でバイクの装備（サイド・ケース2個とガソリン・タンクの上に装着したバッグ）を外してタクシーのトランクに積み込んでホテルへと走ったのです。こうして2人がクエンカの歴史地区中心部のホテルに正式にチェック・インを済ませたのは、大聖堂前広場へ着いてから1時間もあとのことでした。S02°54'08"/W79°00'19"。

　夕方から降り出した冷たい雨の中、ホテルから町の西の端へタクシーを20分走らせ、クエンカの伝統料理、クイ（食用モルモット）の丸焼き、を食べにいきました。レストラン入り口脇には、幅70cm、長さ90cmほどのブリキ製・脚付きの長方形の容器が据え置かれ、中に真っ赤に熾した炭をならし敷いて、料理人がクイを焼いていました。容器の縁に固定させた太いステンレス製の長串しで、クイをお尻から口まで突き通し、その串をまわしながら炙り焼きにしているのです。レストランの中には、まだ時間が早いためか（といっても、もう夜の8時でしたが。南米のレストランは夜は8時にオープンするところが多い）お客といえば、ロシア人観光客が一組いるだけ。寒々とした広いスペースにある暖房はといえば、壁の上部の何箇所かに設置された小さな電気ストーヴなのですが、これでは頭と顔が火照るだけで背中から下には熱気が伝わってきません。（赤道のすぐ近くだというのに。）思わぬ寒さに身を縮め、かじかんだ手をこすり息を吹きかけて待つこと30分、こんがりと焼きあがったクイがお腹の部分で開かれ大皿に盛られてでてきました。別皿で供されたのは、豚の皮のスープで煮たジャガイモ。薄皮付きで丸ごと煮た大きなジャガイモは、豚の皮の脂肪で黄金色に照り輝いています。この"パーパス・コン・ク

エロ"（ジャガイモの豚皮煮）は植民地時代、スペイン人たちが豚を食べたあと捨てた皮を利用したインカの民たちの工夫料理だったそうです。夕食代として 14 ドル、タクシーの往復に 15 ドル、合わせて 29 ドルでクエンカの寒い雨の夜を満喫したのでした。

● 2007 年 7 月 27 日

　午前 8 時 45 分。気温 7 度の冷気の中へ躍り出ました。
　国道 E35 号線に乗るには東へ走らねばならないところ、西へ走って E582 号線に乗りました。エクアドル最大の都市、グアジャキルを知りたくなったからです。
　苔のような植物で山肌一面が覆われているアンデス西山脈の丘陵を次々と越えて登っていくうち、雲の中へ入ってしまいました。オログラフィック・リフト（山に沿って空気が上昇してできる雲）ですが、体に微細な水滴がまとわりつき体温を奪っていきます。9 時 45 分、走行を停止しました。それぞれサイド・ケースから防水ジャケットとズボンをだして着込み、ホセは防寒手袋の上に外科用の白いゴム手袋を装着しました。外科用手袋は完全防水で伸縮性に富む上、薄手なので指の動きに自由が利き、雨天のハンドル操縦に便利なのです。そして左手人差し指には、例の指サック式ヘルメット・シールド用ワイパーもはめました。こうして防水対策を万全にして走ること 15 分、エル・カーハス国立公園入り口の検問所、Quinuas（キヌアス）に着いたのです。ここで身分証明書（我々外国人はパスポート）の記載事項が検問所に登録されます。入園許可証（検問所を通過した時刻が記録されている）を渡され、公園をでるまで

所持するようにいわれました。検問所を通過すると、すぐ右手に湖沼群が見えてきました。キヌア（またはキニュア）という植物は熱帯アンデス高山地帯の標高 3,900m から 4,700m に生える樹木で、学名は Polylepis。バラ科の花を咲かせますが、木の幹は太さが 2m、高さも 8m から 10m に育ちバラの木には全く似ていません。恐らく、地球上で最も高い場所に育つ樹木で、キヌアのなかでもタラパカー・キヌア（Polylepis Tarapacana）という種類は、ボリヴィアのサハマ国立公園内、標高 5,200m の地帯でも自生しているのが観察されています。エル・カーハス国立公園にもキヌアス（キヌアの木々）が自生しているのでしょうが、濃霧に視界を遮られているので車道からは識別できません。ほどなく湖沼群は車道の両側に見えるようになり、ホセは連続する鋭いカーヴを腰を右に左に捻りながら体重をかけかえバイクを傾斜させて切り進んでいきます。

　10 時 14 分。E582 号線上の最高地点、標高 4,167m のトレス・クルーセス（3 本十字架）に差しかかりました。気温 2 度。車道右手の小高い丘の上に十字架が 3 本建てられています。かつて太平洋側からアンデス西山脈を越えようとした旅人の、この地点まで登ってきたのが湿った寒さに耐え切れず、朝を迎えることができなかった人たちの鎮魂のために掲げられた十字架で、国立公園がある場所の地名"カーハス"というのも、スペイン語の"いくつかの箱"という意味ではなく、ケチュア語の"caxas"（寒い）に由来しているのだそうです。平均年間雨量は 1,500mm。雨が特に多い年には湖沼の数も増え、300 から、ときには 2,000 を超えることもあります。

　トレス・クルーセスで分水嶺を越えて E582 号線は下り坂となりました。10 時 19 分、Huagrahuma（ウアグラウマ）検問所へ到着。ここでキヌアス検問所で渡された入園許可証書とパ

E582号線上の最高地点（アンデス西山脈の分水嶺）、トレス・クルーセス（3本十字架）、標高4,167 m。

スポートで身分を確認され、通過時刻が記録されて、寒い国立公園をでました。太平洋側へ下っていくにつれて空は徐々に晴れてきます。ホセが左手の人差し指にはめたワイパーを大きく空に掲げてVサインをして見せた途端、先が見えないカーヴの坂道を登ってきた十数頭の牛と牛追いの群れにでくわし、ひやりとしました。牛は耳が垂れさがったこぶ牛で、インド原産のセブー（Bos Indicus）を北アメリカで改良したブラーマン種です。牝牛は1頭ずつ、まだ乳を飲んでいる時期にあるらしい小さな子牛を連れています。牛に乗った牛追いの3人も、父親とその息子たちらしく、小さい方の息子も角をはやした成牛に堂々と跨っています。スピードがでていたらこの群れと衝突するところでした。牛たちを脅かさないよう道端に寄ってやり過ごし、以前にも増して慎重にカーヴを下っていきました。が、11時40分、再び雲の中（濃霧の中）へ突入。対向車がすぐ近くにくるまでヘッド・ライトすら見えません。この付近はいつも雲がかかっている湿潤地帯なのか道の舗装は水で浸食され、むき出しとなった凸凹の地面に大きな水溜まりが次々に現れます。どこまでが地面でどこからが崖なのか見分けがつかない坂道をそろそろと降りていくうちに、霧は次第に薄れていきました。

正午過ぎ、E582号線の終着点、Puerto Inca（プエルト・インカ。インカ港。海抜25m）を通過。クエンカからは122km。ここからはE25号線です。グアジャキルまではあと76km。カニャル川を渡り北へ35km走ってE40号線に乗り換えました。この間、道路脇にはバナナ園が続く風景となり、幼少時から抱いていたエクアドルという国のイメージとようやく一致しました。午後1時40分。北東から流れてくるババオージョ川に架けられた橋、プエンテ・デ・ラ・ウニダッ・ナシオナル（挙国一致の橋）を渡り始めました。橋は川の西側に短剣のような形で突き出ている岬の先端を横切り、さらに岬の北西から流れてくるダウレ川を渡ってグアジャキル市に入るように架けられています。2つの川は橋の南側で合流してグアジャス川となり、川はさらに南へ流れハンベリー水道となって太平洋へと注いでいるのです。橋は、渡り始めは片側2車線道路でしたが、ダウレ川を渡るときには片側3車線となり、橋の欄干にずらりと並んだ青と白の横縞のグアジャキル市旗を雲の切れ間の青空にはためかせ、アンデス西山脈を越えて到着した我々をあたかも歓迎しているかのようでした。橋を渡り切ると眼前に空港が広がりました。グアジャキルのホセ・ホアキン・デ・オルメード国際空港です。グアジャス川に沿って南北に設置された空港の南側にはエクアドル空軍の基地が続いています。それらの施設を車道の右手に見ながら走り、市街地に入ったところでガソリン・スタンドを見つけ、給油して一息入れていたときでした。
　"君たち、ブエノス・アイレスから来たんだろう？　今晩はグアジャキルで一泊するのかい？"と話しかけてきた中年男性がいました。そのスペイン語の発音とイントネーションは紛れもなくブエノス・アイレス出身者。そもそもブエノス・アイレス

では"LLA"や"YA"をともに"ジャ"と発音するのに対して、ペルーやエクアドルでは前者を"リャ"、後者を"ヤ"と発音する違いがあります。エクアドル風に発音すれば Guayaquil は"グアヤキル"となるのですが、この男性は嬉しいことに"グアジャキル"と発音したのです。"よかったら今晩のホテルをお世話するよ。"一瞬、ぽん引きかと疑いました。が、男性はガソリン・スタンドの奥の事務所へと我々を誘い、デスクで経理事務を執っていた若い美人の秘書に宿泊先を確保するようにいいつけると"僕はちょっと用事があるからこれで失礼するけど、あとは彼女が手配するから。"とでていってしまったのです。残された我々に美人秘書は、"お昼がまだでしたら、サンドウィッチでも？"と尋ねてくれました。こういう場面ではホセは決して遠慮しません。ガソリン・スタンドの売り物のサンドウィッチとヨーグルト・ドリンクがすぐ運ばれてきました。

　我々が食事をしている間、秘書嬢はてきぱきとホテルに電話を入れています。しかし、どこも予約客で一杯らしく、なかなか決まりません。仕事中なのに余計な仕事をさせて済みません、と謝ると、"いいのよ。慣れているから。私のボスはいつもこうなの。自分がアルゼンチン人だからアルゼンチン旅行者だと知ると、世話せずにはいられなくなるらしいの。"と朗らかに笑い、30 分以上も根気よく電話をかけ続け、我々の要求（あまり高くなく、しかし清潔なベッドを備えていて、明日の出発に便利がよいように市の出口付近にあること）を満たす一室を確保してくれたのです。ホテルまではガソリン・スタンドの男性店員の 1 人が車で誘導してくれることになりましたが、秘書嬢にお礼とお別れの挨拶をする前に、今回こそは先ほどのアルゼンチン男性の名前と連絡先を尋ねて手帳にメモすることを忘れませんでした。

ホテルは空港のすぐ近くにありました。こうして午後3時、人口250万都市のグアジャキル市街地北のホテルに、無事チェック・インすることができたのです。気温34度。シャワーを浴び1時間ほど昼寝したあと、タクシーで10分ほど走って市の中心部に当たる"マレコーン（防波堤）2000"へ繰り出しました。グアジャス川の河辺約2kmを縁飾るようにして作られた遊歩道で、ここに公園・ホテル・レストラン・ショップが集中しています。1920年に作られたマレコーン・シモン・ボリーヴァルを改造して1999年にオープンさせたものですが、その原型はイタリアのサレルノあたりのルンゴマーレ（浜辺に面した遊歩道）にあるようです。遊歩道から北を望むと高さ80mほどの小山（サンタ・アナ丘陵）があり、その山腹にカラフルな家屋がびっしりと建てられているのが見えます。市の古い地区、Las Peñas（ラス・ペーニャス）です。歴代のエクアドル大統領や、作家のアーネスト・ヘミングウェイ、アルゼンチンの革命家チェ・ゲヴァラなども一時期、ここに居住していました。そのサンタ・アナ丘陵へいく手前、遊歩道の北のはずれにフランシスコ・デ・オレジャーナの胸像がありました。あの、アマゾン河を発見した征服者です。グアジャキルは1538年7月25日、オレジャーナにより創設された町なのです。

　夕食はグアジャキル名物のカニ（Ucides Occidentalis。マングローヴ・クラブ）にしました。オニオン、クミン、ガーリック、オレガノ（そして多分、サルヴィアも）などの芳香野菜とスパイスを吟味して使って料理したらしい味と香りを、最後に細かく刻んでカニの上にパラパラ乗せててできたコリアンダーの生の葉の強烈な香りが、他のゆかしい香りを吹き飛ばしてしまっていました。アンデス山脈を越えると、コリアンダー（ス

ペイン語ではシラントロ）が幅を利かせて何の料理の上にも乗っかってくるのは何故でしょうか。その晩、ホテル備え付けのコンピューターを使い、インターネットであの美人秘書嬢のボスの名前を探索した結果、エクアドル全土とペルーの北に250店ほどのガソリン・スタンドを経営する会社の筆頭取締役であることを知りました。ホテルのレター・ヘッド付き便箋に親切へのお礼をしたため、それをファックス送信してからようやく安心して眠りに就いたのでした。S02°11'/W79°53'。

● 2007年7月28日

　午前8時50分、出発。今日も曇天です。グアジャキルの雨季（1月から5月）はもう終わっている筈ですが、今にもぱらぱら降ってきそうな雲ゆきです。灰色の空の下、"挙国一致の橋"を渡り切り、振り向いてグアジャキルの町に別れを告げ、E40号線を東へ走ると道が三叉に分かれました。北へ走っているのがE25号線で、サント・ドミンゴ・デ・ロス・ツァチラス州へいってしまいます。南へ下ればきのう通過したプエルト・インカへ。このままE40号線を南東へ115km進めばE35号線（パン・アメリカン車道）に戻れます。途中、La Troncal（ラ・トロンカル）の町からカニャル州を真東へ横断してアンデス西山脈の分水嶺を標高2,800m地点で越えていくのです。そしてE35号線とのジャンクションから北のリオバンバまでは185kmです。一方、E40号線を30kmだけ進んだところにEl Triunfo（エル・トゥリウンフォ）という町があり、そこから北東に延びている国道の副線がありました。グアジャス州とチンボラーソ州の州境を走っているE487号線です。これをた

どって175km走ればリオバンバにでられます。このルートでは Pallatanga（パジャタンガ）という町の先から分水嶺（標高3,875m）を越えていくことになります。つまり、このままずっとE40号線を進んだ場合、アンデス西山脈越えは楽ですがリオバンバまでは300kmもあります。一方、E40号線からE487号線に乗り換えた場合、山越えは多少辛いでしょうが走行距離は205kmに短縮されます。昨晩、ホテルのベッドの上にエクアドルの地図を広げてホセと散々検討した結果、E487号線上のパジャタンガからアンデス西山脈を越えることに決めたのです。三叉交差点に掲げられた道路標識に、エル・トゥリウンフォ経由リオバンバと書かれた矢印の方向へ進み、午前10時55分、チンボラーソ州の Cantón Cumandá（クマンダー地区）に入りました。標高300mから1,900m地帯に及んでいる地区の面積は158.7km^2。熱帯低地雨林から亜高山乾燥森林まで、多様な植物相と動物の生態系を観察できる地区です。

　クマンダー地区を走って40分、曇っていた空に青空が少し見えはじめ、そこから差し込んでくる強い太陽の陽射しが、ここあそこの丘陵にたなびいている雲を急速に蒸発させ始めていたときでした。車道前方をクレーン車がふさいでいました。自転車で登ってきた近くの住人らしきひとたちが、ひとかたまりとなって崖下を覗き込んでいます。転落事故現場に違いありません。山側に停車していたトラックの後ろにバイクを着け、バイクを降りて崖っぷちに近づき谷底を覗き込みました。緑鮮やかに植物が生い茂る山の急斜面の途中に、トラックの荷台部分が外れて引っかかっています。トラックの前面部分を捜すと、はるか下方に豆粒のような青いものがありますが、肉眼ではよく見えません。カメラのズームを使って見ると、青い豆粒はトラックの前面部分でした。谷底はまだその下の下で、背の高い

クマンダー地区で見たトラックの転落事故現場。

樹木で密に覆われていて見えません。この落差を転げ落ちていったのであれば、恐らく運転手は生きてはいられまい、と思われる痛ましい事故現場でした。トラックが転落した谷のひとつ向こうの、緑が青々と見える丘陵の奥の、八重にも十重に連なって続いている丘陵の中腹には雲海が湧いています。トラックが転落したとき、多分、この辺りもまだ雲で覆われていて視界が利かなかったのでしょう。昨日、雲の中を這うように走った体験がまだ生々しいだけに、転落した運転手の不運が身につまされました。転落事故現場をあとにして、また40分ほど走ったときでした。今度はタンク・トレーラーが事故を起こしていました。タンク部分が牽引車からはずれ、タンク部分に付いている16輪のタイヤのうち左側前輪の4個までがつぶれてタンクの前部が地面に着いています。ここまでの道にはところどころに大穴が開いていましたから、穴に落ちてトレーラーが大きくバウンドしたはずみにタンクがはずれ、タンク自らの重みでタイヤがつぶされたと想像できました。バイクの我々にはそれらの穴を自在に避けながら走ることは、それほど難しいことではなかったのですが。往生しているトレーラーの左横を走り抜けて数分後、雲海を眼下に見ながら峠を越えました。

　午後1時30分、国道右手の谷間に南北に細長く延びて鏡の

ように輝いている Colta（コルタ）湖沼とその周辺集落が見えてきて、ほどなく標高 3,212m の Villa La Unión（ヴィジャ・ラ・ウニオン）に到着し、ガソリン・スタンドに隣接した簡易レストランで鶏肉のスープの昼食にありつき、ホッとひと息つけました。この人口約 2 千のヴィジャ（村）で E487 号線と E35 号線がウニオン（連結）しているのです。リオバンバまでは 19km を残すのみとなりました。E35 号線に乗り継ぐと、雲の切れ間から見えている緑の丘陵の連なりの奥に、雪を頂いた峰々が見え隠れするようになりました。東方に位置するのはエル・アルタル火山 5,319m やトゥングラウア火山 5,029m、北西に見えているのがチンボラーソ火山 6,310m、あるいはカリウアイラーソ火山 5,020m なのでしょうが、すぐ雲に隠されてしまいどれがどれだか判然としません。チンボラーソ州の州都、リオバンバの北西をかすめるようにして通過したのが午後 2 時 45 分。頭上に掲げられた道路標識に、この先々の町までの距離が示されていました。アンバート 47km、ラタクンガ 92km、 Lasso（ラッソ 117km）、そしてキト 171km。日没前にどこまで走れるか。国道の前方にはチンボラーソ火山が見えていましたが、山腹にオビのようにたなびいている白雲と、山頂付近に湧いた積乱雲に隠されて山の全容が見えません。が、とにかくエクアドルの最高峰に向かって 10 分ほど走ると、道は北東から真北に方向を変え、やがて山は道の後方へと遠ざかっていきました。

リオバンバは、古くは Liribamba（リリバンバ）という名前で現在のヴィジャ・ラ・ウニオンに位置していた都です。プルアー語を話すプルアー族の千年の都でした。プルアー語は 19 世紀に入って死語になりましたが、プルアー族の子孫は現在で

もチンボラーソ州やボリーヴァル州などに約20万人が住んでいるといわれています。トメバンバ（現クエンカ）で生まれたウアイナ・カーパックがリリバンバを攻め落としてインカ帝国に組み込み、ウアイナ・カーパックはプルアー族の姫を妻の1人に加えて1500年頃にアタウアルパを成しました。（アタウアルパはクスコ生まれで、1491年にクスコ近郊で生まれた異母兄弟のウアスカルよりも年上である、という説もあります。）インカ帝国がリリバンバを統治していたのも40年足らずで、ディエーゴ・デ・アルマグロが率いるスペイン軍がリリバンバを征服し、ディエーゴは都をスペイン風に築き直して1534年8月15日、"サンティアゴ・デ・キト"と改名し、同月19日に町議会を発足させました。スペイン軍がエクアドルに創設した最初の町です。

一方、リリバンバの北、現エクアドルの首都があるキトには、紀元前1030年頃までにはもう集落が発生していて、やがてそこをキトゥ族が都にして栄え、さらにカラ族が都を改造してキトゥ族とカラ族の混合民族の都、"キトゥ"として発展していました。が、ここもウアイナ・カーパックの攻撃で陥落します。他方、リリバンバの北東、現トゥングラウエ州（州都はアンバート）一帯にはパンサレオ語を話すパンサレオ族が住み着いていました。パンサレオ語も17世紀に死語となりますが、約9,000人の子孫がまだこの地方に分散して定住していると把握されています。そのパンサレオ族の当時の酋長の1人で、現在のPíllaro（ピージャロ、アンバートの北東14km）近辺を治めていた長の娘をウアイナ・カーパックが囲って生まれた息子が1人いました。"ルミニャウイ"（インカ帝国の公用語、ケチュア語でルミは石、ニャウイは顔）という名で後世に知られていますが、本名は母方の祖父と同じ"ピジャウアソ"で

す。皇位継承権のない息子でしたが、父ウアイナ・カーパックの手許で育ち、成長してからはインカ軍団の猛将の1人として名を馳せます。ウアイナ・カーパックの長男はニナン・クユチで、ウアイナ・カーパックが自らの死を予知してインカの祭司たちの前で長男を皇位継承者に指名したとき、当の長男はトメバンバにいて天然痘が原因で父より先に死去していました。そしてその死を知らないままウアイナ・カーパックも逝去します。正式な手続きを踏んで皇位を継いだニナン・クユチではありますが、死者には帝国の管理はできませんから、生前、ウアイナ・カーパックからクスコの副統治者に任命されていたウアスカルが推されて皇帝に即位しました。

　これを不服としたのがキトゥの統治を任されていたアタウアルパです。カニャリ族がウアスカルを支持したことを理由にトメバンバを崩壊してキトゥをクスコに次ぐ帝国第2の都に仕立て上げ、ウアスカルになびいた部族のことごとくを打ち負かしつつグアジャキルまで南下し、グアジャキル湾のプナー島（ガラパゴス諸島のイサベル島とサンタ・クルス島に次いで3番目に大きいエクアドルの島）に住むウアンカヴィルカ族とも戦って勝利しますが、アタウアルパも足に槍傷を受けます。ウアイナ・カーパックが逝去したときアタウアルパに忠誠を誓ったルミニャウイは、アタウアルパが大軍を率いてクスコを目指して南進を開始すると、そのしんがり軍の将として果敢に戦いました。ウアスカル同盟軍をペルーのカハマルカで敗退させたあと、アタウアルパがプルトゥマルカ温泉で足に受けた傷の治療をしているうち、密かに進軍してきたスペイン軍の計略に落ち、カハマルカに誘い出されてアタウアルパは捕虜となってしまいます。このとき、ルミニャウイはアタウアルパに武器を携えてカハマルカ城入りすることを勧めたのですが、アタウアル

パは側近たちの建言、丸腰でいかれよ、を聞き入れてルミニャウイの忠告を退けてしまったのです。それでもルミニャウイは5千の兵を引き連れカハマルカ郊外までいき、待機し、変事を知り、全軍をまとめてキトゥへ逃げました。歴史家たちはしばしば、このとき何故、ルミニャウイがアタウアルパを助けなかったのか、アタウアルパが殺されれば皇位を継承できるとでも思ったのではないか、などという疑問を投げかけるのですが、来たるスペイン軍との総力戦に備えて武力を温存したかったのだ、と私には思えるのです。追ってアタウアルパから使いがきて、身代金（アタウアルパが幽閉されている部屋1つ分の金と2つ分の銀）が請求され、ルミニャウイは金銀をかき集めて送りますが、しかしキトゥの財宝には手をつけませんでした。1533年7月26日、アタウアルパは鉄枷絞首刑（1978年に廃止されたスペインの死刑執行方法。椅子に死刑囚を腰掛けさせ、首には背もたれに取り付けた鉄のタガをはめさせ、タガを首の後ろで絞め上げることにより窒息死させた）に処されます。これを知ったルミニャウイは、ウアイナ・カーパックの実質上の長男（ルミニャウイは1482年生まれだったといわれている。それが正しければこのとき51歳）として"キトゥ王国"（キトゥとキトゥ周辺の都を総称してスペイン人たちが命名した）の兵士たちをゲリラ戦士として再編成します。道に穴を掘って木の枝を被せた罠を作り、馬で進攻してくるスペイン軍の馬の足を捕えて騎手を長い槍で突いて傷つけました。隊列を組んで行軍する歩兵には、密林の中から石をあられのごとく見舞い、そして太陽が沈むとゲリラたちはいずこへともなく引き上げていくのです。このゲリラ戦では、サラグロ族が最も果敢に戦った部族の1つでした。こうしてスペイン軍の侵略に執拗に抵抗を続けていた最中、突如、カニャリ族がスペイン

軍に寝返ります。かつてトゥーパック・ユパンキに征服され、そしてアタウアルパにトメバンバを崩壊された恨みをここで一気に果たそうとしたのかもしれません。

　スペイン軍の先鋒はペルーのサン・ミゲル・デ・ピウラの統治者、セバスティアン・デ・ベラルカーサルでしたが、カニャリ族が加担したことで進攻が容易となり、軍人200人（うち騎手60人）を率いて意気揚々とリリバンバへ入ります。が、そこで見たものは、宮殿も家も畑も焼き払われ、焦土と化した都でした。さらにアンバート、ラタクンガ、と北へ北へと進軍していく先々の都が、皆、焼き払われていたのです。戦況の不利を悟ったルミニャウイ自らが火を放った焦土作戦で、このためスペイン軍は食糧と燃料の現地調達が困難になりましたが、それでも1534年7月、ついにベラルカーサル軍がキトゥの都に到着します。が、ここももぬけの殻。ルミニャウイは都に火をつけ、財宝と女子供たちを伴ってどこかへ失せたあとでした。ベラルカーサルはキトゥの都の再建に着手し、1534年12月6日、サン・フランシスコ・デ・キト（現キト）を創設します。一方、リリバンバの都は1575年7月9日になってようやく再建が成り、サン・ペドロ・デ・リオバンバと改名されます。しかし、1797年2月4日の大地震で全壊したため、15km東（直線距離）に遷都させたのが現在のリオバンバなのです。ルミニャウイのその後については2説あります。1535年、ラタクンガの北西40km、シグチョスに潜伏していたところをスペイン軍が襲い、ルミニャウイは闘って傷つきびっこをひいて逃げていたところをスペイン軍が捕え、キトゥの財宝のありかを探るため拷問にかけたが口を割らず、7月25日、火炙りの刑に処した、というのがキトの議会の当時の議事録にある記載。否、ルミニャウイは決してスペイン軍などには捕まらなかった、長

引く戦闘を早く終わらせたかったカニャリ族の手によって暗殺されたのだ、というのがパンサレオ族の子孫たちの間で信じられている言い伝え。いずれにせよ、キトゥを守ろうとしてスペイン軍に最後まで抵抗した猛将であったことには変わりなく、1985年、エクアドル国会は毎年12月1日を"ルミニャウイの日"に制定し、この英雄を偲ぶよすがとしたのです。

ところで、キトゥの財宝です。カハマルカの教会に埋葬されたアタウアルパの遺体は、後日、何者かに持ち去られたわけですから、当然、ミイラにされたあとどこかに埋葬しなおされた筈です。キトゥの財宝もこのとき一緒に埋葬されたと考えるのが順当ですが、その後、スペイン人たちがどこを捜してもアタウアルパの墓は見つからず、こんにちなおインカの歴史の謎として考古学者たちによる探索作業が続いています。

午後3時40分、"アンバートへようこそ！"と書かれた道路標識に迎えられてアンバートの町南郊外に入りました。が、その15分後、道は恐ろしいばかりの急坂となり、46km^{2}の巨大なくぼ地に16万5千の住人とその車がひしめく、エクアドル第10の都市の中心部に向かって降りていったのです。これは抜け出すのが大変だ、と歴史地区突入の覚悟を決めたとき、道は東にそれて都心から離れていきました。ラタクンガの西側を通過したのが午後5時10分。そしてラッソの村まできたときには5時30分になっていました。キトまではまだ54kmあり、そこへ到着する時分に丁度、日没を迎えることになります。帰宅を急ぐ車のラッシュ・アワーとも重なるでしょう。キトまでいくことを諦め国道脇の旅館にチェック・インしたとき、国道右手のコトパクシ火山の山頂付近にかかっていた雲がいっときだけ晴れ、幸運にもその秀麗な峰の全姿を写真に収め

ることができました。S0°45'/W78°36'。標高 3,048m。

● 2007 年 7 月 29 日

　午前 7 時 30 分。
　暖房のない朝食ルームで、熱いミルク・コーヒーのカップを両手で持って手を温めながらすすっていたとき、"おはよう。一緒にすわらせてもらってもいいかな？" と遠慮がちに英語で尋ねて椅子を引いた青年がいました。昨晩、我々のあとにチェック・インしたオランダ人で、自転車でキトから走ってきたというエリックです。昨晩の宿泊客は、このエリックと我々の 3 人だけでした。これからエクアドルを一周するエリックの関心事は道路事情。私は小さなメモ帳を見ながらこれまで走ってきた道の記録をかいつまんで伝え、今日はクエンカを目指す予定だというエリックに、それならエル・カーハス国立公園へも是非、立ち寄ったらいい、と勧めました。最後に、"エクアドル人はカーヴで追い越しをかける癖があるから気をつけてね" というフレーズを付け加えることも忘れませんでした。ロハのフリオ氏が予告したこの現象は、ここまでの路程で何度も現実となって我々の身にふりかかり、都度、かろうじて正面衝突を免れてきたのです。エリックは神妙な顔付きでうなずきました。朝食を済ませ、ホセはバイクを駐車場から出して旅館の正面玄関の前に据え、エリックも自転車を引いてきてバイクの横に並べ、互いに相手の "足" の性能をひとしきり質問しあったあとで記念撮影。電子メイルで旅の先々から連絡を取り合うことを約束して曇天の下、我々は北へ、エリックは南へと旅立っていったのです。（その後、E35 号線は改修工事が進め

られ、ラッソの村の西 5km に新しい道が開通するとラッソに宿泊する旅人の数も減り、村はゴースト・タウン化していきました。)

　旅館を出発して 30 分、キトまであと 9km の地点を走っていました。我々の頭上の空はもう晴れ渡っていましたが、国道右手に連なるアンデス東山脈の峰々のほとんどがまだ白雲に覆われていた中で、ルミニャウイ火山がその荒々しい姿を現しました。キトゥのかつての猛将の名を冠するこの山には、有史以来、噴火の記録はありません。激しく侵食され玄武岩の黒い岩肌がむき出しになった 3 つの嶺を持ち、北の嶺の高さは 4,712m。そもそもルミニャウイ将軍が "岩の顔" という異名を与えられた理由は、片方の目が何かの原因で灰色に濁っていて、それで顔付きが岩のように固く冷たく見えたからだ、といわれていますが、ルミニャウイ火山の様相も、その奥に冠雪して優雅にそそり立つアンティサーナ火山 5,758m の北峰と比較すると、いかにもまがまがしくグロテスクに見えます。4 つの峰を持つアンティサーナ火山は 1801 年に最後の大噴火を起こして以来、万年雪を頂いており、国道から見えている北峰は完全な美しい円錐形を成して白く天を突いているので、その手前の黒く無骨な火山により恐ろしげな印象を与えてしまうのでしょう。

　キトの南郊外、Tambillo（タンビージョ）という村落で国道が二手に分かれました。E35 号線は北東へそれていき、一方で E28 号線が真北に延びています。キトはここから真北方向にあるのですが、ホセは迷わず E35 号線にそって走り続けると、道はますます東にそれていきます。実は、パン・アメリカン車道はこの部分に限っては E28 号線となって首都圏の東側を南北に走っているのですが、このとき、"キト" としてインプットしてあった GPS は E35 号線を引き続き進むように指示して

いました。

"GPSのヤツ、赤道間近になって気がふれたかな。"ホセは軽口をたたきつつもGPSの指示に従って進むと、国道はまた二手に分れました。E35号線はさらに東へ延びていく一方で、"ルミニャウイ将軍高速道路"というのが北西に走っていて"キト中心部方面"という道路標識の矢印が掲げられています。矢印に沿って高速道路に乗ると、なるほどキトの都心部に入っていき、"ピチンチャ大通り"と名前を変えて北に向かい、大通りをトロリー・バスが走って観光客を歴史地区へと運んでいました。

ここサン・フランシスコ・デ・キトの町は、1978年9月18日、ポーランドのクラクフと共にユネスコの世界遺産に登録された最初の町です。375haの歴史地区には130を数える記念建造物のほか、市が保存財産として登録した約5千件の不動産が立ち並んでいるのですが、日曜日の朝10時でしたから道路は極めて空いていました。ピチンチャ大通りを進み、エクアドル中央銀行の建物付近まできたとき、左手の建物群の奥にBasílica del Voto Nacional（バシリカ・デル・ヴォート・ナシオナル、国家誓約大本山）の巨大伽藍がちらりと見えました。歴史地区のほぼ最北端に位置しているネオ・ゴシック様式のこのローマ・カトリック大聖堂は、1883年から1924年にかけて作られた新しい建物です。伽藍の中央寺院は長さ140m、幅35m、高さ30m。両脇に高さ115mの尖塔を持ち、寺院内にはエクアドルの24州を象徴する24の礼拝堂があります。その尖塔を目指して走り、ヴェネズエラ通りにバイクを停め、中央寺院を背景にホセとバイクを写真に収めようとしたのですが、通りの道幅が狭いため立ったままではどうやっても尖塔の先端かバイクの車体が切れてしまいます。それで道路にあお向けに寝転びレンズの角度を上向きにして、ようやく寺院の全景と一

緒にバイクのホセを写すことができました。こんなことができたほど、交通量が少なかったのです。

さて、ここから歴史地区の南へ走ればサン・フランシスコ教会（1550年着工、1680年完成）やサント・ドミンゴ修道院（1540年から1688年）などの古い歴史建造物がたくさん見られるのですが、我々には1つ、どうしてもいきたい場所がありました。歴史地区をあとにして首都圏を北へ向かい、18km走って着いたところが、San Antonio（サン・アントニオ）。別名、"Ciudad Mitad del Mundo"（シウダッ・ミタッ・デル・ムンド、世界の真ん中の町）。1901年までLulubamba（ルルバンバ）と呼ばれていたこの土地に、1736年、シャルル・マリー・ド・ラ・コンダーヌが率いるパリ科学アカデミーの使節団が訪れて、キトゥ族やカラ族たちが遠巻きにしてうさんくさ気に見守るなかで何かの測量を始めました。測地学の分野で、当時、争われていた地球の赤道半径と極半径の長さの比較、つまり地球は極半径の方が短い扁球なのか、それとも赤道半径の方が短い長球なのかという議論に決着をつけるべく"赤道"の測定をしていたのです。測量は何箇所かで行われ、それぞれの場所にレンガと金属でできた塚が建てられたのですが、使節団が去った途端、インディオたちは塚を破壊してしまいます。1936年、エクアドルの地理学者、ルイス・トゥフィーニョがこの使節団の200年前の偉業を記念して、使節団が建てた塚の形跡があったこのサン・アントニオに10mの石碑を建てます。その石碑は1979年、サン・アントニオから7km西のCalacalí（カラカリー、S0°0'0"/W78°30'53"）に移設され、替わりに1979年から1982年にかけて、カラカリーに移された石碑をそっくり模倣した30mの高さの記念碑が建立されました。記念碑の先端には鉄とセメントでできた直径4.5m、重さ5tの地球儀が乗せ

られており、我々がきたかった場所はこの地球儀の前です。
"世界の真ん中の町"の入場口（記念碑のある敷地の入り口）にバイクを着け、入場料の大人1人2ドルを支払い、ヘルメットを収納した袋を肩にかけ、分厚いツーリング・ジャケットを腕にかかえ、モトクロス用のブーツでぎこちなく数百メートルを歩いて記念碑の前までいきました。記念碑前には、南半球を示すSの字と、北半球を示すNの字が、石碑の左右に分かれて大きく書かれています。南半球生まれのホセはSの字の前に立ち、北半球生まれの私はNの字の前に立って記念撮影。が、実際には2人とも南半球に立っていたのです。何故なら、GPSで測定した場合、記念碑のある場所は南緯0度0分07.83秒／西経78度27分21秒で、実際の赤道はこの記念碑から244m北にあるからです。20世紀に入ってGPSの技術が開発されたあとに初めて証明された事実でした。

"赤道"とは、地球の自転軸に対して90度（垂直）の角度をなして地球の表面を切断している線、のことですが、私が幼少時に抱いていた"赤道"のイメージは、1本の"細い線"ではなく、幅が何kmもあるような"太い帯"でしたから、この記念碑が立っている付近が赤道ですよ、という解釈をしても私にとっては何の矛盾も不都合もありませんでした。その赤道ゾーンにある"世界の真ん中の町"の上空はカラッと乾いて晴れ上がり、陽射しは確かにきついのですが、正午の気温が23度という凌ぎ易さは、ここが標高2,149mだからです。記念碑の周囲には、フランス測地学博物館、昆虫学博物館、絵画博物館（エクアドルの画家、オスワルド・グアジャスミーンの作品が展示されている）、太陽のパビリオン（グアジャキルとクエンカに関する情報を公開）などがあり、じっくり観てまわるにはたっぷり半日はかかります。が、重い荷物（ヘルメットとジャ

ケットのほか、ホセはバイクのガソリン・タンクの上に装着してあったバッグも持っている）を抱え、足首とすねが金属板で固定されているモトクロス用のブーツでは長く歩きまわることができません。記念碑にほど近いレストランのテラスで、冷たいフルーツのミックス・ジュースを注文して一休みしたあと、すぐまたバイクに跨ったのです。

　1時間前に走ってきた18kmの道を逆にたどってキトの最北端まで戻り、そこから東へ走ってE28号線（パン・アメリカン車道）に乗りました。ポマスキ渓谷に切り開かれた車道を登り下りしながらさらに東へ30km進み、E35号線（パン・アメリカン車道）へと乗り継いだのです。午後2時、Cayambe（カジャンベ）火山（5,790m）の西の麓の町、カジャンベ（2,830m）で給油。午後3時30分、雪のないインバブーラ火山（4,609m）の茶色い山肌をした西の裾野の都に到着。E35号線は我々を都の中央部へといざない、環状交差点を北東方向へ回っていけばコロンビアとの国境方面。我々は交差点から東へ向かい、500m進んだところにいかにも清潔そうな真っ白な建物のホテルを見つけ、気に入ってそこを今夜の宿と決めたのです。ホテルは、インバブーラ州の州都、イバラのど真ん中に位置していました。道路に面したレセプションの部分は平屋、広い敷地の奥の客室部分は2階建て、サウナもプールも付いています。しかし、ホセが何より喜んだのは、ホテル専用駐車場が完備していて、しかもバイクに割り当てられたスペースの上には、目にも鮮やかな緑色の幌がしっかりとかかっていたことです。"よかったな、お前。今晩は屋根の下で休めるぞ。"ゴム・ホースを借りてきたホセは、ブエノス・アイレスを発ってからまだ一度も洗浄していなかった我々のブッラ（めすロバ）に水をかけながら、いたわるように話しかけました。

夜。歩いて歴史地区へいきました。ペドロ・モンカージョ広場周辺に集中している教会や大聖堂の多くは、1872年以降の建築物です。1868年8月16日に、ここサン・ミゲル・デ・イバッラを襲った大地震で大部分の建物が崩壊してしまったからです。1万3千の犠牲者を出した地震のあと、すぐ再建された町の建物は、神のご加護を祈念して清浄無垢な白色で統一され、その外観からこの町を"ラ・シウダッ・ブランカ、白い町"と呼ぶこともあります。昼間、太陽の下で白く輝く建物群は、夜の闇の中では色とりどりのイルミネーションに照らされて浮かび上がります。ひときわ目を奪われたのは、バシリカ・デ・ラ・メルセッ（聖母マリアの恵みの聖堂）でした。9棟の主礼拝堂と7棟の副礼拝堂を有するこの教会は、正面礼拝堂の屋根の上に聖母マリアが両腕を広げて慈悲深くすっくと立ち、その両側にはルネッサンス様式を応用した左右対称の造りの礼拝堂が配置され、礼拝堂の円屋根は冷たく光る理性の青、屋根の下の鐘楼は篤い信仰を思わせる赤、楼閣は富と高貴を象徴するかのごとく金色に輝いていました。日が落ちてから急激に下がった外気の中に立ち尽くし、我を忘れて見とれていたのを、さあ、風邪をひくから、とホセに促されてようやくまた歩きだしたのでした。そこから3ブロックのところに、小さな白いオベリスクがありました。ブエノス・アイレスのオベリスクの1/3ほどの高さでしたが、旅先で懐かしい人物に会ったような気がして、両腕を広げてオベリスクに抱きついた私を、ホセは写真に収めようとしてデジタル・カメラのISO感度を調節するのにさんざん苦労したようです。N0°21'/W78°07'。

● 2007 年 7 月 30 日

　出発前に郵便局へいきました。昨日、"世界の真ん中の町"で 3 枚購入して記念スタンプを押してもらった絵葉書を出しに入ったのです。1 枚は日本の母へ。そして日本とアルゼンチンにいる 2 人の友人に 1 枚ずつ。今日から走るコロンビアという国に底知れぬ不安を抱いていた私は、赤道直下まで到達したことを誰かに知らせておきたかったのです。FARC（コロンビア革命軍）の活動がまだ活発な時期でした。コロンビアの大統領候補だったイングリッド・ベタンクール女史は 2002 年 2 月 23 日、FARC に拉致され行方不明になったまま 5 年半が過ぎていました。身代金目当ての旅行者誘拐も度々報道されていましたから、同じ災難が我々に降りかかないという保障はないのです。ホテル前の大通りを歴史地区方向へ走り、昨晩のオベリスクを一周して今回の長旅の無事を祈り、環状交差点からパン・アメリカン車道に乗って北を目指したのは午前 8 時半でした。

　2 時間後、カルチ州の州都、トゥルカーン（人口約 6 万）の東側を通過。そこから国境までは 7km ありました。国境に架けられているのが Puente Internacional Rumichaca（ルミチャカ国際橋）です。ルミはケチュア語で石、チャカは橋を意味しますが、その名の通りルミチャカ橋は、カルチ川渓谷の険しい岩山が川の奔流で浸食され、大穴が突き通されてできた天然の岩石の橋です。その岩石の橋（長さ約 30m）の上に、1932 年から 1936 年にかけて、エクアドルとコロンビアは 2 棟の植民地時代風の美しい税関の建物を建設しました。その後、パン・アメリカン車道の開通に伴い、1972 年、既存の税関の建物から数メートル東側に新たな税関の建物を造り、橋の長さも 70m

に延長させ荷重最大30tの2車線道路に造りなおしてパン・アメリカン車道と繋げたのです。(現在の橋は2013年11月25日、長さ71.2m、幅14.95m、荷重最大60tの3車線道路として再建されたもの。)

　そのルミチャカ橋の手前にできた長蛇の車の列の最後尾に着いた我々に、国境警備員は列の先頭へいくように配慮してくれました。エクアドルの出国手続きはごく簡単でしたが、コロンビア入国手続きに手間取りました。コロンビア税関は我々のバイクに動産担保を設定し、その抵当権を国が留保することを要求したからです。これにはホセが目を剝きました。動産担保契約書を手渡され合点がいかない顔付きでバイクの見張り番をしている私のところへ戻ってきました。アルゼンチンで産業機械の融資付き販売をした経験を持つ私は、ホセよりは動・不動産担保契約書の定款に明るく、サングラスを遠近両用メガネにかけ替え、難解な法律の文言を一字一句、時間をかけて読みました。契約書に署名してしまったら国はいくらでも難癖つけて抵当権を行使してバイクを没収することができます。が、こんなものに署名させるというのも、多分、盗難防止対策なのでしょう。バイクを盗んでも動産担保が設定してあったら売却できませんから。とにかく抵当権を国に差し入れなければバイクは入国させない、というなら署名するしかない。私の判断に従って、ホセは渋々動産担保契約書に署名したのです。抵当権設定手続きに40分が費やされ、"SOAT"というステッカーがバイクのウィンド・シールドに貼られて入国手続きが完了、パスポートに査証が押されました。

「コロンビア共和国。ルミチャカ―イピアーレス国境。入国移民30日間。2007年7月30日。11時45分23秒。パスポート番号 MZ0431886 MZ0431886 DAS（安全管理局）」

エクアドルとコロンビアの国境、ルミチャカ国際橋。

　コロンビア領に入ると、カルチ川はグアーイタラ川と呼び名が変わります。ルミチャカ国際橋の西側30km、エクアドルとコロンビアにまたがって聳え立つチーレス火山（4,748m）の山頂付近から流れてくるこの川の水は、エクアドル領をカルチ川の名前で45km流れ、コロンビア領ではグアーイタラ川として113kmの距離を、標高2,900mから400mの落差で流れ落ちてパティーア川の水と合流し、パティーア川の水が400km流れて太平洋へと注いでいるのです。コロンビア国道25号線（パン・アメリカン車道）を4km走ると、Ipiales（イピアーレス、標高2,898m、人口約11万）の街中に入りました。気のせいか道をゆく人たちの褐色の肌の色が一段と濃くなったように見えます。黒光りした肌の人もいます。顔付きは精悍で、性格はもしかしたら獰猛かもしれません。

　ところで、コロンビア国内を外国パテント車輌が通行する場合、国営の交通事故保険（人身事故をカヴァーする）に入ることが義務付けられており、このことを税関員から指摘され、イピアーレスで付保する予定でいたのです。が、ホセは私と暗黙の了解を交わして町を走り抜けてしまいました。異人種の世界が忽然と出現して、2人とも少なからず気が転倒してしまったのです。国道25線は幅の狭い片道1車線道路ですがメ

ンテナンスは良く、センター・ラインもくっきりと引かれていましたからかなりのスピードを出せました。山峡のここそこで山焼きの白煙が立ち上り、鋭角にえぐられた谷の底をのぞき込めば、はるか下方をグアーイタラ川が細く銀色の光彩を放ち国道に沿って北へ北へと延びています。午後2時45分。人口40万都市 Pasto（パスト）の南西郊外に到着。市の中核部に当たるナリーニョ広場へとバイクを進め、広場から5ブロック離れたロサリオ公園前に4階建てのモダンなホテルを見つけてチェック・インしました。ホテルは専有の駐車場を持たず、たまたま居合わせた支配人が我々のバイクを見て盗難を心配し、ホテルの増築部分の倉庫に保管する処置をとりました。事務員に指示して倉庫の鍵を渡し、事務員はホセを倉庫へ誘導するとシャッターを上げ、"早く！　誰かに見られないうちに！"と促し、ホセがバイクを駐輪させるや否や、シャッターを下ろして大きな錠前を素早くロックしたのでした。この日の走行距離はわずか215kmでしたが、その3倍も走ってきたような疲労感がありました。

　パスト（正式にはサン・フアン・デ・パスト。N01°12'36"/W77°16'29"。標高2,527m）は、コロンビア共和国32県の内、Nariño（ナリーニョ）県の県都で、近年、活発な火山活動を続けているガレーラス火山（4,276m）の東方わずか9kmに位置しています。地名はパスト族に由来し、パスト族はイピアーレスからパストにかけてグアーイタラ川渓谷の豊穣な土地に住んでいる民族です。ナリーニョ県に住む民族の中では最も数が多く、1993年の国勢調査によれば6万9,789人が農業や商業に従事していました。インカ帝国のウアイナ・カーパックがキトゥを出てグアーイタラ渓谷に進攻したとき、勇敢に戦ってはアンデス

山脈に逃げ込み、ついにはインカの戦士たちを放逐してしまった民族がいたのですが、ウアイナ・カーパックはこの部族民たちを"Past Awá"（パストゥ・アワー。さそりの民。インカの皇帝が頭を踏みつけようとしたら尻尾で刺した恐るべき民族）と呼び、それがスペイン語風に訛ってパストになったのだ、という説があります。イピアーレスの町の住人たちの風貌がことさら精悍に見えたのはこの所以だったのかもしれません。

バイクを倉庫に収納し、重いライディング・スーツとブーツを脱いでズボンとスニーカーに履き替えてすぐ、バイクに付保するため公証人役場へいきました。ホテルから役場まではほんの2ブロック。SOAT（交通事故義務保険）の保険者は1954年に創設された国営の会社で、ここパストでは公証人役場で手続きが行われていました。寒い部屋でさんざん待たされ、6万3,000コロンビア・ペソ（約35ドル）を支払い、手続きが終了して保険証書をもらって役場をでたときは、もう夕闇が濃く迫っていました。疲れきり、市内観光する気力もないまま夕食までの時間をホテルの部屋でコロンビアの地図を見ながら過ごし、その夕食も市街に繰り出すことなく、ホテルのレストランで済ませたのでした。

エクアドルの部分で狭まったアンデス山脈の幅は、コロンビアに入るとまた広くなります。両国の国境付近にまたがる群峰は、Nudo de Los Pastos（ヌード・デ・ロス・パストス、パスト族たちの結び目）と呼ばれ、そこはアンデス山脈が西山脈と中央山脈に分かれる節目に当たります。この節目部分に、西山脈系としてアスフラル火山（4,070m）、チーレス火山、クンバル火山（4,764m）が居並び、中央山脈系ではドーニャ・フアナ火山（4,250m）とガレーラス火山が高さを競っているので

す。中央山脈の北緯1度45分／西経76度30分付近には、もう1つの節目、Nudo de Almaguer（ヌード・デ・アルマゲル。アルマゲルの結び目）があり、アンデス山脈はこの部分から東山脈を分離させ、北東に走らせています。その東山脈の長さは1,200km、最大幅が517km。最高峰はリタクーバ・ブランコ5,410mで、これはコクイ国立公園にあるグイカン山が持つ18の峰の1つ。そして山脈の西側の渓谷を流れているのがマグダレーナ川です。"アルマゲルの結び目"（別名、コロンビア群峰）にあるマグダレーナ湖を水源とし、1,540km流れてカリブ海へと注いでいる川ですが、その流域にBogotá（ボゴター、コロンビアの首都。標高2,540mから3,600m）、Bucaramanga（ブカラマンガ、960m）、Cúcuta（クークタ、80mから1,600m）などの都市を育みました。

さて、コロンビアを走るアンデス山脈の3つの支脈の内、中央山脈の長さは1,023km、最大幅は449kmで、ネヴァード・デル・ウイラ（5,365m、活火山）、ネヴァード・デル・ルイス（5,321m、活火山）、ネヴァード・デル・トリマ（5,220m、有史以来火山活動なし）などの高峰の数々が位置しています。山脈の西側をカウカ川（水源は"アルマゲルの結び目"にあるブエイ湖沼。1,350km流れてマグダレーナ川に注いでいる）が、東側をマグダレーナ川が流れており、パスト、Medellín（メデジン、平均標高1,475m）、Manizales（マニサーレス、2,110m）、Pereira（ペレイラ、1,410m）などの都市が渓谷に拓けました。残る西山脈の長さは東山脈とほぼ同じですが、幅は376kmと狭く、最高峰は既述のクンバル火山。この西山脈上の北緯3度／西経76度から78度には、標高200mから4,100mの高さでそそり立つ岩壁があります。約2億年前に海の中にあった地層と海底火山群が隆起したもので、"Farallones de Cali"

（ファラジョーネス・デ・カリ、カリの海食柱群）と呼ばれる20万 6,770ha の国立公園で、園内から流れ出ている 30 以上の河川は 45 度の急斜面を流れ落ち、西山脈の東側を流れるカウカ川に注いでいます。一方、"アルマゲルの結び目"にあるソタラー火山（4,580m）から流れてくるパティーア川は、グアイータラ川の水を吸収してコロンビアで第 2 の流量（年間平均 1,291m^3／秒。参考のために利根川の流量は 237m^3／秒）の大河となり、西山脈に Hoz de Minamá（オス・デ・ミナマー、ミナマーの鎌）と呼ばれる、鎌でザックリえぐったような陥没地帯（標高 380m から 400m の山岳地帯に長さ 60km に亘ってできた深さ 1km の陥没）を形成しながら山脈を貫通して太平洋へと流出しているのです。

● 2007 年 7 月 31 日

　パストを出発してから 400km を走り、午後 4 時、"カリの海食柱群"の東側の麓の、人口 200 万都市カリ（N03°27'/W76°32'、標高 1,018m）に入ろうとした我々は、頭上の路標を見て、一瞬迷いました。国道 25 号線は町の南端で二手に分れていたからです。このまま真北へ進んで市内へ入る道と、市の西側を回り北から市内へ入る道です。いずれの道も市の北端でまた 1 つになり、さらに北の町へと続いているのですが、車の流れに乗って西側の道を進むうち、繁華街へと突入し、大渋滞に巻き込まれ、動けなくなりました。四方には商店が密集し、それも屋台のような店屋ばかりが立ち並んでいて、ホテルなどどこを見渡してもありません。コロンビア人たちが運転する小型バイクの群れは、あふれる車と人のわずかな間隙を器用にも縫うように

して進んでいくのですが、大型バイクの我々は、バイクの両脇に突出しているサイド・バッグの厚みのために小回りが利きません。5m進んでは停まり、また5m前進しては停止する、を繰り返すうちにボクサー・エンジンはどんどん過熱していきました。と、バイクの左側の足元から何かが外れて飛んだのです。"ホセ！ 何か外れた！"私が指さす方向を見て、ホセはそれがメネジの上に被せてあったプラスティック製のキャップであることを知り、上体を傾け腕を伸ばして拾おうとした瞬間、交通渋滞の真っ只中で大型バイクは華麗な転倒劇を演じ、私を路上に投げ出しました。が、これはまずいことになった、と思う間もなくどこからか手が数本伸びてきて、一瞬の内に私とバイクを助け起こしてくれたのです。"大丈夫かい？ すごくでかいバイクだね！ さっきからハラハラしながら見ていたんだ。南から入ってくればよかったんだよ。そうすればすぐ閑静な地区へいけたのに。世界一周しているのかい？ とにかく、この地区からでなければ。僕がホテルまでリードするよ。でも、すごいな、このバイク、車ほどの大きさだねえ。エンジンは何cc？"後ろから進んできた小型バイクのお兄さんが、何やら1人で興奮し、息を弾ませ立て続けにしゃべりかけてきました。悪い人ではなさそうです。ついていくことにしました。

　カリは、サンティアゴ・デ・カリとして1536年7月25日、セバスティアン・デ・ベラルカーサルが創設した都で、当時は現在のカリより35kmほど北のVijes（ヴィヘス）付近にありました。このベラルカーサルという征服者、本姓はモジャーノでしたが、スペインはコルドバ州のベラルカーサル生まれであったことから、この町の名前（アラブ語で"要塞の息子"という力強い意味）を苗字として拝借し、1498年、イタリアの探検家クリストーフォロ・コロンボ（英語ではクリスト

ファー・コロンブス）の第3回航海に参加し、初めてアメリカ大陸を踏みます。1514年、ペドロ・アリアス・ダヴィラと共にパナマへ渡ってダリエンの古都でペダリアスに従事し、1524年にニカラグア遠征、1527年にはホンジュラス遠征に参加したのち、1532年、フランシスコ・ピサッロに付き添ってペルーに現れ、サン・フランシスコ・デ・キト（1534年）、サンティアゴ・デ・カリ（1536年）、Popayán（ポパジャン、カリの125km南。1537年）など、次々とスペイン人の都を築いていき、1539年、アンデス中央山脈を進んでボゴターへと入っていくのです。ベラルカーサルがサンティアゴ・デ・カリの都を築いた付近は、カウカ渓谷に発祥したCalima（カリマ）文明が栄えていた土地でした。カリマ文明は、紀元前1600年から紀元前100年までをIlama（イラマ）文化、紀元前100年から紀元600年までをYotoco（ジョトコ）文化、そして紀元600年からスペイン人に征服されるまでの時期をSonso（ソンソ）文化と呼び分けられていますが、いずれも精巧な金細工の技術に優れていました。金の仮面、首飾りや腕飾りなどの装身具、食器、工具、ポポロと呼ばれる器などが発掘されています。ポポロは、上下2つの部分に分かれた小さな徳利型の器です。下部に少量のコカの葉を入れて保存し、フタの部分に相当する徳利の首の先端には丸いつまみが付いていて、シャーマンが儀式中、厳かに金のポポロのフタをつまんで外し、中のコカの葉を取り出して使ったと想像されます。

　これらの金細工製品は、"カリマ黄金博物館"に所蔵されており、小型バイクのお兄さんが勇んで案内してくれたホテルは、この博物館から1ブロックのところにありました。カリ大司教区のサン・ペドロ使徒聖堂や、バージェ・デル・カウカ県庁（カリはバージェ・デル・カウカ県の県都）もホテルから

4ブロックの距離にありました。それなのに、フロントの指示でバイクをホテルの御用商人入り口の通路脇にこっそりと収納したあと、早々と晩の食事をホテル近くのレストランに電話して部屋へ運んでもらって済ました我々は、結局、ホテルから一歩も出なかったのです。私の頭には、カリは特に危険な町、という情報が詰まっていました。日本商社のブエノス・アイレス店で営業の仕事をしていたとき、商売でカリへ出張しようとして差し止められたことがありました。危険だから、という理由で。また、ブエノス・アイレスに出張していらした日本の複写機のメーカーの若い技術者からは、コロンビアの輸入代理店に技術指導を施すためカリに出張したが、その指導はホテルのコンヴェンション・ルームで行った、とも聞きました。これも、ホテルから出ると危険だから、という理由で。しかも、空港への送り迎えは誘拐を危惧して武装したガードマン付きだった、そうです。私の怯えがホセにもある程度、伝染していたようですが、ホテルにチェック・インしたあと部屋からボゴターに住むアルゼンチン国籍の知人に電話を入れ、この知人から、"無事、カリに着けて良かったよ。パストからポパジャンまでが今、最も危険な地帯なんだ。"と聞いた途端、ホセの感染症状が顕著になりました。"ミドリ、君の希望通り、今晩は部屋で過ごそう。"と。

　そのパストからポパジャンまでは、谷から谷へと丘陵を上り下りしながら進む道でした。イゲローネスという村からモハッラスという町までの35kmは道の両脇に藪が迫り、路肩もなく、見晴らしの利かないカーヴが多い場所でしたが、藪の中に生い茂っていた灌木のしなった枝には、目にも鮮やかな黄色い小さな花が咲き誇っていました。あれは、多分、レタマ（学名 Retama Sphaerocarpa、マメ科レタマ属）。日本のレンギョウ

を連想させるこの花が私は大好きで、空の青、花の黄色、藪の緑、灰色の道のほかは何も視覚に入ってこない風景の中を走りながら、私はまどろみそうなほどリラックスした気分に浸っていたのです。が、交通量が途絶えていたあのとき、藪の中から"山賊"のようなものが飛び出してきて、身ぐるみ剝がされた可能性はかなり高かった、ということを改めて知らされたのでした。

● 2007年8月1日

　午前8時半。バイクをホテルの通路から引き出したホセに、守衛はコロンビアの地図を広げさせ、指で町や村を示しながらこまごまと注意を施してくれました。カウカ川の東側を走っているのが国道25号線。その25号線と平行してカウカ川の西側を走っているもう1つの国道を守衛は指差したのです。カリを出発し、Yumbo（ジュンボ）、ヴィヘス、ジョトコ、Riofrío（リオフリオ）の順に、かつてのカリマ文明が栄えた地を結びつつ北上していく国道23号線ですが、この道をゆくのがよい、と薦めてくれたのです。理由を聞くと、カリから北の国道25号線は、Eje Cafetero（エーヘ・カフェテーロ、コーヒーの車軸）と呼ばれ、コロンビア・コーヒーの栽培農場がある6県（ヴァージェ・デ・カウカ、トリマ、キンディーオ、カルダス、リサラルダ、アントキア）を繋いでいる主要道路でトラックの交通が激しく、交通事故も多いから、というのです。しかし、交通量の少ない道をいったら"山賊"に出くわす事故の危険度が高くなるのではないか、という私の心配は直ちに否定されました。危険だからこそ、国道には数十キロメー

トルごとに軍隊の詰め所があり、通過する車輛を厳しく検問しているから安全なのだ、と。

　このパラドックスを信じて、引き続きアンデス西山脈上の道を進むことにしました。守衛は、Ansermanuevo（アンセルマヌエヴォ）という町からカウカ川を渡り、10km 南東へ走って国道 25 号線に乗ることを指示しました。国道 25 号線の料金所を通過すると道が二股に分かれるから、その西側の道をいくんだよ、間違っても東側の道を進んでペレイラの町に入ってはいけないよ、とも教えてくれました。"あそここそ、カリに次いで危険な町だからね。"といって。それで、ペレイラは危険だ、ペレイラへいってはいけない、と頭に叩き込んでいた筈なのですが、いざ、その分岐点 Cerritos（セッリートス）にさしかかると、ホセは"ペレイラ"と記された道標に吸いつけられたかのごとく、スーッとその矢印の方向、つまり東へ曲がっていくのでした。何かをしてはならない、という観念に捉われたとき、却ってそのしてはならないことをしてしまう現象がしばしば起こります。スキーをしていて障害物が目に入り、あそこにはぶつかりたくない、と思ったのとは裏腹に、まっしぐらにそのぶつかりたくないものに向かって滑っていってしまった、というような経験を持つ人は結構いると思います。ホセも、入ってはいけない、と忠告されたペレイラへ向かってアンデス中央山脈をしゃにむに登っていったのでした。

　"コーヒーの車軸"は、別名"Triangulo del Café"（トリアングロ・デル・カフェ、コーヒーの三角地帯）とも呼ばれています。キンディーオ県の県都 Armenia（アルメニア、平均標高 1,483m、カリからの距離 181km）、リサラルダ県の県都ペレイラ、そしてカルダス県の県都マニサーレスを結んで三角形を成す地帯は、コロンビア・コーヒーの栽培と出荷が最も盛んな

地域だからです。このコーヒーの三角地帯とその周辺地域34万8,120haは、2011年6月25日、ユネスコの世界遺産（コーヒーの文化的景観）に登録されるのですが、我々が三角地帯に分け入ったのはその4年前。麻薬犯罪組織カリ・カルテルの支配力は既に衰退していたものの、組織とタイ・アップして政府に反抗していたいくつかの左翼系武装軍勢の活動は依然として活発でした。FARC（Fuerzas Armadas Revolucionarias de Colombia コロンビア革命武装軍勢、1964年結成）、ELN（Ejército de Liberación Nacional 国民解放軍、1964年発足）、EPL（Ejército Popular de Liberación 解放人民軍、1965年結団）など。また、右翼系武装軍勢が組織を成して台頭してきていた時期でもありました。Oficina de Envigado（オフィシーナ・デ・エンヴィガード、2006年台頭）、Los Urabeños（ロス・ウラベーニョス、2006年）、Los Rastrojos（ロス・ラストローホス、2006年）、Aguilas Negras（アギラス・ネグラス、2006年から2009年）などのグループが群雄割拠し、麻薬の違法取引、誘拐・人質による強要行為、民間人の暗殺、などが横行してコロンビア政府は取り締まりに手をやいていました。

　これらの右翼系武装団体は、もともと"パラミリターレス"と呼ばれていた非国家軍隊組織から派生したグループで、パラミリターレスは1970年代、前述の左翼系武装軍勢が展開するゲリラ活動やテロ行為に対抗するために生まれた自警団的な組織でした。国家軍隊に協力して左翼ゲリラと戦う一方、大コーヒー農園主などに雇われて農園の警備を務めるうち、1996年、AUC（Autodefensas Unidas de Colombia、コロンビア自警軍連合）が結成され、強大な武装集団へと変貌していきます。そうなると自然に麻薬密売組織（カリ・カルテルの他、カリブ海岸カルテル、カウカ渓谷北カルテルなど）とも繋がりを持つよう

になり、本来、政府に協力していた武装軍団であったのが、次第に FARC や ELN まがいの反政府軍勢となり、細分化され、互いに覇権を争うようになっていったのです。カリのホテルの守衛が、危険だからいくな、と警告したペレイラは、コーヒーの三角地帯の中心地で、同時にカウカ渓谷北カルテルのメッカでもありました。ですから、ひとたびペレイラの町を拝んだら最後、何らかの落とし前をつけなければ通過させてはもらえまい、という不安を抱え、恐る恐る町に入ったのです。が、カリと同様、ひどい交通渋滞に見舞われた以外は難なく通過することができたのは、ひとえにホセが背負っている幸運の女神のご加護に相違ありません。

ところで、世間一般にコロンビア・コーヒーといっていますが、コーヒー豆の原種はアラビカ・コーヒーの木（Caffea Arabica）で、コロンビアの他、エチオピアやメキシコ、中米から輸出されるコーヒーがこの原種です。一方、ブラジルやヴェトナム、インドネシア、ウガンダ産のコーヒー豆は、ロブスタ・コーヒー（Caffea Robusta）の木になる実から採れます。コロンビア・コーヒーという地理的表示が知的財産権として欧州連合（EU）で承認されたのはつい最近、2007 年 9 月 27 日のことなのです。コロンビアにアラビカ・コーヒーの木の種が入ってきたのは 1730 年頃だといわれていますが、誰がどのように持ち込んだのかは不明。ギニア地方で伝道していたキリスト教の宣教師がヴェネズエラを経由して持ち込んだらしい、というのが通説で、それから 1 世紀を経て 1835 年、1 袋 60kg 入りのコーヒー豆が 2,560 袋、ヴェネズエラとの国境クークタから輸出された記録が税関に残っています。そうして始まったコーヒー豆の輸出高は 20 世紀の初頭には 60 万袋（60kg 入り）に増え、こんにちではブラジルやヴェトナム、インドネシアな

どとともに世界屈指のコーヒー輸出国となったのです。

　国道25号線から外れてペレイラへいってしまった我々が走っていたのは国道29号線でした。ペレイラの55km北方、マニサーレス郊外で給油。そのあと進路を北西に取り直し、そして北へ延びている国道25号線に戻れたのはもう午後2時を回っていました。空腹に耐えてさらに40分走り、アンティオキア県の入り口、カウカ川の畔に拓けている人口5千の町 La Pintada（ラ・ピンターダ、標高600m。メデジンの南74km）にさしかかったところで、国道右手の熱帯樹林の茂みの中に、トロピカル風な作りの素敵なホテル兼レストランを見つけ、そこで小休憩することにしました。瓦屋根を組んだだけの戸外レストランのテーブルに着き、ヘルメットとサングラスを外したホセの顔といったら！　車の排気ガスに含まれるすすで、サングラスをはめていた目の周り以外はまるで墨でも塗ったよう。マニサーレスを通過した頃から気温が上がったので、ホセはヘルメットのシールドを開けて走っていたからです。

　私も開閉自在のズボンを両膝の部分で少し開き、風を通して暑さを凌いできましたから、レストランではまず、氷がたっぷり入ったグアジャバ・マンサーナ（グアバ・リンゴ、Psidium Guajava L.）のジュースを注文しました。ねっとりとした濃いピンク色の果肉が入った甘みの強いジュースです。スウェーデンの植物学者、カール・フォン・リンネにより発見されヨーロッパに紹介されたというこの果物、コロンビアにおける生産量は世界でも有数なのですが、殆どが国内消費に回されてしまうため輸出される量はわずかです。リンゴのように生のまま切って食べる他、ジュースは勿論、黒砂糖と一緒に煮て固めた深紅のお菓子 "Bocadillo"（ボカディージョ）は、日本の羊羹（羊羹よりは、はるかに甘い）のように切り分けて食べるコ

ロンビアの伝統的な甘味です。洋梨（ペーラ）を接木したグアジャバ・ペーラというのもあります。味はグアジャバ・リンゴと同じですが、果肉は淡い黄色です。巨大なガラスのコップで供されたジュースで胃袋が満ちてしまった我々は、20分後には再び北へ向けて走っていました。この付近から国道脇にバラック小屋をしつらえて果物を売っているお店が目立ち始めます。バナナやオレンジ、巨大なマンゴーなどを台の上に並べている一方で、真っ赤に熟れたサクランボのような実を鈴なりに付けたコーヒー（実の中には豆が2個ずつ入っている）の木の枝を、大きな葡萄の房状に束ねて軒下に何本も吊るしてありました。

　ほどなく国道は急な登り坂となり、そこを車やバイクが密接して一列縦隊でじりじり登っていくすぐ左側を、トラック群がこれも車間距離をとらずに数珠繋ぎになって降りてきます。センター・ラインはありません。ホセは後ろからきた小型バイクにどんどん追い越されていくのを意に介さず、後続の車がけたたましくクラクションを鳴らして急かすのにも頓着せずに、常に5-6mの車間距離をとって悠然と登っていきます。26kmを20分かけて登り、午後4時、Santa Bárbara（サンタ・バルバラ、人口2万強、標高1,800m）に入りました。茶の瓦屋根に白壁の民家が坂道の両側に軒を並べ、町は深い霧の中に沈んでいます。気温もぐんと下がってきましたが、路肩がないためバイクを停車させ装備を厚くすることができません。メデジンまでの48kmを軽装で走り続けるしかなさそうです。

　町を通過するとその先はなだらかな尾根道となり、それをItaguí（イタグイー、標高1,569m、メデジンの南8km、人口25万）付近まで下ってきたとき、前方にいきなり巨大な盆地が開けました。盆地（アブッラー渓谷）を取り巻いている丘陵

の斜面には、レンガ造りの簡易住宅が隙間なく建て込んでいます。咄嗟にボリヴィアのラ・パス（すり鉢の底の大都市）を思い出し、このまま盆地へ突入していくことに軽い恐怖を覚えました。南北に流れるメデジン川の東側を通って盆地へと進んだ道は、やがてメデジン川を間に挟んだ高速道路となったのですが、東側上り車線はイタグイーやエンヴィガード（メデジンの10km南、人口20万）などの衛星都市から入ってくる車で大渋滞を起こしています。今晩の宿を見つけるには高速から降りねばなりません。が、どこで降りてどこへいけばよいのか見当をつけあぐねていたとき、後ろからタンデムで走ってきて我々の横にバイクを着けた若い男女がありました。

"そのバイクではやたらなホテルには泊まれないよ。僕らについてきて。"若いカップルが案内してくれたところは、川の東側に拓けた都心部、ラ・カンデラリア地区でした。ボテーロ広場7,000m^2を見下ろすことができる12階建てのホテルにチェック・インして7階の部屋に通されたのは、もう薄闇が迫る午後6時20分。この日の走行距離は480km。カリから国道25号線を真っ直ぐ北上した場合より65kmも多く走っていました。

夜8時。部屋の窓からすぐ真下に見える、金色にライト・アップされた"パラシオ・デ・ラ・クルトゥーラ"（カルチャー・パレス）や、その奥に青く浮かび上がったアンティオキア博物館の美しい夜景に誘われて町にそぞろ出ました。といっても歩いたのは100m足らず。すぐホテルの並びのレストランのテラスに腰を据えてしまいましたが。私の脳裏には、コロンビア最大の麻薬犯罪組織であったメデジン・カルテルに関する情報もこびり付いていたからです。

1976年に組織され、"エル・パトロン・デル・マル"（悪の後援者）というあだなで恐れられた首領のパブロ・エスコバル

が、1993年、コロンビア警察の特捜隊に射殺されるまで、麻薬密売・殺人・テロ・誘拐など悪事の限りを尽くしたグループです。首領の死後は鳴りを潜めましたが、メデジン・カルテルを完全に葬り去ることは不可能、ともいわれてきました。1989年11月27日、アヴィアンカ航空203便の爆破テロ事件（ボゴターからカリへ向かったボーイング727-21型機に持ち込まれた爆弾が、離陸5分後にソアチャの上空1万フィートで炸裂し、乗員6名と乗客101名全員が死亡したうえ、地上にいた3人が落下物—飛行機の残骸で死亡。この便には乗っていなかったコロンビアの政治家、セーサル・ガヴィリアの殺害を図ったもの、と見られている）が起きたときは、私は単身アルゼンチンに移住してまだ1年も経ない頃でしたが、連日、TVや新聞のニュースに目が釘付けとなり、コロンビア麻薬カルテルの怖さをかなり身近に感じ取っていたのです。が、この晩、レストランのテラスに所狭しと並べられた、南国の鉢植え観葉植物の葉や枝の隙間から眺めたメデジンの盛り場の雑踏は、まばゆい光に満ち満ちて平和そのもの。メデジン産のピルスナー・ビールの大瓶を1本注文し、冷えたジョッキをチンチンと鳴らし、今日1日の走行の無事をホセの背中の幸運の女神に感謝しました。そのあとステーキを食べ、支払った金額が2万2,500コロンビア・ペソ。パストのホテルでドルを両替したときのレートが1ドル＝1,776ペソでしたから、ドルに換算すると13ドル弱。コロンビア第2の大都会のレストランにしては意外なほど安く、適度に入ったアルコールの効果も手伝い、すっかり和んだ気分でレストランをでたのでした。N06°25'23"/W75°56'69"。

● 2007年8月2日

　ホテルの朝食ビュッフェ・サーヴィスに一番乗りして驚きました。各テーブルの上にアルゼンチンの青と白の小国旗が飾られ、天井のシャンデリアもアルゼンチン国旗ですっぽり覆われていたからです。我々2人だけのためにこんな粋な計らいをする筈もなく、ホテルは8月からアルゼンチン・タンゴ・フェスティヴァルを主催していたのです。それでハタと思い出した名前がありました。カルロス・ガルデル。1912年のデビューから世界を魅了したアルゼンチンのタンゴ歌手で、1935年6月24日、メデジンの飛行場で死亡した人ですが、実は私もまだ日本に住んでいたとき、この人のファンでした。毎年6月24日、東京のどこかで上映されるガルデルの追悼映画を欠かさず観にいっていたほどでしたが、アルゼンチンに移住して日本商社の営業の仕事にどっぷり身を浸すようになってからは打ち忘れてしまっていました。

　ガルデルは、1935年の1月から2月にかけて、パラマウント映画"エル・ディア・ケ・メ・キエラス"（僕を愛してくれる日。日本では、想いの届く日、と訳されて親しまれている）と"タンゴ・バー"の撮影をニュー・ヨークで行ったあと、3

メデジンのホテルのダイニング・ルームはアルゼンチン国旗で飾られていた。

月28日、ヨットで中南米演奏ツアーにでたのでした。4月1日プエルト・リコ、4月24日ヴェネズエラ、5月23日キュラソー島、そして6月2日、Barranquilla（バッランキージャ）の港からコロンビアに上陸し、カルタヘナ・デ・インディアス、メデジン、ボゴターでの演奏会を精力的にこなし、6月23日、ボゴターのラジオ放送番組で唄ったのが最後の歌唱となりました。その番組の最後の曲目、"トモ・イ・オブリーゴ"（飲んで、そしてお前も飲め、と強要する）のやるせないメロディーを歌い出す前に、ガルデルはラジオの視聴者たちに向かって、お礼とお別れの挨拶をしたのです。

"私の最後の歌を唄う前に、コロンビアでは大きな感動を幾度も覚えたことを皆様に申し上げたいと思います。多大なご厚情をありがとうございました。子供らの微笑みの中に、ご婦人方の眼差しの中に、そしてコロンビア諸兄の善意の中に、私に対して向けられた慈愛あふれる情感を見いだします。（中略）この地に再び戻ってくるかどうかは私には分りません。何故なら、人が何かを目論んでも、神が最終的にそれを処理なさるからです。しかし、私を迎え入れてくれたこの土地がこんなにも魅力的で、そして今、また私をあたかもこの土地の本当の息子のように送り出してくれるので、私もこの土地に、さようなら、とはいえません。アディオス（さようなら）ではなく、アスタ・シエンプレ（いつまでも、永久に）といいましょう。"と。

翌6月24日、ガルデルが乗ったコロンビア・エア・サーヴィス（SACO）の飛行機、フォード社のトライモーター、5-AT-B型旅客機（機籍番号F-31）はボゴターの飛行場を飛び立ち、カリに向かい、途中、メデジンを中継しました。午後3時。メデジンのオラジャ・メッレーラ飛行場の視界は良

好。北から南へ延びた芝生の滑走路は長さ915m。その滑走路に対して南南西の風が約30度の角度で吹いていました。ビューフォート風力スケールは4から5（時速30－40km）。かなり強い風ですが、SACOの管制員は緑色の手旗を振って離陸許可を出しました。F－31は北から滑走路に入って滑走を開始。が、約450m走ったところで機体はバウンドし、滑走路の右側へ25度の角度でそれていったのです。滑走路から外れたF－31が、主翼部の主輪（2輪）を地上から90cmほど持ち上げ、尾翼部の後輪（1輪）を地上に着けたまま突進していったその先、つまり滑走路の南西側には、もう一機のトライモーター、コロンビアン・ジャーマン・エア・トランスポート・ソサイアティ（SCADTA、現アヴィアンカ航空）所有の機体が、F－31に続いて滑走路に入るべく待機していました。F－31はこれにほぼ正面から衝突し、両機は激しく炎上して17名が死亡。SCADTA機の犠牲者は乗務員が2名と乗客が5名。F－31機は乗務員2名と乗客8名。この8名の中に、カルロス・ガルデルとその楽団員たち、アルフレード・レ・ペラ（作曲・作詞家）、ギジェルモ・バルビエーリ（ギター）、アンヘル・ドミンゴ・リヴェロル（ギター。事故から2日後に死亡）、ホセ・カルパス・モレーノ（本職はボクサー。ガルデルの秘書）、アルフォンソ・アッサフ（プエルト・リコからガルデルのマッサージ師として付いてきた。舞台の照明係を兼任）が含まれていました。生存者は3名で、ギタリストのホセ・マリア・アギラルは一命を取り留めましたが、重度の火傷で容姿が醜く変貌してしまいます。ガルデルの悲劇的な最後はメデジンの歴史に刻み込まれ、その死を悼んでガルデル博物館（市内）やガルデル広場（オラジャ・メッレーラ空港の外）などが設けられていき、そして2007年からは、タンゴの本場、ブエノス・アイレ

スの向こうを張った"国際アルゼンチン・タンゴ・フェスティバル"が毎年、メデジンで開催されるようになったのです。

　朝食を終え、ライディング・スーツを着込む前にボテーロ広場を少し歩くことにしました。このままメデジンを去ってしまうのが少し惜しくなったのです。ホテルを出て、道路を渡って広場へ入り、ゴシック・リヴァイヴァル建築の荘厳なカルチャー・パレスの前まで進みました。広場には黒い巨大な彫像が点在しています。メデジン生まれの彫刻家にして画家のフェルナンド・ボテーロが寄贈した23体で、いずれも太った人物やよく肥えた動物たちが主題。その中の1つ、逞しく太った黒い肌の男性が、これも豊満な黒い肌に輝く女性の背中を足で大地へ踏み敷いている像を見てホセが気に入りました。

　"そうだよ！　女はこういう風に扱わなければいけない！　僕には絶対できないけれど。"広場の奥の、アンティオキア博物館の中にもボテーロの作品が展示されているのですが、開館は10時からで閉まっていました。この軽い散歩で満足し、ホテルへ戻って支度して、心を残すことなく出発したのは10時半。メデジンから国道62号線をたどり北西方向（ウラバ湾方向）に320km走ったところがローマス・アイスラーダスで、ここでパン・アメリカン車道は途切れます。

　その先に広がっている大密林地帯が"ダリエンの栓"ことパナマ地峡です。その320kmを走ってパナマ地峡の入り口まで極めたい気持ちは山々でしたが、我々だけでその道を走る勇気がありませんでした。高速道路に乗り町の北側へ出て、そこから流れを東西に変えたメデジン川に沿って20kmほど走ったあと、川から離れてまた北へと向かい、亜熱帯湿潤樹林が生い茂るアンデス中央山脈の山峡地帯へと入っていったのです。El Hatillo（エル・アティージョ、標高1,360m）、Donmatías（ド

ンマティアス、2,200m)、Santa Rosa de Osos（サンタ・ローサ・デ・オーソス、2,550m）。谷あいに拓けた人口2万から3万の町を繋いでいる道を、荷台に幌を被せたトラック群が連なって登っていきます。アカシア（Acacia Mangium）の植林が目立つのは、エル・アティージョの東側、Babosa（バボーサ、平均標高1,300m、人口約5万）の町にキンバリー・クラーク社が製紙工場を有しているからです。

　午後1時、Yarumal（ジャルマル、2,265m。人口4万強）を通過。繰り返し現れる曲がり坂を登っていくと霧が出て、その霧の中から掘っ立て小屋が並んだ不法住居地区が現れ、ぎょっとしました。Ventanas（ヴェンターナス）地区。これまでにもアルゼンチンやチリ、ペルーで不法住居地区を何箇所か走ってきましたが、この地区の住居はひときわ貧しい。屋根と壁を黒いビニール袋で覆って雨露を凌いでいるのです。道は、がけ崩れのため一方通行となっていました。災害現場の手前数百メートルにオレンジ色の手旗を持った交通整理の人が立ち、無線で現場と連絡を取りながら上りと下りの通行を4-5分間隔で遮断しています。我々の前を走っていたトラックがのろのろしていたため旗が降りてしまいました。この5分間の長かったこと！　道端に干された不法居住者の洗濯物が膝に触れそうな近さにあり、小屋から人が出てきて"汚したな！"とか因縁をつけられ、弁償金を要求されるのではないか、とあらぬ想像までしましたが、小屋の中を盗み見れば、存外きちんと整頓されていて鉢植えの花まで置いてあります。何かの理由で家を失い不法占拠を余儀なくされている不幸な人たち。でも、花を愛でる優しい心までは失っていない人たちだったのでしょう。

　Valdivia（ヴァルディヴィア、1,100m、人口2万）の町の西をかすめ、南西から流れてきたカウカ川を渡ってPuerto

Valdivia（ヴァルディヴィア港）に着いたのは午後2時。雨が降り出していました。道端の民宿の簡易食堂で休憩していると、上空をやかましくヘリコプターが旋回しています。"ああやって四六時中、国道を警邏しているのさ。この辺はマフィア同士の抗争が多いからね。"食堂のおじさんが尋ねもしないのに説明してくれました。そういわれてみれば、国道にも検問所が20−30kmごとに設置されていたので、やはりそれだけ危険な道なのでしょう。食事が終わる頃には雨は降り止み、ヘリコプターが地上近くを執拗に巡回する下を走り、Tarazá（タラサー、125m、人口4万）まで下ってくると、気温は33度まで上がっています。蒸し暑さを我慢してさらに60kmを走り、Caucasia（カウカシア、50m、人口11万2千）の町の南端まできて辛抱が切れました。

　バス・ターミナル近くのガソリン・スタンドで給油し、戸外のテーブルに座ってライディング・ジャケットを脱ぎ、よく冷えたミネラル・ウォーターを飲んだあとは、バイクに跨る気力が萎えたのです。ガソリン・スタンドが経営する簡易ホテルにチェック・インしたのは午後4時半。地階（日本式には1階）の部屋の窓の外にバイクを置きました。カーテンを開けておけばバイクに何か異常が起きたときすぐ気付く筈。ホテルから100mのところにレストランがありましたが、シャワーを浴びて汗と埃を流したあとでは、暑い戸外へでてまた汗をかく気になれません。ホテルの受付に頼んで、レストランからグリルしたチキン一羽とフライド・ポテトの出前を取り、クーラーの利いた部屋で手摑み（ナイフとフォークが付いてこなかった）で食べました。メデジンの北北東285km。N07°59'05"/W75°11'53"。

● 2007 年 8 月 3 日から 8 月 4 日

7 時 15 分。
　大粒の雨がパラつく中を出発。ホテルには朝食サーヴィスがなかったので、開いているレストランを捜しながらゆっくり流して走っていきました。が、まだ朝が早いせいか、どこも閉まっています。5 分間ほど走ったとき、黄色とメタリック・グレーの BMW1200 がかなりのスピードで我々を追い越していきました。コロンビア・ナンバーです。"ミドリ、あれに続こうか？"ホセは私の返事を待たずにスピードを上げました。町の北の外れで国道 25 号線が北西に進路を変えたとき、前を走っていた BMW がスピードを落とし、国道脇の藁葺き屋根の民家の空き地にバイクを停めたので、ホセも並んで駐車させました。バイクの主がメタリック・グレーのヘルメットを脱ぐと、現れたのは赤黒い肌の中年の男性。メデジンでバイクを購入して Tolú（トルー）というカリブ海沿岸の町へ帰る途中だ、といいます。
　"君たち、カルタヘナへいくなら、トルー経由でいった方が早いよ。交通量が少ないから。"そういわれて現地の人と交流するのが大好きなホセはさっそく地図を広げ、そのトルーという町を捜し始めました。男性が指差したのは Sincelejo（シンセレーホ）。そこから国道 25 号線と分かれて国道 90 号線が北西に延び、それを 35km たどると、モッロスキージョ湾に面して確かにトルーという町の名前の記載があります。そして男性は、トルーの手前 17km 地点にある Tolú Viejo（トルー・ヴィエホ）という町を再び指差し、"僕はここから西へいく。君たちはここから北へいけばカルタヘナに着ける。"というのです。

ホセはこの男性（名前はルーベン）と一緒に走りたい様子。しかし、昨晩、私は今日走るルートを既に検討し尽くしていました。国道25号線でシンセレーホまでが186km。シンセレーホから同じく国道25号線でカルタヘナ・デ・インディアスまでは173km。合計359km。この幹線ルートから離れない方が安全に決まっています。が、ホセは私の思惑など歯牙にもかけず、トルー・ヴィエホへいくことに決めたのです。仕方ない、パイロットはホセなのだから。

シンセレーホから脇道を走る覚悟を決めたとき、ルーベン氏がヘルメットを装着しながら、"ここから30分ほどいったところに食堂があるから、そこでTintico（ティンティーコ）を飲んでいこう。"といったので驚きました。"ティント"といえば、ブエノス・アイレスでは赤ワインを意味します。ティンティート（またはティンティーコ）なら、赤ワインをちょっぴり、ということですから、何、この人は朝の8時から赤ワインを飲むの?!　と思ったのです。が、ティンティーコとは、コロンビアではコーヒーを少し、という意味であることを30分後に知りました。しかしルーベン氏は、ティンティーコと一緒に大人のスリッパほどもある大きなステーキを2枚注文したのです。そしてティンティーコとして供されたコーヒーのカップの大きさは、日本の蕎麦ドンブリ。我々は朝からステーキは食べませんから、パンにバター、ミルク・コーヒーだけを頼み、食堂のおばさんから、あんたたち、小鳥ほどしか食べないんだね、と冷やかされたのです。そしてこの朝食のために走行を停止したのを皮切りに、ルーベン氏は1時間ごとに"ティンティーコ・タイム"を要求して道端の食堂でストップし、私たちも飲みたくもないコーヒーを付き合わされる羽目に落ちていったのです。

ルーベン氏は朝から大きなステーキを平らげたが、私は蕎麦ドンブリ状の器に注がれたミルク・コーヒーすら飲み干せない。

"ホセ、この調子じゃ太陽があるうちにカルタヘナへは着けないかも。"私は走りながらインターコムでホセに話しかけました。"それに、何かおかしくない？ メデジンにバイクを買い付けにいったというけど、あの人、自分が買ったバイクの値段もよく知らなかったのよ。"

そうなのです、ホセがルーベンに新品のバイクの値段を尋ねたとき、ルーベンはコロンビア・ペソで数字をいい、そして我々にドル建てではそれがいくらになるか、と逆に質問してきたのです。私が胸のポケットから計算機を取り出し換算すると"6万ドル"という数字がでてきました。その数字を伝えたとき、ルーベンはティンティーコを飲んでいたのですが、聞いた途端に"うっ！"と息を詰まらせ咳き込んでしまったのです。むせながら"そんな、コンコン、高額な、ケホッケホッ、バイクだったとは、ガホガホ、知らなかったな、ガホンガホン。"と。一方、ティンティーコを飲むために立ち寄る食堂にはどこにもルーベンの知り合いがいました。その知り合いたちにルーベンは、これからこのカップルを案内してトルーまでいくのだ、と宣伝し、お知り合いたちはルーベンの新品バイクではなく、我々の"めすロバ"を携帯電話で写真に撮って喜んでいるのです。（写真を仲間にメイルして、道中で我々を襲うつもりではないかしら。）ひとたび疑心暗鬼になった私の想像は果て

しもなく広がっていきました。

　ところで、ルーベン氏がいった通り、国道25号線を外れた途端、交通量は極端に減り、替わりに検問所の数が多くなりました。数km間隔で検問され、空にはヘリコプターが旋回し、それがときにはパイロットの顔を確認できるほどの低空・低速で我々のあとを追ってきます。道の両側には木々の手入れがよく行き届いた大農園が続いており、私の頭に"コロンビア・コネクション"という言葉が、ふと浮び上がりました。この脇道は、麻薬をカリブ海に運ぶ道なのではないのか、とも。そして道の両側に見えている裕福そうな農園は、麻薬取引で大金持ちになったどこかのマフィアのボスが所有するものではないのかしら、と。が、もうここまできてしまったらルーベンに付いていくしかありません。

　国道90号線がトルー・ヴィエホの町の南端に着いたとき、ルーベンは、町を案内する、といってどんどん町中へ我々を誘導し、目抜き通りらしい道を南から北へと走っていきました。貧しそうな町です。筋骨が逞しい浅黒い肌の男たちが大勢歩いていて、皆、ルーベンに挨拶していきます。町の北端（南端から15ブロックほど）まできてルーベンは、アスファルト道路から少しはずれた窪地にポツンと建った小さな食堂を指差し、あそこで最後にコカ・コーラでも飲んでいこう、といったのです。指差された方向を見れば、食堂までの道は土の道。少し前に雨が降ったらしく、かなりぬかっています。"ホセ、私、もう何も飲みたくない。それに私、バイクから降りたくない。"といったのですが、ホセはここで背中を見せてはアルゼンチンの男がすたるとでも思ったのか、短いスロープをそろそろと降りていき、食堂の前でUターンしてバイクの鼻面をスロープに向け、何かあればすぐ坂を駆け登れるようにして駐車させた

のです。仕方なく私はバイクを降り、コカ・コーラを注文しました。しかしコーラを飲もうといったルーベンは、今度は何も注文しません。しかも妙なことを尋ね始めたのです。

"君たち、お金はどうしているのかい？" "お金って、キャッシュのこと？　キャッシュなんか持って旅行する馬鹿いないよ。盗まれたらそれっきりじゃないか。小銭以外は全部クレジット・カードだよ。"

ホセは即座に答えましたが、実は、体のあちこちに高額の現金を隠し持って走っていたことは前に書いた通りです。と、お客は我々以外には誰もいなかった食堂に、男が1人、自転車でやってきて我々の横のテーブルに座りました。するとまた1人、男が歩いてやってきて我々の後ろのテーブルに着いたのです。私がパニックになりかけたとき、3人のオレンジ色のウィンド・ブレーカーのチョッキを着用した男たちがスロープを降りてきました。我々のテーブルに近づくと、パラミリターレスだが我々に協力して欲しい、というのです。パラミリターレス！　何を以て協力せよ、というのか。お金が欲しいのか。ホセと対応に困り果てていたとき、コロンビア陸軍の軍人が2台のバイクで通りかかり、我々のバイクを車道から認めて停まりました。陸軍のバイクはタンデム乗りで、後部座席の軍人は機関銃を肩にかけています。そうして4人の軍人が我々の様子を遠くから見守るうち、ルーベンを残してあとからやってきた2人の男たちは立ち去りました。ここでホセのやせ我慢も限界となったのか、ミドリ、いくよ！　と一声かけるやバイクに飛び乗り発車させたのです。しかし、泥にタイヤをとられ右側に転倒。パラミリターレスだと名乗った男たち3人がホセに手を貸しバイクを引き起こすと、ホセはお礼もいわずにまたバイクに飛び乗り走らせようとしたのです。が、タイヤが

泥の中で空回りしただけで、今度は左側に転倒。ここでルーベンも立ってきて男 5 人でバイクを引き起こし、ホセは今度は何とかバイクを発車させることができてスロープを登ってきました。私はホセから、いくよ！ と声をかけられるや否や、走るようにしてスロープを登り（モトクロス用ブーツでは走れない）車道からホセの転倒劇をハラハラと見物していましたから、ホセがバイクを車道につけると同時に、これも飛び乗るようにして跨りました。あとは後ろも見ずに走り、"カルタヘナまで 114km" と書かれた標識を見たときは、張り詰めていた緊張が溶け、どっと汗が噴きだしました。あれは、一体、何だったのだろうか、と、その後、何度もあのときの光景を思い出しては考えてみるのです。ルーベンは、偶然、我々の後ろから走ってきたように見せかけ、実は、我々をトルー・ヴィエホのあの窪地の食堂へ誘いこみ、仲間たちと我々を襲うつもりで BMW バイクを仕立てて走ってきたのかも知れない。だとしたら、前の晩、ガソリン・スタンド脇のホテルの窓の下に停めてあった我々のバイク（車道から見える）を認めて計画し、我々が出発するのを見計らって走ってきたのでしょうか。それが、肝心の場面でパラミリターレスが出現し、さらに陸軍のパトロール隊まで現れて未遂に終わってしまった。

　この私の憶測は、多分、正しいと思います。とにかく、カルタヘナまでの 114km を 2 人ともほとんど無言で走りました。頭の中ではたった数分前、十数分前、数十分前に起きた危機場面が繰り返し展開していて、周囲の景色は目に映らず、午後 4 時、カルタヘナに近づくまで国道 90 号線には車 1 台・犬 1 匹通らず、鳥すらも飛んでいなかったような記憶があるのですが、実際には、そこへ至るまでには町も村も幾つか通過していたようです。カルタヘナの南端で国道 90 号線を降り、海岸

沿いの道を走って El Bosque（エル・ボスケ）地区へと進みました。Bahía Cartagena（カルタヘナ入り江）と Ciénaga de Las Quintas（シエーナガ・デ・ラス・キンタス、ラス・キンタス沼地）の間に架けられているのが Puente Barzuto（バルスート橋）。沼地から漂ってくるのか、悪臭（鮮度の悪い魚のような臭い）がします。橋を渡り、Isla de Manga（マンガ島）に入ると、カルタヘナ入り江の中でも町に最も接近している部分、Bahías de Las Ánimas（ラス・アニマス入り江）に面してかの有名なカルタヘナの城壁が堅固に連なっているのが見えてきます。心が躍りました。トルー・ヴィエホ以来、澱のように淀んでいた不愉快な気分が瞬時にして吹き飛び、喜びが口を衝いてでました。

"ホセさーん！ ここまで走ってきてくれて、どうもありがとう！""ミドリさん、僕も同じことをいわせてもらうよ。ここまでよく我慢して僕の後ろに黙って座ってきてくれたね、ありがとう！" われわれが道の左手に見ていたのは、サン・セバスティアン・デル・パステリージョ砦の城壁でした。

カルタヘナ・デ・インディアス。1533年6月1日、スペインはマドリッド生まれの征服者、ペドロ・デ・エレディアが Isla de Calamarí（カラマリー島）の先住民、カラマリー族を追いやって北緯10度26分／西経75度33分に築いた都ですが、カリブ海の長い海岸線の中で、特にこの場所が選ばれたのには理由がありました。水深が浅く、暗礁や岩場に満ちていて、そこへかなりの高波が打ち寄せているため、敵国（フランスやイギリス）の艦隊が容易に侵入できず、正面から大砲の攻撃を受けることはまずありません。敵国が侵入しようとするならボートに分乗して上陸を図るしかなく、この場合、浜辺に築いた砦

の上から大砲で狙い打ちできるという利点もありました。地図で見ると、カラマリー島は幾筋もの水道（または水路）と沼地で囲まれています。Isla de Getsemaní（ヘツェマニー島）とはサン・アナスタシオ水路で隔てられ、Ciénaga de Tasca（タスカ沼地）とはオルカード水路で分かたれています。ヘツェマニー島とコロンビア本土との間を流れているのはグラシア水路で、この水路によってマンガ島も南米大陸と隔絶されています。グラシア水路は大陸上にある Cerro de San Lázaro（サン・ラーサロ丘陵、標高 40m）の麓へと流れていて、このサン・ラーサロ丘陵が、大陸からヘツェマニー島へ、そしてヘツェマニー島からカラマリー島へ渡る唯一のアクセスでした。

　カルタヘナの入り江が発見されたのは 1506 年（発見者はセヴィリア生まれの征服者、ロドリーゴ・デ・バスティーダス）でしたが、カラマリー族が激しく抵抗したため、都造りに着手するまでには大分、時間がかかります。入り江の長さは約 18km、幅約 7km。カリブ海に面した大きな 2 つの島、北のティエッラ・ボンバ島と南のバルー島によってカリブ海から閉ざされていて、その地形はスペインのカルタヘナに似ていました。入り江には 2 か所だけ、カリブ海に向かって口を開けている部分があり、北側の開口部は Bocagrande（ボカグランデ、大口）、南側は Bocachica（ボカチーカ、小口）と呼ばれるようになります。ボカチーカは水深が 1m ほどしかなかったため、スペインのガレオン船は専らボカグランデを利用してカリブ海から内海、つまりカルタヘナ入り江の奥へと入っていき、ラス・アニマス入り江（霊魂たちの入り江）に築造した港で荷物の積み下ろしをしたのです。しかし、スペインの船が入ってこれるということは、この航路で敵国の船も入ってこれるということで、港と都を守るためには当然、砦を築かねばなりません

が、この作業は大幅に遅れました。

　1566年、マンガ島に最初の砦、エル・ボケロン（1743年に改修され、以後、サン・セバスティアン・デル・パステリージョと呼ばれている）が築かれ、翌1567年、カラマリー島のPunta Icacos（プンタ・イカコス、イカコス岬。現エル・ラギート地区）に小さなサン・マティアス砦（1602年に改修）が設置されたのみ。この無防備さに目を付けたのがイギリスの私掠船船長、フランシス・ドレイク（当時43歳）です。1586年2月、20艘の艦隊に千を数える乗組員を分乗させ接近、沖合いで二手に分かれ、分隊400名はボカグランデから侵入、夜の闇に紛れてボカグランデ水道を伝い、カルタヘナ入り江の奥へと航行してマンガ島の西側へ艦隊を進めていきます。一方、本隊600名は夜明けと共にイカコス岬の北からいきなり上陸し、そこからわずか1km北にある都を目指して進んでいったのです。

　これを迎え討つのはペドロ・フェルナンデス・ブスト（65歳）。軍人ではなく、民間人上がりのカルタヘナの長官ですが、ボケロン砦の守りをペドロ・メヒーアスに、ガレオン船（2艘が霊魂たちの入り江に停泊していた）の指揮をペドロ・ヴィッ

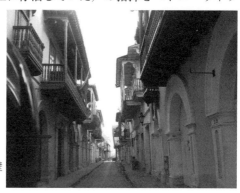

古都カルタヘナの城壁の中。

クに委ねると、自分はいち早く 10km 南東の Turbaco（トゥルバーコ、1510 年 12 月 8 日、海抜 200m の土地に築かれた町）へ逃げてしまいます。ボケロン砦には守備隊員が 37 名、アーキバス銃隊 30 名（アーキバス銃はマスカット銃の前身）、それと弓矢で武装した先住民、黒人奴隷が配置されていただけだったのですが、艦隊が霊魂たちの入り江を目指して航行し、いざそのボケロン砦付近までやってくると、無数の樽が鎖で繋がれ水に浮いていて航行を阻んだのです。動きが取れないイギリスのガレオン船隊にペドロ・メヒーアスは果敢に攻撃をしかけました。が、多勢に無勢、次第に疲労していきます。味方の戦況不利を悟ったペドロ・ヴィックはスペイン軍のガレオン船 2 艘に火をつけ、敵が利用できないようにしてから逃げました。一方、陸を進んだ本隊は都の西側から侵入。スペイン軍はのちにこのときの侵入口に堅固なサント・ドミンゴ城塞を築くのですが、とにかく、当時はここには塹壕しかなく、簡単に突破されてしまいます。この時点ではもうスペイン軍のほとんどが都の守備を放棄して逃げ去っていました。が、中将アールヴァロ・デ・メンドーサ（80 歳）はマルティン・ポーロ大尉と共に勇敢に防戦して重傷を負います。戦闘の結果は、当然、圧倒的な武力の差でドレイクが勝利するのですが、スペイン軍側の死亡者が 8 名という寡数に対し、ドレイク側の死者は 150 名にも上ったというのは、少数でもいかにスペイン軍が戦い慣れていて、また逃げ上手でもあった、という証拠です。ドレイクは 2 月 19 日から 4 月 24 日までカルタヘナ入り江に滞在したあと、ここをイギリスの植民地にすることもなく去っていきます。勿論、スペイン人たちの蓄財を全て掠奪し、都を崩壊していきました。

　この苦い経験からスペイン国王フェリペ 2 世（カルロス 1

世の息子) は、カルタヘナ・デ・インディアスの防御施設を充実させることを決意し、その仕事を陸軍将官フアン・デ・テハーダとイタリア人技師バウティスタ・アントネッリに命じます。そうして新たにサンタンヘル砦 (ティエッラ・ボンバ島の北端)、カスティージョ・グランデ砦 (カラマリー島の南端、フディオ岬)、マンガ砦 (マンガ島ボケロン砦の南)、サン・フアン・デ・マンサニージョ砦 (本土のマンサニージョ半島の先端)、そしてサン・フェリペ・デ・バラハス城塞 (本土のサン・ラーサル丘陵の頂上) が築かれていきました。将来、ボカグランデから入り江に侵入し、水道と水路を航行して都に迫るであろう敵国の艦隊を、都合7つの砦から迎え撃てるように設計したのです。砦の建造と並行してカラマリー島の都の周囲に城壁を張り巡らせ、ところどころに要塞を築いて砲台を設置していきます。こうして造られていったのがサンタ・クララ、サンタ・カタリーナ、サン・ルーカス、サン・ペドロ・マールティル、サン・フアン、サン・イグナシオ、サン・フランシスコ・ハヴィエル、サンティアゴ、サント・ドミンゴ、サンタ・クルスの要塞群です。同様に、ヘツェマニー島をも城壁で囲み、サン・ミゲル・デ・チャンバクー、サンタ・テレサ、サンタ・バルバラ、サン・ホセ、エル・レドゥクト、バラオーナ要塞を築きました。これで、前述7つの砦からの攻撃を突破して進んできた敵国艦隊も、島の要塞の砲台から再度、攻撃されることになります。これら多数の砦・城塞・要塞の建築作業には100年以上もの歳月を要し、カルタヘナの都とヘツェマニー島が完全に城壁で囲まれたのは1798年のことでした。

サン・セバスティアン・デル・パステリージョ砦の城壁を見ながらマンガ島を走り抜けた我々は、Puente Román (ロマン橋)

の上を走ってヘツェマニー島へと入っていきました。橋を渡りきったところで左手に見えてくるのが、島の南端の角地に築かれた El Reducto（エル・レドゥクト）要塞（1631 年築）と城壁です。ところで "Getsemaní" というスペイン語らしからぬこの島の名前は、新約聖書の福音書にある "ゲッセマネ"（エルサレムのオリーヴ山の麓の地名。アラム語で "オリーヴの搾油" という意味）に由来して付けられたのだそうですが、ヘツェマニー島の道路脇にはパーム油を搾取するアブラヤシの木は生えていても、オリーヴの木は見られません。

　島の北西へ進むと、城壁の上には高さ 30m ほどの黄色い時計塔が見えてきます。Plaza de la Paz（プラーサ・デ・ラ・パス、平和の広場）と Plaza de los Coches（プラーサ・デ・ロス・コーチェス、車輛の広場）の間にある Torre del Reloj（トッレ・デル・レローホ、時計の塔）です。この時計塔の下にあるゲートが、城壁に囲まれた古都カルタヘナ・デ・インディアスへ入る正門なのですが、1601 年にその建築が開始された当時は、Puerta del Puente（プエルタ・デル・プエンテ、橋の扉）と呼ばれていました。ゲートは、サン・アナスタシオ水路の上に架けられた木製の陸橋、つまり、ヘツェマニー島からカラマリー島へ渡る橋の先にあったからです。1631 年に完成したこのゲートは、1697 年、フランスの私掠船の大砲攻撃で部分的に損壊し、1704 年、その修復に当たったフアン・デ・エッレーラ・イ・ソトマジョールがゲートの正面にバロック調の装飾を施し、1874 年に米国から取り寄せた時計が取り付けられたのです。そして 1937 年、スイスから輸入した時計に付け替えられたのが、現在、我々が見ることができる時計塔なのですが、その時計塔を目指して平和の広場へ進みかけたところで、警官が我々に停止するように合図を送ってきました。"毎週第 1 金曜

日はノー・バイク・デーだから、歴史地区へはバイクでは入れんよ。"（！）"それはいいことだけど、でも、僕らのようにバイクで到着した外国人旅行者には例外を認めるべきだよ。これからホテルを捜そうというのに、だったらどこへいったらいいんだい？""ふん、君の言い分に一理あることは認める。だが、歴史地区は交通渋滞が激しいから、ボカグランデ地区へいきなさい。ホテルがたくさんあるから。"

　警察官が地図を示したところは、カラマリー島の南端に大きなＬの字を描いてカルタヘナ入り江に突き出しているボカグランデ半島の付け根の部分でした。ボカグランデ半島は３つの地区に分かれています。Ｌの字の縦辺の部分がボカグランデ地区、横辺の部分がカスティージョ・グランデ地区、そして縦辺と横辺の接点部分からもう１つの小さな半島が伸びだし馬蹄形をなして小さな湖（エル・ラギート）を囲んでいる部分がエル・ラギート地区です。警察官の指図に従いヴェネズエラ大通りを走ってボカグランデ地区へと向かった途端、どしゃぶりの雨に見舞われました。滝のような大雨、スコールです。雨水が川となって通りを流れていく中では走れず、小さなホテルの車寄せにバイクの鼻面を突っ込みスコールが止むのを待つこと５分、大雨はうそのようにピタッと止みました。そこで再び、発車。ヴェネズエラ大通りは途中で何回か名前を変えながら半島を南下し、通りの左手には警官の言葉通り高層ホテルが林立しているのですが、さすがはコロンビア有数の海岸通りに面したホテル群であるだけにいずれも料金が高い。

　"ミドリ、上限、いくらまでなら払ってもいいのかな？"旅費を管理している私にホセが訊きました。"100ドル！　それ以上はダメ！"まだ先が長い旅ですからホテル代は極力節約せねばならず、ホセはバイクを乗り降りしながら３−４軒あたるう

ち、カスティージョ・グランデ地区との境まできて、ようやく予算内16万コロンビア・ペソ(90ドル相当)のホテルにいき当たり、ずぶ濡れになった装備を解くことができたのです。やれやれ。

翌8月4日は我々の休息日。寝坊し、ホテル中庭のレストランで時間をかけて朝食を楽しみ、私が母と友人たちに葉書きをしたためる傍らで、ホセはビーチ・サンダルに海水パンツの出で立ちで、めすロバにホースで水をかけ泥と埃を洗浄しました。午後からはサイト・シーイング。観光バスに揺られて半島を北上し、時計塔を左手に見ながらカラマリー島からヘツェマニー島へと移動しました。昨日走ってきたルートを逆にたどったわけですが、このあとバスは島を西から東へ横断し、グラシア水路の上に架けられた Puente de Heredia(エレディア橋)の上を走って大陸(コロンビア本土)へと渡り、サン・ラーサロ丘陵の麓で我々を降ろしたのです。標高40mの丘陵の上では、土地の起伏を利用して築かれた複雑な形をした砦が、我々を威圧的に見下ろしていました。

　カスティージョ・デ・サン・フェリペ・デ・バラハス砦。1647年9月20日、当時のスペイン国王フェリペ4世がこの丘陵に城塞を築く命令を発し、オランダ人技師リカルド・カールが設計した三角形ボンネット状の砦(大砲15門を装備)が1657年までに築かれます。サン・ラーサル砦と呼ばれたこの砦は1697年、フランス私掠船の攻撃を受け損傷。その修復と強化を手がけたのが、スペイン陸軍城塞建築技師フアン・デ・ヘッレーラ・イ・ソトマジョールでした。1724年から作業に入り、1739年には砦の北に大砲6門を備えたホーンワークス(角型の稜堡)を造り、フェリペ4世を讃えてサン・フェリペ・デ・バラハス城と改名したのです。その直後、カリブ

海の覇権を巡ってスペインとイギリスが戦争を開始。1739年11月、スペイン領パナマの港町ポルトベーロがイギリスに占領され、1741年3月13日にはイギリス海軍提督エドワード・ヴァーノンが率いる大艦隊186隻がカルタヘナ・デ・インディアスの沖合いに迫りました。ヴァーノン提督は、まず、ボカチーカのサン・ルイス砦（1646年、ティエッラ・ボンバ島の南端に築かれた）を16日間、大砲攻撃してスペイン軍を撤退させます。防御の指揮を執るのはスペイン海軍中将のブラス・デ・レーソ。過去の歴戦で既に左目・右腕・左足を失っているため"メディオ・オンブレ"（半人間）という異名を持つこの勇者は、イギリス海軍のサン・ルイス砦への攻撃状況から察して、ボカグランデの防備もほどなく突破されることを予測し、ボカグランデ水道に船6艘を沈めて艦隊の航行を遅らせる処置を取ったあと、戦力をサン・フェリペ・デ・バラハス城の砦に集中させました。

　カルタヘナ入り江への侵入に成功したヴァーノン提督は本国に早々と"勝利"の知らせを送り、勢いに乗ってサン・フェリペ・デ・バラハス城の占領を図ります。海から大砲で凄まじい攻撃を加えながら上陸して砦を包囲したところまでは作戦通りに運びましたが、包囲するために分け入った密林で予定外の損害が発生します。マラリア疫に冒され倒れる兵士が続出したのです。それでも砦内への突入を試みたのですが、城は小高い丘の上にあり、そこまでいくには細い1本の坂道をジグザグに登っていかねばならず、城からは格好の狙い撃ちの的となります。運よく入り口までたどり着けた者も、そこで待ち構えていたスペイン軍の白刃の餌食となりました。こうしてたちまち1,500人の戦闘員を失った提督は作戦を変更、梯子を拵え城壁を突破する算段をつけるのです。

1741年4月19日深夜、密かに行軍して何とか城壁まで接近したのですが、壁の周囲には塹壕が掘りめぐらされていてその分だけ梯子の長さが足らなかったと知ったとき、城壁の上からスペイン軍の火器が一斉に火を噴きました。翌20日、朝日が城壁の周囲に累々と重なるイギリス軍側の死体を照らし出し、提督は作戦の失敗を認めざるを得ません。しかし、本国には既に"勝利した"という報告を送ってしまっている以上、簡単には引き上げられず、海からの攻撃を執拗に続けます。砦の砲台からも盛んに応戦するうち、イギリス本国から召還命令が届いて5月20日、艦隊はカルタヘナ入り江を出ていくのですが、総勢2万3,600名だった乗組員のうち、戦闘で死亡した者が3,500名、マラリアによる死者2,500名、負傷して動けない者は7,500名を数え、船を航行させる乗組員が不足したため、その引き上げに際しては船を何艘か焼却処分せねばなりませんでした。こうして"半人間"の体で砦を守り、カルタヘナの都が陥落するのを防いだレーソでしたが、その年の9月7日、長年の闘いに疲れ果てたかのごとくカルタヘナの都で54歳の生涯を閉じます。その遺体はどこにどのように埋葬されたのか、判っていません。

　イギリス艦隊との戦いではスペイン軍側にも甚大な損害が発生していました。死者800名、負傷者1,200名、軍船6隻を失い、5つの砦と砲台3基が崩壊され、持ち堪えられる極限まで持ち堪えていたため、都の経済も人心も疲弊し切っていて、レーソ海軍中将の功績にふさわしい埋葬ができなかったのでしょう。その償いのように、左手で剣を高々と掲げ、義足の左足を地に力強く踏ん張り、不退転の決意で城塞を守ろうとした中将のブロンズ像が城の前に建てられています。その肖像の前を通り、細いスロープをジグザグに登っていきました。我々が

見学した城跡は、1762年から1769年にかけて、スペイン軍築城技師アントニオ・デ・アレーヴァロの設計で大いに強化された砦跡です。砦の南側にはサン・ラーサロ砲台（大砲5門）を、北東にはサンタ・バルバラ砲台（7砲）が、北側にはサン・カルロスとロス・アポーストレス砲台（合わせて13砲）、北西側にはラ・クルス砲台（8砲）、ラ・クルス砲台とサンタ・バルバラ砲台の間にはレデンシオン砲台（11砲）を新たに配置したのです。角型稜堡も更に大きく作り替えられ、そこにはかつては赤・黄・赤のスペイン国旗が翻っていたのでしょうが、こんにちではここに黄・青・赤のコロンビア共和国の巨大な3色旗がはためいています。

　城塞をあとにした観光バスは、城の北側からカラマリー島へと延びている国道90号線に乗り、西に走って再び時計の塔へと我々を運びました。昨日はバイクで乗り着けたために門前払いを食らった時計塔下の正門ゲート（ゲートは3つのアーチで造られている）から、今日は堂々と都入りです。都の周囲に築かれた城壁の長さは約4km。アーチの下をくぐって城壁の中へ進むとすぐ広がっているのが"車輛の広場"ですが、スペインの支配下にあった時代、ここは"奴隷たちの玄関"と呼ばれていた時期がありました。不幸にしてアフリカから連れてこられた黒人たちの売買がここで行われ、買主に奴隷として受け渡された場所だったからです。その後、商人たちの広場、と名前を変え、現在の名称で呼ばれるようになったのは20世紀初頭に車ブームが起こって広場が駐車場と化してからです。広場へ入ると右手側に都の創始者、ペドロ・デ・エレディアの立像があり、正面には真紅・黄色・空色・オレンジ色に塗り分けられた建物が並んでいて目を奪われました。鮮やかな色の建物群の地階には回廊があり、そこで売られているのが、コロンビア

の多種多様な伝統甘味です。商人たちの広場、と呼ばれた由縁は、これらの甘味や果物を売る商人たちで溢れていたからでしょう。黄色い木綿の裾広がりのドレスを着て、共布のターバンを巻いた頭に果物籠を載せた、とてつもなく大きな体躯の黒人女性がゆったりと歩いてきて、私の隣まできて立ち止まりました。ホセがすかさずカメラのシャッターを切ると、女性は黒い顔の中から真っ白な歯をずらりと覗かせ、にっこり笑ってホセに片手を差し伸べるのです。（あっ、そうか！）彼女はこうして観光客に写真を撮らせてはチップを要求する商売をしているのでした。多額のチップをはずんでもらって満足した彼女、今度は頭上の果物を買ってくれ、と籠を下ろし、ホセも気前良く小ぶりのリンゴ5個を選んで購入すると、"やさしいあなたに神の恵みがありますように！"とホセを祝福してゆっくりと去っていきました。

　都の中心部（西側）に向かって300mほど歩くと、サント・ドミンゴ広場に着きます。広場の一角にあるのがサント・ドミンゴ教会。この教会は、1533年6月1日に都が創設されるとほぼ同時に、藁と土でできた粗末なものが"奴隷たちの玄関"近くに建てられたのですが、熱帯の太陽と雨ですぐ朽ちてしまいます。それで、1578年から新たな教会を現在の場所に建て始めたのですが、絶えず敵国に狙われその攻撃で破壊される砦の修復作業に追われた都は慢性の資金不足、1630年になってようやく聖堂部分を建て終わり、ほぼ現在の姿の建物になるには、なお100年以上もの年月を要しました。黄色い壁の教会の前には、台座に横たわった豊満な黒人女性の彫像がありました。フェルナンド・ボテーロが2000年に寄贈した"ラ・ゴルダ・ヘルトゥルーディス"（太ったヘルトゥルーディス、650kg）で、この女性の盛り上がったお尻をなでれば幸運が転

がり込み、その巨大な乳房に触れれば現在の伴侶とのロマンスが長く続く、と地元の人たちからは無心に信じられているので、私も腰と胸をすらりと触っておきましたが、ご利益があったのかどうか。

　広場からさらに西に約150m歩くと、サント・ドミンゴ要塞にいき当たります。この要塞の主砲台は矢じりの先のような形状をしていて、2方向に大砲を撃てるように設計されていました。要塞の壁の中ほどにはところどころに四角い開口部があり、そこからどんより曇った灰色の空を映した灰色のカリブ海の水面が、小さく四角く切り取られて幾つも見えました。

　夜。ホテルのフロントでタクシーを呼んでもらい、再びサント・ドミンゴ広場へでかけました。広場は、広場周辺のレストランやバーが並べたテーブルや椅子で埋め尽くされ、観光客でごった返しています。広場の隅で、見事に引き締まった黒光りする体躯を激しいリズムに躍動させ、若い男女のダンサーが狂った黒豹のように野生的な踊りを体現しています。テーブルの1つを占めた我々はビールと大きなピッツァを注文し、カリブ海の暑い長い土曜日の夜を心ゆくまで楽しんだのでした。

● 2007年8月5日

　ホテルをチェック・アウトして午前7時30分、曇り空の下を再び古都カルタヘナへと走りました。高さ10m、厚み8mほどの城壁をアーチ型にくり抜いた、正門ではない門の1つから寝静まっている町に"侵入"すると、車1台がやっと通れる狭い道の両側には、黄色や白、青や桃色に塗られた2階建てバルコニー付きの美しい家屋の壁が迫っています。十数ブ

サント・ドミンゴ広場、太ったヘルトゥルーディスの前で。

ロックを走ってサント・ドミンゴ広場へいきました。広場には昨晩の喧騒の跡形もありません。教会の前にバイクを停めました。相変わらず全裸で物憂げに横たわっている黒い"太ったヘルトゥルーディス"おばさんを独占して記念撮影。早起きした者の特典です。昨日は観光客に囲まれていて写真も撮れなかったから。広場から4ブロック走り、カリブ海に面したサンタンデール大通りで再びバイクを停め、サント・ドミンゴ要塞を背景にしてもう1枚の記念撮影。これでもう思い残すこともなく、古都をあとにすることができました。

　サンタンデール大通りはほどなく国道90号線に連結し、タスカ沼地を右手に見ながらカルタヘナの北端、La Boquilla（ラ・ボキージャ）地区を走り抜け、コロンビア第4の大都市、Barranquilla（バッランキージャ）へと向かったのです。空はますます暗く重くなり、いつスコールに見舞われてもおかしくない様相を帯びていました。それでも降られることなく120kmを走って午前10時、マグダレーナ川の河口から7.5km南にある、川の西側の岸辺に広がる人口120万のバッランキージャに到着。市街地を北西から南東へ縦断してマグダレーナ川河口から20kmのところに架けられたラウレアーノ・ゴメス橋（通称プマレーホ橋、1,489m）を渡って Isla de Salamanca（サラマ

ンカ島）へと進みました。

　サラマンカ島はカリブ海とマグダレーナ川、そしてサンタ・マルタ大沼地とで囲まれた562km^{2}の島です。島の形状は西側から東側へ水飴を引っ張って糸状に伸ばしたように細く長く、国道90号線はその糸飴の上を20kmほど走って次の町 Ciénaga（シエーナガ、人口約10万）へと繋がっているのですが、この細長い陸地の南側にあるのがサンタ・マルタ大沼地です。沼地には水の中に浮かぶわずかな土地が幾つもあり、その土地の上にトタン屋根を被せた簡素な造りの平屋住宅が十数戸、あるいは数十戸と軒を並べて集落を作っているのには驚かされます。電柱が立っているので勿論、不法占拠住宅ではなく、しかし、ハリケーンでもやってきたら打ち寄せる大波で瞬時にして水没してしまいそうな頼りなさです。サンタ・マルタ大沼地は730km^{2}の塩水湖ですから、国道脇にわずかに地盤を覗かせているのは塩分を含んだ白っぽい砂地で、そこに高さ1mほどの低いサボテンが柵のように1列に生えて続いていました。島の東端から短い橋を渡って大陸に入り、10時40分、シエーナガに到着。町なかをのんびり走っているのが、客席を紺色の幌で覆った三輪車（自転車の前輪に後輪2輪を接続したもの）タクシーです。道端にも客待ちのこのタクシーがずらりと列をなしています。ところで国道90号線はシエーナガに入ってから海岸から離れ、町を西から東に横断して走ってから北へ延びているのですが、まずはその東側に向かって走り始めると同時に、道の前方には幾重にも連なる緑の山塊が見えてきました。サンタ・マルタ雪嶺山脈の西側の裾野の山々です。

　コロンビア・アンデス東山脈は、ブカラマンガ（N7°7'7"/W73°6'58"、ボゴターの北384km、人口約52万）の北方、ヴェネズエラとの国境近くで分離して2つのかいなを伸ばしています。

その右腕はヴェネズエラの西側の部分を占めている 5 州（ターツィラ、アプーレ、メリダ、トゥルヒージョ、ラーラ）を股にかけた長さ約 450km のメリダ山脈。左腕は Serranía del Perijá（セッラニーア・デル・ペリハー、ペリハー山岳地帯）と呼ばれてコロンビアとヴェネズエラの天然の国境約 310km を形成しながら、コロンビアの最北にあるグアヒラ半島の先端、南米大陸最北端のガジーナス岬（N12°27'28"/W71°39'56"、海抜 47m）でカリブ海に到達しますが、そのペリハー山岳地帯の中ほどで、一連のアンデス山脈とは孤立してカリブ海寄りに山塊を成しているのがサンタ・マルタ雪嶺山脈こと Sierra Nevada de Santa Marta（シエッラ・ネヴァーダ・デ・サンタ・マルタ）です。

　山塊の中心部は北緯 10 度 52 分、西経 73 度 43 分。5,000m 級の峰を 9 つも持ち、その最高峰は Cerro Horqueta（オルケータ丘陵）が頂く双子の雄峰、クリストーバル・コロン峰（5,775m）とシモン・ボリーヴァル峰（5,775m）。この双峰はコロンビアの最高峰で、海岸地帯に聳立する峰としては世界の最高峰でもあります。年間平均気温が 34 度という常夏のシエーナガの町からわずか 40km、海岸からは 42km 東に入ったところに、冠雪した高峰が天に向かって林立しているというのですから、さぞかし見ごたえのある光景でしょう。が、我々が走っている前方の空にはあいにく、低く雲が垂れ込めていて双子の雪嶺は見えません。ところで、シモン・ボリーヴァル峰の北方、コッレーア丘陵の山腹 900m から 1,200m の密林の中で、1976 年、1 万 2,000m^2 にも及ぶ古代の都跡が考古学者たちにより発見されます。紀元 650 年から 700 年頃に築かれたと推測される都には、8 千を数える住人がいたのではないか、と考えられています。サンタ・マルタ雪嶺山脈山中には、現在でも現代文明から隔絶して生活している原住民（コギ族、アルウア

ルコ族、カンクアモ族、ウィウア族）が約7万人はいるといわれていますが、これらの原住民たちは、この"失われた都"をTeyuna（テジュナ）と呼び、テジュナは彼らの祖先、タイローナ族たちのかつての都でした。そのテジュナへいくには、サンタ・マルタ（シエーナガの北25km）からジープで3時間揺られてコギ族の集落El Mamey（エル・マメイ）までいき、そこから徒歩で1日6kmずつ密林の中を分け進んで、ようやく4日目に到着できるのだそうですが、このツアーには黄熱病と破傷風の予防接種が必須。予防接種といえば我々も今回の旅を決行するに当たり、黄熱病、破傷風、ジフテリア、狂犬病、肝炎、麻疹（これはヴェネズエラ入国に必要）の予防接種を計画的に受けました。マラリアだけはワクチンがないのでペルーへ国境を越える前日から抗マラリア剤を飲み始め、以後、1週間置きに1錠を飲み続けているのです。

　午前11時。シエーナガの町外れから北へ30km走り、サンタ・マルタ郊外で給油しました。ここから道は東に向かい、国道左手北側にはカリブ海に沿ってタイローナ国立自然公園（150km^2。海抜0mから900m）が広がっています。サンタ・マルタ雪嶺山脈を足にたとえるなら足の指の先の部分ですが、この付近にも紀元800年頃から1600年にかけてタイローナ族が住んでいました。が、スペイン人たちが侵攻し、海岸付近に住んでいたタイローナ族の大半は追われ、あるいは滅ぼされ、標高900m以上の山岳密林地帯に住んでいた者たちだけが生き残り、その子孫たち（前述の原住民4部族）がこんにちでも、密林の中に散らばり隠れ住んでいるのです。

　サンタ・マルタから50km走ったところで検問所の検査を受けました。どこの誰がどこからどの方法で来てどこへ何をしにいくのか。3人がかりで職務尋問です。そのうちの1人は我々

が逃走しないように機関銃を突きつけています。ホセは全ての質問によどみなく答えたあと、"こんなコロンビアの僻遠地までバイクでやってきたこの勇敢な日本の女性と、君たち一緒に写真に納まってくれないかなあ。"と頼み込んだのです。当然、断られると思いきや、キャップ帽を被っていた2人は庇で目が隠れるほどに深く帽子を被り直し、帽子を着用していなかった1人は顔をうつむかせましたが、それでも逃げずに3人とも写真に納まってくれました。その後も道は海岸に近づいたり離れたりしながら東へと進んでいき、最も海岸に近づいたとき、椰子の林の木陰から、狭い砂浜で釣りをしている人影と、灰色のカリブ海の水がちらりと見えました。

　午後1時。海岸から10kmほど内陸の密林を切り開いて道を通した地帯を走っていたときです。またもやスコールに見舞われました。雨宿りしたくても道路の両側は密林ですから大型バイクでは入っていけません。たちまちずぶ濡れになりました。カルタヘナではすぐ止んだスコールでしたが、今度は降り止みません。ホセは観念し、昨日、カルタヘナの車輌の広場で購入したリンゴ（食べきれず、3つ残っていたのをビニール袋に入れてトップ・ケースにくくり付けて走っていた）を取り出し、豪雨の中で食べ始めました。私にも食べるように勧めてくれるのですが、食べるためにヘルメットのフリップ・アップを上げる気になれません。上げたら顔までずぶ濡れになり、分厚く塗ってある紫外線除けのクリームとおしろいが剝げます。5分、10分。ホセが3個のリンゴを食べ終えても雨足は弱まらず、ホセは再び観念して走り出し、500mほど走ると雨は上がり、その先の道はすっかり乾いているのです。と、また検問所がありました。尋問するためにでてきたのはまた3人。今度は3人とも機関銃を担いでいます。ホセは臆せず、"すごいス

コールだったねえ"と挨拶替わりに話しかけると、今日はまだ雨降っていないよ、と意外な返事。何のことはない、あのすごい雨を降らせていた雨雲はごく小さな範囲の雨雲で、それが我々の頭上にずっと停滞していたのです。いえ、我々がその小さな雨雲の真下に入ってしまい、そこでずっと停車していたのです。スコールに遭遇したら、たとえ豪雨であってもそのまま走り続けていれば、すぐ雨雲の下から抜け出せる、ということをこのときに学んだのでした。

午後2時半。375kmの走行を終え、カリブ海に面した人口23万都市、Ríohacha（リオアーチャ、N11°32'39"/W72°54'25"）に到着。浜辺から50mに位置するホテルにチェック・インしたあと、強風が巻き上げる砂塵の中を海岸に沿って歩き、開いていたレストランを見つけて遅い昼食を済ませました。この付近の海岸で、かつて真珠が採れたことから"アメリカの真珠"というあだ名を持つこの町には、ワジュー族、コギ族、イカ族などの先住民のほか、征服者スペイン人たちの子孫、アフリカ大陸から連れてこられた黒い肌の人たちの子孫、そしてそれらの子孫たちとの混血人など、さまざまな肌の色と髪の形態を持つ人たちが闊歩していましたが、かれらは通りすがりに一様に、東洋人の私をめずらしい虫でも見るようにじろじろと丹念に観察していきました。

深夜。ふと目覚め、ホテルの8階の部屋の窓から海岸通りを見下ろすと、暗い海辺は街灯で煌々と照らされ、そこを中口径の機関砲を備えた歩兵戦闘車が行進していくのが見えました。戦闘車は迷彩色に塗られた上に、緑色の葉を蓄えた木の枝で厳重にカモフラージュされ、それが数十台、3mほどの車間距離をとり、一列縦隊で続々と東方（ヴェネズエラとの国境方面）からやってきて西へ行軍していくのです。国境まではわず

か 90km。国防の厳戒態勢を目の当たりにして気が引き締まりました。

● 2007 年 8 月 6 日から 8 月 7 日

　国境 Paraguachón（パラグアチョン、N11°21'40"/W72°08'08"）の税関へ到着したのは午前 10 時でした。猛烈な暑さ！　税関員たちは冷房が利いた小部屋に居て、我々との手続きは強化ガラス越し。書類のやりとりのためわずかに開けてあるガラス下の隙間からひんやりした風が絶えず吹き出てきて、窓口に立つ汗みずくの体をほんの少しだけ冷やしてくれます。長い手続きを終え、荷物と人を混載したトラック群の後ろについて、雨でぬかった泥道を走り、国境を越えました。
　ヴェネズエラの最西端に位置するスリア州に入り最初のガソリン・スタンドで目にしたのは、ヴェネズエラからコロンビアへと国境を越える前にガソリン・タンクを満タンにしようとする給油待ちの車輛の長い列でした。1ℓ 当たり 100 ボリーヴァル。このガソリンの価格の価値をよく理解できないまま走り、小休憩のために街角のバーで立ち飲みしたコーヒー 1 杯の価格は、何とガソリン価格の 20 倍の 2,000 ボリーヴァル！　ブエノス・アイレスで調達したヴェネズエラ通貨の換算レートは、1 ドルが 4,189 ボリーヴァルでしたから、コーヒー 1 杯が約 50 セントであることは理解できるとして、ガソリン 1ℓ が約 2.5 セント（2 円 50 銭？）というのは、いくらヴェネズエラが石油産出国であるとしても安すぎる。国境を越えた途端、道には 6 気筒や 8 気筒の大型自家用車が目立ち始めたのも、ガソリンが安いからならではの光景です。

第 I 部　パン・アメリカン車道　289

コロンビアとヴェネズエラの
国境パラグアチョン。

　そしてもう 1 つ、国境を越えたと同時に変わった光景がありました。市街の商店の入り口と窓には、どこも堅固な鉄格子がはめられ、シャッターや鎧戸がしっかりと降ろされていたことです。8 月 6 日はヴェネズエラの祝日かと錯覚したほど。国道 6 号線を 100km 走り、午後 2 時半、ヴェネズエラ第 2 の都市 Maracaibo（マラカイボ）に着きました。が、どの辺にホテルが集中しているか見当がつかない。信号待ちの車の窓ガラスにはいずれもポラロイド加工が施されているので中の人の様子が見えず、合図を送って窓ガラスを下げてもらい道を尋ねることも叶いません。ようやく道端でタクシーの運転手と立ち話をしていた男性に話しかけることができましたが、ホセは道順がよく理解できない様子。するとタクシーの運転手が案内役を買ってでてくれたのです。後について走ると細長い 2 階建てのリゾート・ホテルに行き着くことができました。チェック・イン・カウンターでもらった地図によれば、ホテルは市街中心部にあるプラーサ・デ・ラ・レプブリカ（共和国広場、高さ 49m のオベリスクがある！）から 7 ブロック、マラカイボ湖畔までは約 1.5km の距離にあります。気に入り、ここへ誘ってくれた実直そうなタクシーの運転手にはホテルの車寄せで

待ってもらい、チェック・インしたあとすぐ、そのタクシーでマラカイボ湖見学に出かけました。道中、運転手からヴェネズエラの治安状況を聴取しました。窓にブラインドが下がっているのは店の中に居る人物を識別させないためで、これは身代金目当ての誘拐を警戒した対策。商店の開口部に鉄格子がはまっているのは強盗・押し込みの防犯対策。

"治安の悪さでは何といってもヴェネズエラが南米の筆頭だよ。"と妙なお国自慢です。肝心のマラカイボ湖ですが、深い青色の湖面には何やら黄緑色の太い帯のようなものが幾筋も漂っています。何かの汚染が連想されました。通称レンテーハ・デ・アグア（水のレンズ豆）と呼ばれるウキクサ亜科の水草、レムナが大量発生しているのです。湖の周辺に住む約 500 万人の生活排水が充分に処理されないまま湖に流れ出した結果だ、という運転手の説明に、生活排水とウキクサがどういう関係にあるのか、ピンと来ません。"つまりだねえ、人間の下の排泄物に含まれている窒素を有機肥料としてこんなに繁茂してしまったんだよ。"というぶちまけた説明で、やっと理解できました。それが現在、マラカイボ湖の湖面の 15％を覆ってしまっているそうで、太陽の光を遮り水中の植物プランクトンや藻類の光合成を妨げ、湖の生態系と食物連鎖に重大な異常をもたらしているそうですが、解決の目処は立っていないのだ、と。

その晩は 10 時頃から豪雨となりました。大いびきをかいて寝入っているホセとは裏腹に、寝付けないままホテル備え付けの電話帳の頁を所在なくめくっていると、その 1 頁に、こんな記事が載っていました。

「天空を照らし出す珍しい現象。Catatumbo（カタトゥンボ）の稲妻。マラカイボ湖の南のカタトゥンボ地区では、一年に 140 夜から 160 夜、一晩で 10 時間、一時間当たりで最高 280

回も稲妻が走ります。これはメリダ山脈（最高峰はメリダ雪嶺のボリーヴァル山頂4,978m）から吹き降ろしてくる冷たい空気の流れと、ファルコンやスリア地方の暖かい空気の流れがぶつかり合い摩擦が生じて起きる現象ですが、ここの稲妻は音がしません。何故、音がしないのかは、まだ解明されていません。」

その記事の通り、窓の外には絶えず閃光があらゆる方向に走っているのですが、音はしていません。"ホセ、ホセ、稲妻よ、こんなにたくさん！ 雷鳴のない稲妻！ ねえ、起きてよ。""うーん、眠いよ。Esplendor de Dios……"えっ、何、エスプレンドール・デ・ディオス？ 神様の光輝！ 寝ぼけたホセの呟きを心の中で繰り返し、窓ガラスに鼻先をくっつけて、素晴らしい夜空のショー、神が放った光の輝きの数々に、ときが経つのも忘れて魅入ったのでした。

南米最大の湖であるマラカイボ湖。表面積1万3,210km^2。琵琶湖の約20倍の大きさを持つ巨大な塩湖の水がマラカイボ湾へ流出する口に架けられている橋が、ラファエル・ウルダネータ陸軍将軍記念橋です。8月7日午前8時、長さ8,678mのその橋を10分かけて渡り、国道3号線に乗ってさらに40分走ったところで、ヴェネズエラ最北の州、ファルコンへと入りました。そこから北東に進路を取り、187kmをきっかり2時間で走って到着したのは、ファルコンの州都Coro（コーロ）。

ここは1527年7月26日、スペイン軍人フアン・デ・アンピーエスが創設したカリブ海の港町ですが、その翌年、スペイン国王カルロス1世は、アウクスブルクの大富豪ヴェルザー家との借金の棒引きに、グアヒラ半島のラ・ヴェラ岬からバルセロナ付近まで（バルセロナはコーロの東約750km）の開拓権を、一時的にヴェルザー家に譲渡する契約を交わします。す

ると 1529 年、陸軍将軍アンブロシオ・アルフィンガーがヴェルザー家の代表としてコーロに赴任してきて、西はマラカイボ湖周辺、東はオリノコ川流域、南はマグダレーナ川を遡ってアンデス東山脈にある現コロンビアのブカラマンガ付近まで、当時の噂に高かった黄金郷"エル・ドラード"を求めて探検しました。が、1533 年 5 月、先住民が投げつけた矢に喉を射抜かれ、4 日間も苦しんだ挙句に将軍は死亡。探検に参加した部下たちもコーロへの帰路、飢えや戦闘で次々に命を落としていったなかで、ただ 1 人生き残り、捕虜となり、先住民との生活に溶け込んで酋長の娘と結婚し子まで成したスペイン人がいました。それがあのフランシスコ・マルティネス・ヴェガーソ。3 年後にスペイン軍に救出されようやくコーロへ帰れたのですが、何故かヴェガーソはコーロを抜け出し先住民部落へ戻っていったのです。酋長の娘との間にできた子供が恋しかったからだ、という人あり、いやそうではなく、アルフィンガーが探検した先々で先住民部落から掠奪した黄金があった筈で、その黄金 110kg をヴェガーソは先住民部落に隠し持っていたからに違いない、という噂が一挙に広がりました。噂の真偽はともかく、その後、ペルーへ渡ったヴェガーソがお金を潤沢に持っていて、それがペドロ・デ・ヴァルディヴィアのチリ探検の軍資金になったことは歴史家たちも知る事実です。

　ところで、コーロの都から北に向かって東西の幅約 5km、南北の長さ約 30km の細長い回廊のような陸地がカリブ海に突き出しています。その先に広がっているのがパラグアナー半島で、ここはかつてはオランダの植民地でした。その影響で、コーロの都はスペイン植民地風とオランダ植民地風が混ざり合った独特の美しい町並みを残しており、1993 年にユネスコの世界遺産に登録されました。我々が目指したのはそれらの建

物群ではなく、コーロと半島を繋ぐ陸の回廊部分に形成されている砂漠、Médanos de Coro（メーダノス・デ・コーロ、コーロ砂丘群）です。コーロからは高速道路の国道4号線が回廊部分を走って半島の西側に伸びており、半島の粘土質の岩石が風食してできた赤みを帯びた標高7－8mの砂丘群が、高速道路脇に広がります。砂は狭い路肩を埋め尽くして道路にまで溢れ出てきて、そこを熱風が吹き荒れ、バイクに装着した温度計は42度を指していました。走行を止めればさらに体感気温が上昇するのを覚悟で記念撮影のために停車し、大急ぎで砂丘を背景に数枚の写真を撮りました。北緯11度36分23秒／西経69度44分15秒。ここが今回のバイクの旅で行きついた最北の場所でした。そこからさらに90kmほども走れば、半島の最北端サン・ロマン岬（ヴェネズエラの最北端でもある）に到着して、そこからオランダ領アルバ島を遠望できたのですが、それをしなかった理由は、耐え難い暑さにもまして、治安が悪いといわれる国の、町から離れて僻地へ向かって走っていく勇気が我々になかったからです。

　国道3号線に戻り、道が海岸を離れて内陸部に入ると、咽かえるような熱気が襲ってきました。熱せられたアスファルト道路の照り返しに耐えつつ150kmを走り、沿岸リゾート地Tucacas（トゥカカス、人口約3万）にでると、椰子の木々の間からようやく涼しい風が吹いてくるようになりました。白みがかった薄緑色のカリブ海を左手に見ながら走り、"ヴェネズエラの石油化学のゆりかごへようこそ！"という大看板が国道右手に見えてきたところで、道は石油化学工業地帯 Morón（モロン）へと入っていきます。そして幾つかの石油化学コンビナートを通過したあと道は海岸を離れて再び内陸へと向かい、ヴェネズエラの首都 Caracas（カラカス）へ通じる国道1号線

となって海岸山脈山中へと入っていったのです。

　ヴェネズエラ海岸山脈は、約4000万年前、新生代・古第三紀・始新世の時代から現在にかけて、カリブ・プレートが南アメリカ・プレートの下に沈み込んでいった過程の中で、南アメリカ・プレートが褶曲して形成されたといわれています。一見、アンデス山脈系かとも思われがちですが、新生代・新第三紀・鮮新世の時代（約500万年前）から現在にかけて形成されてきたアンデス山脈よりも、もっと古い時代から造山運動が盛んであった山脈なのです。ファルコン州の南に位置するのがララ州ですが、ララ州の更に南東にあるジャラクイ州から、ヴェネズエラ海岸山脈はカリブ海に沿うようにして東に走り、南米大陸東側の大西洋沿岸まで延びていて、最高峰はカラカスの北方、エル・アヴィラ国立公園内にある二等辺三角形の秀麗な嶺、ナイグアター山頂（2,765m）です。その海岸山脈の、熱帯樹林に濃く覆われた標高400mから700mほどの丘陵を上り下りして進むうち、次第に交通量が増えてきて、時速60km以上では走れなくなりました。太陽の傾斜角度から推してカラカスまで走ったら到着は夜になることが予測され、カラカスの手前172km、ヴェネズエラ第3の都市 Valencia（ヴァレンシア）の郊外まできて、国道から一際目立った高層ホテルをめがけて走り、午後5時、暑かった1日の走行を終了させたのでした。N10°10'11"/W68°00'12"。

● 2007年8月8日から8月9日

　ヴァレンシア湖（344km^2）の北側を走り、首都地区カラカスの南郊外に到着したのは午前11時30分でした。標高

900m。気温32度。真冬のブエノス・アイレスを発ってから27日間が経過していました。ガソリン・スタンド脇の路上にココナッツの実が山と積まれ、ココナッツ・ジュースが売られています。注文すると硬い実に穴をあけ、中の半透明の果汁と白い果肉をミキサーに入れて攪拌し、できた乳白色のどろどろした液体をプラスチックのコップに空け、氷を浮かしストローを刺して供してくれました。まずは、ほんのりと甘いジュースを飲み干してカラカス到着を祝いました。そして、そそくさとまた出発。すでに1万150kmを走ってきているタイヤの交換をする必要があったのです。

　BMWモトラッドのカラカス代理店の住所を見せガソリン・スタンドの店員に所在を尋ねると、空港のすぐ近くだよ、というので、空港を目指して高速道路を走り、トンネルを幾つか通過してエル・アヴィラ丘陵を越えると、緑色のカリブ海が眼下に見えてきて、そのすぐ手前に大きな空港が広がっていました。こんなところにバイクの代理店があるわけない、と思いつつも高速を降りることができず、走り続け、着いたところはカラカスの北西35km、ヴァルガス州マイケティーア市にあるマイケティーア国際空港でした。困惑し、料金所で再び代理店の住所を見せると、"ああ、それなら国内空港のそばだよ。今来た道をずっと戻って首都地区の東側に出るんだよ。"と、山一つ越えてきてしまった我々を気の毒顔で見ながらいいました。それでまた高速を走って首都地区へ入り、料金所で降り口を尋ねたとき、"カラカスに国内空港なんてないよ。"というとんでもない返事。そんな！　何かあるでしょう？　プライヴェート空港とか。"ああ、それならミランダ州のチャラジャーヴェ空港かな。ここから45kmほど南だよ。"と。それでまた高速を走っていったのですが。代理店は見つからず、疲れきり、料金

所脇にバイクを停め、路肩に 2 人並んで腰を降ろして途方に暮れていたときでした。1 台の小型バイクが通りかかって我々を認め停まってくれたのです。ヘルメットを外すと若い日焼けした顔に爽やかな笑みが弾けていました。"モトラッドなら大統領官邸に近い軍事用空港のそばだよ。昔はラ・カルロータ空港と呼ばれていたけど、2 年前から民間使用が禁止されている。僕が案内するよ。" 地獄に仏とばかり、小柄な青年の後ろに付いて再び北へ走ると、やがて 100ha ほどの小さな空港が見えてきて、その東側に代理店の大きな建物がありました。ココナッツ・ジュースで乾杯してから実に 3 時間が経過しており、高速道路を縦横に走り尽くしたお陰でカラカスの都市構造を充分に知ることができました。

　代理店技術チーフのカルロス氏は、タイヤ（両輪）とオイル交換、機能チェックをして 186 万 372 ボリーヴァル、という見積もり額を提示しました。納期は旅行者である我々を最優先して明後日の朝。そして、"君らがこの金額をドルで支払う場合、僕らは公式レートでしか換算できないから 865 ドルになる。だから君らが自前で（闇レートで）ボリーヴァルを調達して支払う方がずっと得だよ。" という知恵を付けてくれました。その公式レートとは 1 ドルが 2,150 ボリーヴァル。コロンビア国境でのレートは 3,500 でしたが、市街の闇相場が今、幾らなのかも知らないまま、ドルではなく、ヴェネズエラ通貨で支払うことを約束してバイクを修理工場に入れたのです。カルロス氏はホテル捜しもしてくれました。カラカスは慢性のホテル不足、希望のホテルに部屋を確保するには 2 か月前から予約を入れねばならず、しかも料金の高いホテルから予約が埋まっていくのだそうです。20 軒ほど電話で当たってくれましたが、どこも満室。こういうときの "奥の手" として "ラブ・ホテル

の使用"というのがあります。"治安も環境もまずまず"というカルロス氏お薦めのラブ・ホテルを1泊25ドル、2泊居続けで予約できました。

　タクシーが呼ばれ、大渋滞の中をそのホテルに向かう途中、ホセがタクシーの運転手に"ドルを売りたいんだけど、どこかいい両替所を知っているかい？"と尋ねると、初老のタクシー運転手はバック・ミラーの中から後部座席の我々をしげしげと観察した挙句、"幾ら売りたいんだい？""500ドル。""その500ドル、もし、よかったら僕が購入するよ。""勿論、君でも構わないけど、でもいいレートでなければ。""4,200でどうだろうか？"しめた！

　交渉成立して午後6時に運転手氏がラブ・ホテルに我々を訪れ、お金の受け渡しをすることになりました。その午後6時。運転手氏は一見してお嬢さんと判る女性を伴ってホテルへやってきました。フロントにはチェック・インのとき、この男性の訪問を予告しておいたので問題なく部屋へ通すことができました。上着のあちこちのポケットからお札の束を取り出した男性は、"僕はこのお金を貯めるのにものすごく苦労した。だから、もし、君らのドルが偽札だったら困る。"といい出しましたが、そのいい分はこっちも同じ。馴染みのないヴェネズエラのお札ですから偽札を摑まされても我々には判りません。ここはお互いを信用することにしてお札を交換しました。こうしてラブ・ホテルの一室（壁には金髪女性ヌード写真が額に入って2枚かかっている）で密かに取り交わされた両替の闇取引き。巷に出て、少し歩いて捜せばもっとよいレートで交換できたのかもしれませんが、簡便さも儲けの内。男性は薄っぺらいドル札の束を受け取り、それが全て新札であるのを知って嬉しそうに上着の内ポケットにしまい込み、我々は使い古して嵩高

となったボリーヴァル札束を受け取り、お互いが充分に得をした気分になって気持ちよく握手してお別れをいい合うことができたのでした。

翌8月9日は、ツーリング3回目の休息日。寝坊し、ホテル近くの喫茶店でブランチを摂り、郵便局へいって、もう着る必要のない真冬の装備（セーターや厚手の靴下）をブエノス・アイレスの自宅へ向けて発送し、夜は鎧戸が堅く閉められたレストランで食事をしたのです。

● 2007年8月10日から8月12日

8時半。代理店が開くのを待ち構えるようにしてメンテナンスの終了したバイクを引き取りにいきました。支払いの際、嬉しいことにカルロス氏は見積もり額から20%もディスカウントしてくれたのです。
"たった2人でブエノス・アイレスから走ってきた勇気ある君たちへのはなむけだよ。" といって。それで支払った金額は148万8,297ボリーヴァル。これを闇レート（1ドル＝4,200ボリーヴァル）で換算すると354ドル相当となり、公式レートで換算した場合との差額は338ドル。タクシーの運転手氏とちょっと交渉しただけで、338ドルもの為替差益を享受することができたのです。代理店スタッフたちとたっぷり時間をかけて記念撮影をし、親切だったかれらとしっかり抱き合って別れを惜しみ、午前10時、ホセはようやくバイクのエンジン発火スイッチを入れました。カラカスの首都圏がすっぽりと収まっているカラカス渓谷（約800km^2）を取り巻く山々の斜面には、簡易住宅が隙間なく建てこめています。一昨日、高速道

第Ⅰ部　パン・アメリカン車道　299

カラカスBMWモトラッド
代理店のスタッフたちと。

路をいたずらに走りまくった背景には、うっかり高速を降りてしまったら簡易住宅地区（スラム街？）に突入してしまうかもしれない、という恐怖心が働いたからです。その住宅群をはるか後ろに残し、国道9号線に乗ってミランダ州を東西に走る海岸山脈の丘陵を4時間かけて幾つか越え、カリブ海沿岸の港町 Barcelona（バルセロナ）の南西から国道16号線に乗り換え真南に向かって走ること約2時間、アンソアーテギ州の南、Llanos（ジャーノス）と呼ばれる熱帯平原のど真ん中の町、El Tigre（エル・ティグレ）に到着したのは午後6時でした。走行距離417km。N8°53'09"/W64°15'40"。

　エル・ティグレは北のカリブ海沿岸から160km、南のオリノコ河畔までは130kmに位置しています。オリノコ・オイル・ベルト（オリノコ川周辺に広がる世界屈指の原油産出地帯）に隣接する人口約20万の都市で、アメリカのガルフ・オイル・カンパニーが1933年2月23日、アンソアーテギ州で初めて原油採掘のためのボーリング穴を穿ったのがこの町だそうです。それで、この日がエル・ティグレの創設日となり、その6年後の1939年4月26日に改めて市制が布かれ、石油産業の発展とともに開発され続けてきた新しい都市です。カラカ

スのホテルでは、2晩ともヴェネズエラ女性たちが上げる嬌声に悩まされ寝不足となった我々でしたが、ここエル・ティグレでは4ツ星ホテルに冷房が良く利いた静かな一室を確保することができ、翌朝、快い目覚めを迎えました。ビュッフェ式朝食で胃袋を満たし、8時出発。小雨の中、国道16号線を下って9時20分、オリノコ河畔に着きました。アンソアーテギ州とボリーヴァル州とを隔てているのがオリノコ川。コロンビアとヴェネズエラに跨って2,140kmを流れ大西洋に注いでいる大河ですが、私が中学校時代に使用していた世界地図の"カリブ海地方"の頁には、このオリノコ川に赤鉛筆で大きく丸印が付けられ、オリノコ油田、と鉛筆で書き入れがしてあります。そのオリノコ川に架けられた南米最長の吊り橋、プエンテ・アンゴストゥーラ（1,678.5m）を渡りましたが、中学時代から想像していたのと反して川幅が狭く、3分ほどであっけなく渡りきってしまいました。国道16号線はそこからCiudad Bolívar（シウダッ・ボリーヴァル）の町の南側の縁を西から東へ走って次の町、Ciudad Guayana（シウダッ・グアジャーナ）へと延びていくのですが、私はホセに16号線を降りて19号線に乗り換え、街中にある国内空港へいってくれるように頼みました。何故、空港へいくのか、ホセはよくわけが判らないまま走り、9時45分、空港へ到着。

　実は、私は前日からホセにある提案を用意していたのです。ここからブラジルのManaos（マナウス）までは、私の計算では3日間の道程です。我々はマナウスから艀でアマゾン川を5日間下り、大西洋岸のBelém（ベレーン）に出て、そこからまた走る予定でブエノス・アイレスを出発したのでしたが、そのマナウスからベレーン行きの艀が出航するのは毎週、水曜日と金曜日の2回。今日は土曜日ですから、シウダッ・ボリーヴァ

ルに2泊して、月曜日にブラジルとの国境の町 Santa Elena de Uairén（サンタ・エレーナ・デ・ウアイレーン）までいき、火曜日に国境を越え Boa Vista（ボア・ヴィスタ）まで走り、水曜日にマナウスへ到着すれば、翌木曜日を丸1日乗船準備に費やし晴れて金曜日に出航する艀に乗れる、という算段を昨晩つけた私は、よし！と、心の中で手を打ったのです。

この空港（ヘネラル・トマス・デ・エレス空港）から、カナイマ国立公園内にある Salto Ángel（サルト・アンヘル、エンジェル・フォール。落差979mの世界最長の滝）を遊覧飛行するツアーが出ていることを、私はBMW代理店スタッフの1人からこっそり聞いていました。それを空港で初めてホセに告げ、エンジェル・フォール観光をしよう、と提案すると。

"君はいつも僕を驚かすねえ。南極大陸へいこう、といいだしたときもそうだった。僕はいつも最後まで知らず仕舞いだ。"と文句をいい、それでも冒険好きのホセはいそいそとバイクを降りて、空港内に事務所を構える数社の旅行会社の中から1社を選び、翌朝8時出発のツアー参加を契約してきてくれました。それで、わずか133kmを走っただけで12時30分、国道19号線脇に見つけたレストラン付き簡易ホテルに早々とチェック・インしてしまったのでした。N08°07'/W63°33"。

ヴェネズエラ23州・1首都圏の内、最も面積が広いのがヴェネズエラ最南東に位置するボリーヴァル州（24万528km^2）。国土の26.25％を占めていますが、この州の南東に約3万km^{2}に亘り広がっているのが Canaima（カナイマ）国立公園です。シウダッ・ボリーヴァルからは335km。6人乗り単発プロペラのセスナ機で約1時間飛ぶと、Tepuy（テプイ）と呼ばれるテーブル・マウンテン（台形状の山）が幾つも見えてきます。その

中の1つ、Auyán-Tepuy（アウジャン・テプイ、悪魔の台形山、標高2,535m）から流れ落ちているのがエンジェル・フォールです。アメリカの飛行士ジェームズ・クロフォード・エンジェルが1933年11月18日、飛行中にこの滝の存在を認め、さらに1937年10月9日、愛機"カロニ川号"（オール・メタル・エアクラフト社製作の単発機）を悪魔の台形山の上に着陸（ほぼ不時着）させたことで、世界最高落差の滝のニュースが"（飛行士）エンジェルの滝"として世界中を飛び交ったのです。が、この滝があるのは高温多雨の熱帯ジャングル地帯。滝口は雲に覆われていることが多く、滝の全容が見られる確率は低いそうで、果たして、我々が乗ったセスナ機が公園の北西にある滝の付近までさしかかったとき、滝はぶ厚い雨雲で覆われていました。そこを有視界飛行で飛ぶのは危険、というパイロットの判断で、エンジェル・フォール遊覧飛行はあっさり中止され、公園内西側のカナイマ空港に着陸。替わりにサルト・エル・サーポ（ヒキガエル瀑布）を見にいくことになりました。

　原住民ペモン族（約3万人が主にカナイマ公園内に住んでいる）のガイド氏の後についてジャングルの中をしばらく歩き、ぶち当たった川（カッラオ川）をガイド氏が操縦するカヌーに乗って20分、旅行会社のベース・キャンプに着きます。そこからまたジャングルの中を徒歩でいく途中、ガイド氏は足元の獣道を這っていた2cmほどの巨大蟻を2本の小枝でつまみ上げ、"蟻の鳴き声を聞いたことがあるかい？"と、私の顔に近づけてきました。赤みがかったその黒蟻は、体のどこから出すのか、キーキーという音を発してしきりにもがいていました。30分歩いて汗びっしょりになった頃、滝の入り口へ到着。ガイド氏は、瀑布の内側に入ると濡れるから、ここで水着になってください、という。水着の用意がなかった私は咄嗟にT

シャツとズボンを脱ぎ、ブラジャーとパンティだけになって滝の内側へ。ところが濡れるどころではなく、大盥で冷水を次々と浴びせられているようで、息ができず、窒息しそうな恐怖にかられて思わず悲鳴を上げました。水の勢いでしりもちを付いたホセはガイド氏に助け起こされながら、"これは危険だな。以前、事故があっただろう？"と問いただし、足をすべらし転倒して川へ流され行方不明になった観光客もあったことを白状させました。

　そんな命がけの滝の内側見学を終え、ベース・キャンプで昼食を取るうちに雨が降り始めました。帰路は15人乗りの双発機。私は最前列に、ホセは最後部に席を取って飛び立ったのですが、シウダッ・ボリヴァールに近づく頃から豪雨となり、視界は不良。パイロットは着陸帯を飛び過ごし、管制塔から、逆方向から入って着陸せよ、という指示でも受けたのか、低空で機体を大きく傾け180度の急旋回をしたのです。これは航空力学的に極めて危険な操縦で、揚力を失って墜落する危険度が高い。不安にかられ後部座席のホセを見やると、ホセは右手で十字架を切り、5指を口唇に付けてから放して私に投げキスを送ってよこしたのです。ここで恐らくお別れだ、楽しかったよ、来世でまた会おうね、と。やっぱりそうか。共にヘリコプターの民間パイロットの資格を有する我々には事態の深刻さがよく判っていたのです。機体が急降下していく異様な感覚に乗客たちが一斉に悲鳴を上げるなか、私は上体を伏せ頭の上で両腕を組み、不時着用の姿勢を取ってインパクトを待ちました。死亡率の高い前部座席に座ったことを後悔しながら。1秒、2秒、3秒、……パイロットはかろうじて機体を滑走路に着けることに成功。湧き上がる乗客たちの拍手。が、パイロットの顔面は蒼白のままで、滑走路が見えなかったんだ、危なかった

よ、と副操縦士に小声で漏らしたのを聞いてしまいました。こうして1日のうちに2度までも落命したかもしれなかった危険な状況に遭遇し、バイクで1,000kmを走ったとき以上に心身疲れ果ててホテルへ帰り着いたのでした。

● 2007年8月13日

　6時50分出発。705km先の国境の町を目指しました。
　シモン・ボリーヴァル高速道路を走り、カロニ川（カナイマ公園のクケナン・テプイから952km流れてオリノコ川に注いでいる）を渡って国道10号線へと乗り継ぎ、出発から170km地点のUpata（ウパタ、人口約4千）で給油。ウパタから先はガソリン・スタンドがあってもガソリンが切れていることが多いから、僅かずつでもこまめに給油していくんだよ、というBMW代理店スタッフの忠告に従い、Guasipati（グアシパーティ、人口2万）、Tumeremo（トゥメレーモ、4万5千）と、数十kmごとに給油しながら走る狭い国道の両脇には次第に密林が迫ってきます。人口が千にも満たないSuasúa（スアスーア）村に検問所が設置されていました。丸太の柱を円形に立て、藁で屋根を丸く葺いただけの壁のない建物。そこに検問官吏が1人、木のテーブルの上に台帳とオレンジ・ジュースの瓶を置いてどっしり座っている前に、ホセがバイクを降りて進み出てひと通りの尋問に受け答えをしたのです。が、その先のEl Dorado（エル・ドラード、人口約5千）の町でも検問を受け、さらにその先のSan Isidro（サン・イシドロ、別名km88。エル・ドラードから88km地点にある村）でも検問官が待ち構えていました。

これほど通行管理が厳重なのは、国境が近いという以外にこの付近に金とダイヤモンドが採れる鉱山があるからなのか（伝説の黄金郷エル・ドラードは実際に存在したのです。エクアドルからは悠遠の地に）、あるいはこの付近の住民の10人に8人がマラリアに罹病しているせいなのか。とにかく、ホセは都度バイクを降りて汗をぬぐいつつ検問に応じねばなりませんでした。そして密林がますます濃く茂って路肩にまで生え寄せ、アーチ型を作って我々の頭上の曇天を覆い隠して夕暮れのような暗さを演出するようになったとき、1994年、ユネスコの世界遺産に登録されたカナイマ国立公園入り口に到着したのです。時刻は午後2時40分でした。昨日、軽飛行機でその上空を飛んだ公園内を走ると、国道からほんの200mほどのところの低いテプイから滝が流れでています。

　40分後、突然、視界が大きく開けました。La Gran Sabana（ラ・グラン・サバナ）にでたのです。カナイマ国立公園内に広がる1万820km^{2}の大草原地帯。標高1,440m。目指す町までは、あと190km。緑色のビロードを敷き詰めたような丘陵が穏やかな午後の陽射しを受け、しっとりと濡れたような輝きを見せてはるか彼方まで続いています。国道の両脇数百mのところには無数の滝が流れています。ここから先はもう一本道。緑の丘陵が早、傾きかけた夕陽に照らされ黄金色に染まっていくなかを、一路、南へ向けて疾走しました。

　走れ、めすロバ！　早く、もっと早く！　もし、この世にユートピアと呼べる場所があるとすれば、そこは多分、こんな風景なのかもしれない。丘陵を渡ってくる強風を全身で受け止めながら、そんなことを考えていました。生きていることの喜びを感じて、大地と空に向かって叫びたい衝動にかられます。風の中に苦味のある青臭い香り、草が強い雨に打たれたときに

放つ懐かしい香りを嗅ぎ付けました。この先で雨が降っている証拠です。やがてテプイ群が左手東側に見えてきました。トラメーン、イルー、クラウリーン、親指を天空に突き出したような形のワダカ・ピアポー、その右隣にはジュラニー、クケナン（2,680m）、そしてブラジルの最高峰、ロライマ・テプイ（2,800m）。この付近は1月から3月を除いたほぼ10か月が雨季で、年間雨量は3,000mm以上にもなり、テプイ群の頂上付近が雲で覆われていないことは滅多になく、事実、そこあそこの低い空には黒雲の四角い塊が浮いていて、その真下だけにスコールを降らせているのが遠望できます。ほどなく大草原に見事な虹がかかり、午後6時、705kmを走り通してブラジルとの国境手前の町、サンタ・エレーナ・デ・ウアイレーン（標高910m、人口2万）に着きました。N04°36'07"/W61°06'40"。

サンタ・エレーナ・デ・ウアイレーン税関ヴェネズエラ側で出国手続きをする。

第II部

ブラジル・ライダーズ
Brazil Rider's

● 2007年8月14日

　朝食前、町にある唯一のガソリン・スタンドに出向きました。昨晩はここにガソリンが切れていて給油ができなかったからです。すでに長蛇の列。でも、バイクによる旅行者ということで優先され、列の最後尾に付くことなく給油を受けることができました。9時出発。国境線上の町 Paracaima（パラカイマ、人口 8,640、ブラジル領。以下、ブラジルの都市の人口は 2007 年国勢調査の数字）は 15km 南にありました。その国境手前 500m から、何故だか道は BR174（ブラジル国道 174 号線。BR はブラジル・ロードの略）となり、まずヴェネズエラ側の税関建物へと連絡します。ここで出国手続きを進めるうちに降りだした霧雨は、ブラジル側税関（但し、まだヴェネズエラ領内）での入国手続きに移行した時点でどしゃ降りとなりました。入国に際しホセがアルゼンチンの身分証とアルゼンチン・パテントのバイク登録証を提示すると、税関員は一瞥しただけで税関に記録することなしに、どうぞ、どうぞ、とにこやかな笑顔で入国を許可したのですが、私が日本人であることを認めると、移民局の窓口へいくよう冷ややかな目付きで言い渡しました。

　日本とブラジルは、入国に際して査証が要求される交互関係にあるからです。つまり、日本人がブラジルへ入国するには入国の理由を問わず査証が必要で、ブラジル人の日本入国にも同様の措置が執られます。バイクを降り、ブエノス・アイレスを発つ 10 日前、在亜ブラジル領事館で取得した査証（90 日間有効）が押印されたパスポートを窓口に提出しました。入国

の目的（旅行）と交通手段（アルゼンチン・パテントのバイク）が確認されたあと、私に許可されたブラジル滞在期間は30日。今日から約20日間でブラジルを通過してウルグアイへ抜ける旅程を組んでいたので、事故にでも遭遇しない限り30日は充分な期間です。ずぶぬれとなり、再びバイクに跨ったのは10時。100m走って国境を越えました。次の給油地までは約200kmの一本道。道路の舗装が剥げ、地盤の赤土を露出させて大穴を開け、そこへ雨が降って赤土と混ざって赤い水溜まりを作っているのを慎重に避けながら進んで午後1時半、ロライマ州の州都 Boa Vista（ボア・ヴィスタ、人口25万、N02°49'12"/W60°40'19"）の最高級ホテルへチェック・インしました。この最高級ホテル（といっても料金はドルに換算して85ドル足らず、設備は最高）を予約してくれたのが、ブラジル・ライダーズのボア・ヴィスタ連絡係クステール氏。

　ブラジル・ライダーズとは、マナウス在住のジョアン・ゴンサウヴェス・フィーリョ、通称ガウ（バイクで100万kmを走り、世界で初めてBR230、別名トランス・アマゾン・ルート4,223kmをバイクで単独走破してギネス・ブックに掲載されたブラジル人。同姓同名のブラジルを代表した水泳・水球選手とは別人）が、1998年に結成したライダーたちの連絡網で、南米、特にブラジルをバイクで旅する外国人たちに援護を差し伸べているグループです。ブラジルの主要都市の他、南米各地に連絡係がいて総勢200名。インターネットで連絡を取り合い、どこでどの旅行者が援助を必要としているかを確認しあっているのです。このグループの存在を教えてくれたのが、ブラジル南部サントゥ・アンジェル市代表のジルソン。そのジルソンとは2007年4月10日、ボリヴィアのタンボ・ケマード国境で知り合いました。ジルソンは我々が3か月後にバイクで南米

ブラジル・ライダーズのボア・ヴィスタ連絡係、クステール氏と。

巡遊の旅に出ることを知り、ブラジル・ライダーズの連絡先一覧をメイルしてくれたのです。ポルトガル語が話せない我々にとっては何よりの贈り物でした。

　夜8時。クステール夫妻が我々をホテルに訪ねてきて夕食に誘ってくれました。2004年7月に落成したばかりの Orla Taumanan（オフラ・タウマナン、ブランク川に浮かぶ 6,500m^2 の水上レストラン街）でご馳走してくれた郷土料理は、まず、タカカーというスープ。日本のお椀に似た陶器に茹った小さな川エビがびっしり浮かび、黄色いとろみのある汁（キャッサバの根から抽出したスープ）は思いっきり塩辛い。川エビの合間にはジャンブーと呼ばれるキク科の葉もわずかに浮かんでいる。これらを1本の細い竹串で突いて食べ、お椀に口唇をつけスープを少しずつ啜るのです。次にトライさせられたのがポサカ。天日干し牛肉を粉にひいたものを煮た一皿で、これも毛穴が引き締まるほどに塩辛い。付け合せはバナナ。最後に供されたのがマニソバで、黒味がかった緑色のどろどろした液体（キャッサバの葉を7日間煮て毒素であるシアン化水素を抜いたもの）の中に、何かの動物の体の部分の切れっ端が見え隠れしている。豚の耳や尻尾らしいのですが、正体を追求することなしに食べたら、塩辛い上に苦かった。いずれの料理も食べ切

ることができなかった我々を気の毒がり、クステール氏は場所を替えてモッツァレッラ・チーズのピッツァを注文してくれたのですが、これは世間一般・各国共通のピッツァで美味しく頂くことができました。

● 2007年8月15日から8月16日

　朝6時。クステールがバイクに乗って迎えにきました。
　ブランク川の西側にフランスのパリの街並みに似せて区画されたボア・ヴィスタは、河畔近くの市民中央広場から放射線状に道路を延ばしているので町の出口が分りづらく、マナウスへ向かう国道に出るまでクステールが先導してくれることになっていたのです。広場に建てられた"ガリンペイル"（ポルトガル語でダイヤモンドや金などの貴石を探す鉱夫）のブロンズ像の前に2台のバイクを並べ、クステールと記念撮影。前かがみの鉱夫が笊で土を洗っている姿は、この町の産業を象徴しています。クステールの後に付いて走り、6時30分、"ボア・ヴィスタはあなたの訪問に感謝します。マナウスまでは748km"という標識が見えてきました。出口です。左手の人差し指を真っ直ぐ前方に突き出し、この先が一本道であることを示してクステールはバイクの走行を止めました。その横を走り抜け、パーパーパー（気をつけていくんだよ、元気でね）というクラクションの音を我々の背中に浴びせたクステールに、パーパー（いろいろありがとう）と応え、一路マナウスへ向けて疾走していったのです。が、すぐスピードを落とさねばなりませんでした。BR174は地図上は舗装道路であるのに、その舗装は完全に剥げ、雨にぬかった赤土の泥道と化していたから

です。

　道は南北に流れるブランク川の西側を走り、川の中には椰子の木が林立しています。相当量の雨が降った模様。それでもこの時期、この地域は乾季（6月から8月）に当たっているのです。これが冬（12月から5月）の雨季であったら恐らくこの道はバイクでは走れまい。そう思いつつ Caracaraí（カラカライー、人口1万7千）までの140kmを2時間かけて走り、給油。1ℓ当たり2.58レアル（1ドル30セント相当）という国際レヴェルの価格でしたが、正味6日間を費やしてヴェネズエラ国土を走り、破格に安いガソリンを享受してきた我々には、ひどく高い値段のように思えて仕方ありません。カラカライーを過ぎると、道はブランク川を渡って南東へとそれていき、幅は一段と狭くなりました。その狭い道には、たまに対向車があり、それが大型トラックであるような場合、ホセはバイクを道端に寄せ停車させてやり過ごします。トラックは道に開いた大穴を避けながら走ってきて、ときとして我々の真正面に向かってくるからです。10時40分。ボア・ヴィスタの北東、ガイアナ協同共和国との国境付近から延びてきたBR432が、我々の走るBR174と交差する地点まできたとき、1台のヤマハのバイク660ccがBR174をマナウス方向から走ってきました。パッセンジャー・シートに大荷物を積んでいます。お皿に絵を描き、それを売りながら旅しているという風変わりな御仁。メイル・アドレスを交換して別れました。

　午後1時33分。"地球の真ん中の広場を訪問なさいませ"と書かれた立て札を道の右手に見ました。矢印の示す方向、東へ50mほど走ると、密林を抉り取って造った直径30mほどの半円形の小さな広場があり、中央に先端が丸くなった細長い大岩が突っ立っています。高さ5m強。岩の上部にはアイスホッ

ブラジル国道 174 号線上に建てられた"赤道"のモニュメント。

ケー・スティック状の灰色の棒が 30 度の角度で突き刺さっていて、スティックには斜め下から上に向かって ECUADOR と書かれていました。"赤道"を示すモニュメントです！ エクアドル共和国のサン・アントニオにあった"世界の真ん中の町"のような華々しさはなく、熱帯密林を背景にした赤茶けた大地の上に、ぽつねん、とそれは建っていました。赤道を通過して 40 分後、小さな集落が現れ、Borracharia という看板を掲げたお店がありました。スペイン語読みするとボッラチャリアで"酔っ払い処"、つまり飲み屋、という意味になるのですが、ポルトガル語でボハーシャとはゴムのことですから、タイヤ修理店、ということでしょう。その店と隣接して簡易レストランがありました。冷えたコカ・コーラで 5 分の小休憩のあと、すぐまた出発。

ほどなく"原住民の土地につき、途中停車は避けてください"という大標識が見えてきました。BR174 はここから先、125km を Waimiri-Atroari（ワイミリ・アトロアリ）族所有の土地を南北に貫通して走っているのです。"撮影禁止""何が起きても止まらずに進め"と書かれた標識が続きます。ブエノス・アイレスを発つ前から噂に聞いていたこの原住民地区。停まると、銃で武装した原住民がどこからか発砲してくる、というの

です。倒木で道を塞いで通行料を要求する、とも聞きました。それがお金ではなく、そのヘルメットが気に入ったからよこせ、この弓矢をあげるから、などと物々交換を要求するらしいのです。そうなったら相手の土地を無断で走っている手前、嫌です、とはいえません。緊張し、そろそろと原住民地区へ走り進んでいきました。そしたら、出たっ！　バミューダ・パンツにビーチ・サンダルを履き、上半身裸の褐色の肌の男がショット・ガンを持って立っていたのです。うおーっと呻いてその横を走り抜けるホセ。2人とも振り返ることもしませんでした。アララウー川に架けられた小橋を渡るとアマゾナス州に入ります。マナウスまでは254km。しかし、しばらく走ると、わっ、また、出た！　のです。今度は2人。それも腰みのを着け小さな弓矢を構えている。が、2人が狙っているのは木の上のサルのようです。3度目は数人のグループでした。今度こそ停止させられる、と覚悟した私はヘルメットを開けました。サングラスも外し、低い鼻、切れ長の目の東洋人の顔を露にして、引き攣った頬に無理に笑みを浮かべ、手を腰の中ほどの位置で小さく振りながらかれらに挨拶をしたのです。そうしたらかれらもニコニコと笑って手をふり、ゆっくりと通り過ぎていく我々に挨拶を返してくれました。

　1964年から1985年のブラジル軍事独裁政権下で建設が敢行されたBR174道路。その建設に反対した原住民が放った毒矢で道路工夫20人が死亡したといわれています。他方、工事期間中に2千を超える原住民が行方不明になったとも噂されており、大虐殺が行われた可能性の真偽は未だに調査中。1905年には6千人ほどがこの地区に住んでいたというワイミリ・アトロアリ族でしたが、1987年の時点での生存者はわずか374人。それが2007年12月の調査では1,232人までに回

第Ⅱ部 ブラジル・ライダーズ 315

ワイミリ・アトロアリ族の所有地内での禁止事項を記した標識。

復していたという記録があります。ジャングルを切り開いて貫通させたBR174。宇宙からも見えるというその道は、狭く、ともすると熱帯植物の急速な成長で、すぐまた覆い尽くされてしまいそうです。"止まるな""飛び出してくる動物を轢くな""原住民の財産である道路脇の植物やフルーツを採るな"など、何々するな、というポルトガル語の立て札がその後も続き、用足しの欲求も我慢して赤い泥土にまみれて走り続け、午後4時半、サン・アントニオ・ドゥ・アボナーリ川に架けられた橋106mを渡ると小さな集落が見えてきて、原住民地区を脱出したことを知りました。給油を終え、戸外に据えられたプラスティック製テーブルと椅子に腰を降ろし、よく冷えた缶入りコカ・コーラを前にして暫く放心状態だったホセ。が、すぐ立ち上がりました。マナウスまではまだ200kmあります。

　午後5時34分。原生林に陽が沈み始め、名もない湖沼群にオレンジ色の残照が映えていたのはほんの数分で、すぐ濃密な夜の闇が立ち込めてきました。月はなく、我々のめすロバが放つヘッド・ライトの灯りだけを頼りに、道に開いた大穴を迂回し、夜の野獣たちが飛び出してこないことを祈りつつ、前後左右から圧迫してくるジャングルの分厚い夜の帳を切り裂くようにして走っていたとき、前方を1台の大型トラックがかな

りのスピードで走っているのが見えました。運転手はマナウスまでの道を熟知しているに違いありません。あのトラックを見失ってはならない！　ホセは俄かにスピードを上げ、トラックの後方にバイクを付けました。そしてトラックが右に避ければ我々も右に避け、左に避ければ我々も左へ、を繰り返しているうちに、トラックの運転手は大穴がある度にテール・ランプで合図を送ってくれるようになりました。そうやって走ること約2時間、文明の灯りが彼方に見えてきたときには、ただただ、もうバイクから降りたいだけでした。

　マナウス市北の郊外に到着し、夜7時50分、ブラジル・ライダーのマナウス連絡係の1人、オラン氏の携帯に電話が繋がりました。同氏は奥様や友人たちとレストランで食事中でしたが、すぐバイクを飛ばし我々を迎えにきて夕食の席に誘ってくれたのです。そして我々の電話を受ける直前に、ペルーで大地震があり、マナウスでもかなりの揺れを感じたが大丈夫だったか、と尋ねるのです。長時間の走行で体が硬直しきっていたせいか揺れは感じませんでしたが、それは、2007年8月15日午後6時40分58秒（現地時間）、ペルーのピスコ沖40km、深さ39kmの海底で起きたマグニチュード8.0のペルー地震でした。翌朝、この地震の被害でパン・アメリカン車道のイカとチンチャ・アルタ間が寸断、少なくとも500人の死亡が確認されていることをテレビ・ニュースで知り、イカの、あのオーストリア人経営のホテルに何度か国際電話をかけたのですが不通で、夫妻の安否はついに確認できませんでした。

　アマゾナス州の州都マナウス。南緯3度06秒／西経60度01分。人口164万強。この大都市の南を2つの色の違った川が流れています。コロンビアの中東部から2,250kmを流れて

くるネグロ川（コロンビア側の名はグアイニア川）の水は、その名の通り黒色に近くゆったりとした流れ。一方、ペルーの北東部、ブラジルとの国境付近に源を発するソリモンイス川（1,700km）の流れは速く、水は白っぽい茶色です。2色の川の水は混ざり合うことなく約10kmを流れたあと、マナウスの東で合流し、アマゾン川と名前を変えて大西洋に向かっていきます。

　オラン氏が予約してくれたホテル（ボア・ヴィスタのクステール氏が、我々がマナウスへ向かったことをオラン氏に連絡しておいてくれた）は、ネグロ川河畔に浮かぶマナウス港に200mという近さにありました。1ツ星ホテルながらレストランあり、洗濯サーヴィスあり、部屋にはクーラーは勿論、インターネットとミニ冷蔵庫まで完備していて、95レアル（48ドル相当）。朝食後、早速、マナウス港へいきました。港は雨季と乾季の水位の差12mを考慮してスコットランドの建築技師がデザインした浮き構造となっています。8月17日出航のベレーン行き乗船券を求めました。カテゴリーは3つ。1等はクーラー付きキャビン、2等はクーラー無しキャビン、ともに2段ベッドと簡易バスルーム付き。3等は甲板で、そこに吊るされたハンモックとその下が各乗客の専有スペースとなります。ハンモックに寝泊りするのは魅力でしたが、バイクの装備（サイド・バッグやツーリング・スーツ、ブーツなど）の安全保管を考え、クーラー付きキャビン1室（2人分）乗船券を800レアルで購入しました。バイクの運送料は船長と直接交渉して決めるのだという。その船長は明日まで来ない。そこでホセは荷役人チームのチーフと交渉して450レアルで合意し、明日、この料金でうまく船長と話を付けてくれたら、別途、このチーフに50レアルを渡す取り決めをしました。

次に港に隣接した税関の黄色い建物へ入っていき、バイクを艀に乗船させるに際して何か特別に手続きすることがありますか、と税関員に尋ねると、税関員は、1995年1月11日付け大蔵省発行のメルコスール関税同盟発足に関する法令の写しをくれました。そして、"アルゼンチン・パテントのバイクはブラジル・パテントのバイクと同様の扱いで何の制約も課税もない。もし、航行中に船長が何かの課税を試みた場合、君らはこの写しを見せるだけでよい。"とアドヴァイスしてくれたのです。これには感謝しました。チリのライダーが単身、この航行を試みたとき、船長はいく先々の港で何かと理由をつけ"税金"を要求したそうで、それを拒むならここで下船しろ、とも脅され、そのライダーは泣く泣くわけのわからない"税金"を支払い続けた、というエピソードを聞いていたからです。

　こうして港での手続きを終えた後、マナウスの市街に買い物にでかけました。細長い商店街には雨でも買い物ができるようにアーケードが付いています。"君の郷里の商店街（横浜の弘明寺）にそっくりだ！"とホセが感嘆の声を上げました。5日間の川下りに必要と思われる物品は、ミネラル・ウォーター、クラッカー、肉ペーストの缶詰、りんご、トイレット・ペーパーなど。航海中に供される食事はアマゾン川の水を汲み上げて炊事するそうで、万一、それらが口に合わない場合の用意をしたのです。最後に、大きなスポーツ・バッグを買いました。ホテルからバイクを船端まで着ける際、分厚いラインディング・スーツを着ていくことは到底できないと思われるほど暑かったからです。じっとしていても顔から汗がしたたり落ちる。スーツもブーツも食糧や水と一緒にスポーツ・バッグに入れて、私が脇に抱えて走ることにしました。

　その晩、ブラジル・ライダーズの創始者ガウが、"バイクに

BR230(トランス・アマゾン・ルート)を単独走破しギネス・ブックに載ったガウ(左端の男性)がスープ・ハウスに招待してくれた。

跨ってマナウスに到着した最初の日本人女性"ということで、私とホセの歓迎ディナーの席を設けてくれました。ホテルから北東へバイクで10分(7km)、カーザ・ジ・ソーパ(スープ・ハウス)というレストランに、ガウはオラン夫妻の他、ブラジル・ライダーズのマナウス連絡係を召集したのです。植物で葺いた屋根の下、縦長の大なべに入ってずらり並んだ約50種類のスープ！　いんげん豆のスープ、チキン・スープ、カニ、カボチャ、キャッサバと去勢した牛肉、タラと虫の粒(何の虫だ？)などなど。文字通りの熱帯夜に熱いスープを飲むのは、大量発汗させて体温を下げ、残りの夜の時間を涼しく過ごすという生活の知恵なのだそうです。

　ひとしきりスープを飲んだあと、ガウは我々にあることを提案しました。ブラジル・ライダーズのブエノス・アイレス連絡係になってくれないか、と。ガウの意図はすぐ理解できました。昨晩、14時間近くに及ぶ強行軍の末、疲れ果て、右も左も判らないマナウスに到着したとき、我々にはもうホテルを捜す気力も体力も残っていませんでした。電話1本ですぐオランが駆けつけてきてくれたときはどれほどありがたかったことか。ホセは即座に承諾し、ブエノス・アイレスを訪れるブラジル・ライダーたちをサポートする約束をしたのです。

● 2007 年 8 月 17 日

　午前 10 時。艀 "Onze de Maio"（オンズィ・ジ・マイユ、5 月 11 日）号の船腹にバイクを横付けました。数人の荷役人たちがすぐさまバイクに手をかけロープを回しかけようとするのを押し留め、ホセはバイクを船底へ降ろす方法と置く場所を確認するため船長を捜しにいき、その間、私はバイクと荷物の監視役。バイクから 2m ほど離れた位置で仁王立ちしてヘルメットも脱がずにまわりを睥睨していると、ほどなくホセが戻って来て、5 月 11 日号には 6 人のブラジル人ライダーがそれぞれのバイクと共に、既に乗船していることを告げました。5 月 11 月号は 1954 年造船、スティール製白塗りトリプル・デッカーの艀で、貨物の最大積載量は 145t、403 馬力。上部デッキには操縦室、船長と乗組員室の他、テラスと簡易バー（酒場）が配置され、中部デッキにはキャビンとハンモック用スペース、炊事場、そして両サイドの船端(ばた)にちょうつがいで付けられている長い板が、折り畳み式の食事用テーブル。下部デッキは貨物収納スペースとなっていて、乗客の定員は 242 名。
　その下部デッキにバイクを積み込むべく、ホセはサイド・バッグとトップ・ケースを外し、警報装置も解除しました。身 1 つになっためすロバの腰と首の部分に太いロープが 2 重回しにされ、そのロープに別のロープが架けられて中部デッキの手すりに通され、その先は長く地表に垂らされました。その垂れたロープを 2 人の荷役人が力いっぱい曳き、体重 229kg（ガソリンの分も含めると 250kg）のめすロバをそろそろと引き上げると、ホセともう 1 人の荷役人がめすロバの体を支えてバランスを取り、下部デッキに降りた 2 人の荷役人が少しずつ移

動してくるめすロバの体を下からしっかり支えているのが確認されると、ロープの曳きはゆっくりと緩められていき、めすロバの体は徐々に降されていって、無事、下部デッキに敷き詰められたスノコの上に立ちました。ホセがすかさず飛び降りてバイクを支え、ロープが解かれた車体を押して指定された場所まで移動させると、そこでバイクに再び細いロープが架けられます。ロープは車輪も含めた車体の何箇所かに架けられ、それぞれの先はデッキの天井の梁の数箇所に縛り付けられていきます。そうやってバイクは艀が前後左右に揺れても転倒しないようにしっかりと固定されたのです。

　我々に割り振られたのは8室ある冷房付きキャビンの内、"3番スイート"と木のドアに書かれた小部屋。木の作り付け2段ベッドには紺色のシーツに包まった薄いマットと小さな枕。トイレ室には便器と洗面台。天井にシャワーの蛇口があり、シャワーを浴びれば便器も洗面台もずぶ濡れになる狭さ。ベッド脇に木の椅子が1つだけ置かれ、あとは2人がやっと立てるだけのスペースなので、クーラーを点けるとすぐに冷えました。船長は50代前半。わずかに残っている頭髪を刈り上げにして白の半袖シャツから逞しい両腕を露にし、白ズボンの上から太い腹を白バンドできっちりと締め、白の靴下に白の革靴という白ずくめの出で立ち。この船長に20代の美人が1人、ぴったり付き添っている。操縦室の前に丸く張り出した船首には、青字で"神を信じよう"と書いてあるのですが、美人の腰に片手を回しながら操舵するのであろう船長さんを専ら信じるしかない。

　12時。定刻に出航。しかし艀はマナウス港の別の船着場へ移動しただけで、そこでさらに荷積みが続けられ、一方、中部デッキにはもう吊るす場所もないほど色とりどりのハンモック

が連なり、乗客たちがひしめいています。艀がようやくマナウスの港を後にしたのは午後 4 時。上部デッキに上がり、簡易バーでビールを注文して出航を祝って乾杯。その日の夕食は肉入りの豆スープのみ。夜半から雨となり、ハンモックで寝ている乗客たちのために青いビニール・シートが船端に張り巡らされましたが、強風に煽られて雨しぶきが容赦なくかかります。気温もかなり低く、乗客たちはハンモックの左右を器用に覆い合わせて全身を包み込み、蓑虫のようになって眠り込んでいました。

● 2007 年 8 月 18 日

午前 7 時。6 人のブラジル人ライダーたちと船端のテーブルの 1 つを占め、パンとハム、チーズ、バター、コーヒーとミルクの朝食を摂り、艀が朝もやの中を滑るように進んでいく間、日本とアルゼンチンの友人たちに葉書きをしたためました。

11 時 50 分、アマゾナス州第 2 の都市、人口 10 万余の Parintins（パリンチン）に到着。荷積みのため約 1 時間の停泊。ライダーたちと下船して、波止場のレストランで船積み作業の進捗を見物しつつ、ビールで乾杯して早めの昼食。ライダーの内、2 人は昨晩の内に親しくなったらしい女性乗客を伴い町のどこかへ消えました。午後 1 時、荷積みを終え出航。上部デッキの船尾に掲げられた小さなブラジル国旗の前に白い椅子を並べ、またもやビールで乾杯。するとライダーたちも三々五々、椅子を持って集まってきて、またまたビールで乾杯。そうやって日に何度か乾杯し、何度かシャワーを浴びる以外、することがありません。アマゾン川から汲み上げている茶色に濁った水

パリンチン港に係留された艀群。

でシャワーを浴びると、水に含まれた何かの鉱物のせいか、あるいは魚の鱗の破片なのか、髪も体もバス・タオルも、金粉をまぶしたようにきらきらと光り、光るバス・タオルは両手で広げて風に翻せば、ものの5分もかからずに乾きました。午後5時、艀はアマゾナス州からパラー州へと進み入り、午後8時20分、Óbidos（オービドゥス、人口4万6千）の水上警察署で乗客は身分証検査を受ける必要があり、下船しようとしてぎょっとしました。

波止場は桟橋も倉庫も、銀色に光る大きな甲殻虫で埋め尽くされていたからです。何百万という数の得体の知れない虫の大群。それをあたかも見えないかのように、人々が虫の背中を踏み付けて歩いています。パスポートをホセに預け、ホセは下船して（虫の背中を踏んで）警察の検査を受け、艀のデッキから身を乗り出して見守る私を下から指差しパスポートの人物であることを主張。私は警察官から"降りて来い！"といわれやしまいかとビクビクしました。水上警察署の検査をクリアしてデッキに登ってきたホセの体を今度は私が検査。あのヘンな虫の一匹でも付いていたら即座に叩き殺そうという覚悟で。まもなく艀は何事もなかったごとく出航し、またゆっくりとアマゾン川を下っていったのです。

● 2007 年 8 月 19 日

　午前 3 時 30 分。艀が投錨した気配で目が覚めました。パラー州第 3 の都市、Santarém（サンタレーン、人口 27 万 4 千。マナウスからは 840km）に到着したのです。キャビンをでて乗員の 1 人を捕まえて訊くと、10 時間ほど停船するという。真夜中の波止場。が、ここでは下船する人や新たに乗船する人、荷役人、物売りたちが日中のようにあわただしく活動しています。それらの人々を暫く眺めていましたが、やがて飽き、再び寝入って次に目を覚ましたときはもう午前 8 時。朝食タイムは終わり、甲板の折り畳み式テーブルは片付けられていました。シャワーを浴び身づくろいして炊事場へいき、ミルク入りコーヒーを温め直してもらって立ったまま飲み、パンにハムの残り 2-3 枚をはさんでもらったのを食べながらホセを捜すと、既に下船していてこれからライダーの何人かとタクシーを雇いシティ・ツアーにでかける交渉の真っ最中です。あわててカメラと帽子を取りにキャビンへ戻り、交渉成立したタクシー運転手の案内で朝市へでかけました。

　アサイー・パームと呼ばれるアマゾン地帯の椰子科の植物は高さ 20m ほどにも育ち、そのベージュ色の若芽、パウミートゥは輪切りにしてサラダにします。これはアルゼンチンにも盛んにパルミートとして輸出されており私の大好物。アサイー・パームの赤黒く肉の薄い実の硬い果肉は、嚙むと苦くてそのままでは食べられず、潰して絞った果汁でジュースやアイスクリームを作る。また、果汁をキャッサバの根茎から作ったデンプン（タピオカ）と混ぜ、マッシュ（ピリャウ）にして焼いた魚やエビの付け合せにして食べるのだそうです。実から搾油し

たアサイー・オイルは濃い緑色で、食用にも化粧用にも使われる。タクシー運転手によるアサイー談義がひとしきり終わると、今度は魚の講義。まず、アカリーと呼ばれる体長40cmほどの錆色の魚は古代魚（1億年ほど前から進化していない）です。全身を甲冑のような硬い大きな鱗で包まれていますが、生きたままグリルに載せられ調理されます。同じく古代魚のピララクーは大きなものでは体重200kgにもなり、淡水魚としてはカスピ海のオオチョウザメに次いで世界で2番目に大きいという。タンバキーというコロソマ属の魚は、アルゼンチンのパラナー川で採れるパクーに類似している。メスのタンバキーとオスのパクーが交配して生まれたのがタンバクー。パクーの白身肉は脂がのっていて美味ですから、タンバキーやタンバクーも多分、美味しいでしょう。30cmほどの黄緑色のトゥクナレーは日本ではアイ・スポット・シクリッドと呼ばれる観賞魚の類。尾びれの付け根部分に黄色く縁取られた黒目玉の模様が1つ付いています。Tucum（トゥクン）とは原住民のトゥピー語で"木"という意味。Aré（アレー）は"友だち"。では"木の友だち"？？　ではなく、トゥクナレーの本当の語源はTucum（トゥクン、トゲのある椰子の木）とアレー（友だち、つまり、親しい、から転じて近似している、という意味）で、この魚の尾びれにはトゲ状の突起が一列に付いていて、触るとかなり痛いことからトゲ椰子に似た魚、という意味なのだそうです。

　朝市見物を終えて艀に戻り、手持ちぶさたに調理場を訪れると、先ほどの朝市で買ったらしいトゥクナレーのアルミ・ホイル焼きが作られていました。船長と乗組員たちの昼食用らしいのですが、ホセが、うまそうだなあ！　と声をかけると、焼きたてを2尾くれました。ホセは背びれを避けてかぶりつき、

私が気味悪がって食べ残した黒目玉模様の尻尾まで平らげてご満悦の様子。調理場には新たにサンタレーンで入荷した牛の足が1本、アバラ部分が1/4、生のままつり下がっていました。この肉が我々の昼食か夕食になるのでしょう。サンタレーンを出航するとアマゾン川は一段と広くなり、水平線が見えるようになりました。その川幅は30kmもあるでしょうか。そこを巨大タンカーが航行していきます。アマゾン川の源は、ペルーのアレキーパ市の北方約95kmに横たわるチラ山脈（アンデス西山脈に属する）のミスミ雪嶺（標高5,597m）から流れ出している氷河の水だというのが定説です。この氷河の水がアプリーマック川となって流れてエネ川に注ぎ込み、エネ川の水はタンボ川へ、タンボ川の水はウカジャリ川へと流れ込んでいき、ウカジャリ川の水がペルーのイキトス（ロレート県の県都。アレキーパの北1,400km）でマラニョン川と合流してリオ・アマソーナス（アマゾン川）となるのですが、アマゾン川はブラジル領に入ると一旦、ソリモンイス川と名前を変え、ソリモンイス川がネグロ川と合流した地点で再びアマゾン川となって大西洋へと流れていくのです。その長さ6,762km。ナイル川の6,671kmを凌ぐ世界最長の大河です。サンタレーンを出航した5月11日号は午後6時、Monte Alegre（モンチ・アレグリ、人口6万1千）、午後9時40分、Prainha（プライニャ、2万6千）、と次々に寄港しながら順調にアマゾン川を下っていったのですが。

　夜半、椿事が起きました。上階の乗務員用キャビンから、トイレの使用済みと思われる下水が柱を伝わり我々のキャビンへ流れてきたのです。すぐ乗務員に通報して上階のトイレは修理されましたが、臭いが我々のキャビンに残りました。ホセは閉口してキャビンから逃げだし、甲板に空いているハンモックを

捜してそこで寝ることにし、一方、虫に刺され易い私は少々の臭いは我慢することにしたのでした。

● 2007年8月20日

　午前3時20分。Almeirim（アウメイリン、人口3万）に停泊。波止場には"XV-FEARCA"（第15回アウメイリンの芸術と文化のお祭り）という大看板が掲げられています。この町では8月一杯、フォルクローレと民芸品、郷土料理の祭典が催され、土曜日の晩ともなれば夜を徹して飲み食いし、踊り明かすのだそうです。が、今日は月曜日。ですから音楽は聞こえてきません。ホセはハンモックに包まり心地よさそうに寝込んだまま、目を覚ましもしませんでした。午前9時、Gurupá（グルパー、2万4千）に到着し、1時間後、再び出航。ここから川幅は次第に狭くなり、密林を遠くに望むようになります。その密林の岸辺から、小さなカヌーを漕いで原住民の子供が1人、艀に近寄ろうとしてきました。が、艀が立てる波に阻まれ、なかなか漕ぎ寄せることができません。乗務員がビニール袋に入ったもの（多分、食べ物の残り）を投げました。波間に漂うその袋を目指して子供は懸命にカヌーを漕ぎ続け、ついに袋を回収。すると今度は少女2人と幼児を乗せたお腹の大きいお母さん（妊婦）が4人乗りカヌーを漕いでやってきます。少女の1人がカヌー前部で、お母さんが後部でオールを漕いで艀の近くまで漕ぎ着けました。このカヌーにも袋が投げられ、お母さんは袋を嬉しそうに回収。次も4人乗り。これを少年とやはりお腹の大きなお母さんが漕いできました。この2人に続いて漕いできたのは3人の少年。カヌーの後部には何

やら大きな黒いビニール袋を被せたものを積んでいます。力強く漕ぎ寄せ艀に横付けにした途端、何と艀にフックの付いた縄を何本も投げかけカヌーを艀に縛りつけると前部の1人が艀によじ登り始めたのです。まるで海賊。後部の1人が黒ビニール袋を取り除くと、現れたのは9個のバケツに山盛りに詰められた小さな川エビ。バケツは次々と引き上げられ、昼の食事のテーブルには、例の川エビのスープ、タカカーが載りました。

　12時30分。北東を目指して航行していた艀が東に進路を取り改め、細い水路に入っていきます。岸辺には、ところどころに原住民の家がほんの数戸、軒を並べている集落があり、その中の1軒は決まって真っ白に塗られ、3本の十字架を屋根の上に立てています。アマゾン川の岸辺の小さな教会。やがて艀は進路を真南に変えました。水路は一段と狭くなり、遮蔽物のない原住民家屋の開口部（窓や入り口）からは中が丸見え。艀が起こす水のうねりがその高床式家屋の土台の下の土を削らぬよう、艀はごく低速で進んでいきます。が、住宅がない場所にさしかかり艀が速度をあげると、茶色の水のうねりは巨大なスクリューとなって岸辺の植物の根方の土を植物ごと浸食していきます。艀の進行方向左手（東側）に見えているその岸辺は、南米大陸のものではありません。ブラジル最大の島、マラジョー島の西の端の岸辺です。北のアマゾン川と南のパラー川に挟まれたこの巨大な中州は4万100km^2。北海道のほぼ半分の広さ。そこに原住民も含めた25万人が住み、60万頭の水牛（バッファロー）が棲息しているといわれています。午後5時20分、大陸側に陽が沈むと、忽ち夜の帳が下りました。

　午後7時30分、Breves（ブレヴィス、人口9万4千）に着岸。波止場には、水路に向かって両の腕を腰の位置で大きく広

げ青白く浮かび上がる高さ 15m ほどの立像がありました。それは、漁民たちの守り本尊として奉られている、サンタ・アナ（聖母マリアの母、キリストの祖母ハンナ）の慈愛に満ちた姿でした。ブレヴィスを出航して間もなく、艀は進路を東に取ってゆるやかに水路を進み、やがてパラー川に出ると速度を上げ、大波を立てながら漆黒の闇の中を航行していったのです。

● 2007 年 8 月 21 日から 8 月 22 日

　朝 7 時。艀は大海原のような川、トカンチン川（ブラジル中部のトカンチン州から 2,400km を南から北へ流れて大西洋に注いでいる）を航進していました。波は高く、艀は大揺れとなり、船酔い状態に陥った私は朝食も摂らずにベッドに仰向けになり、堅く目を閉じてこの忌まわしい航行が 1 分でも早く終わることだけを願っていました。3 時間ほど経った頃、艀は速度を落とし方向転換したようです。10 時 50 分。ホセがキャビンのドアを勢いよく開けました。

"ベレーンが見えてきたよ！　さあ、元気だして。下船の準備だよ！"ふらつく体でキャビンをでると、白いちぎれ雲の下の茶色い水路（マグアリー川）の彼方に、灰色の 1 本の細いロープのような町影がうっすら浮かび上がっていて、町影は近づくにつれ高層ビルの林となりました。12 時 20 分。艀の右舷が桟橋の係柱（ビット）に太いロープで係留されると、ホセが下部デッキに降りました。5 分後、中部デッキの一部が開けられ、下部デッキに固定されていた我々のめすロバが細ロープを解かれて現れました。船長自らがめすロバに吊り上げ用の綱を回し、降ろしたときと逆の手順でめすロバは曳き上げられ、すっ

くと桟橋に立ちました。ホセは桟橋によじ登り、めすロバを押して前方へ移動させます。この後、次々にブラジル人ライダーたちの6台のバイクも曳き上げられ、5月11日号の船腹脇に7台のバイクが晴れやかに並びました。ブラジル人ライダーたちのリーダー格はセナ。サン・パウロ在住の警察官。セナの友人で日系のナカ（中村）はサン・パウロの医者。他の4人はCruz Alta（クルス・アルタ）という町からバイクを駆ってマナウスに現れたのです。セナがブラジル・ライダーズのベレーン連絡員に電話すると、すぐアレックスという青年が駆けつけてきて、我々7人を簡易食堂へ誘導し、昼食（平皿にライスと豆、肉とサラダが盛られた一品）をご馳走してくれました。こうしてマナウスを出発してから丸4日間、総航行距離1,650kmの船旅を終えたのです。

　ベレーン。南緯1度27分21秒／西経48度30分14秒。南から流れてくるマグアリー川と東から流れてくるグアマー川がトカンチン川に合流する地点に広がるパラー州の州都です。大西洋の河口までは135km。2007年の人口は約140万で、その港は、アマゾン川流域のジャングルから伐り出される木材の集積港としてブラジル経済の活力の重要な一端を担っています。港に隣接して林立する製材所。そして毎日積み出される夥しい量の材木。ベレーンでバイクの部品と予備品の販売店を経営しているアレックスは、急速に進むアマゾン地帯の自然破壊を憂慮していました。アマゾン川の流域は南米9か国に及ぶ約650万km^2。この内、ブラジル領は全体の63％で約410万km^2。この流域から過去30年間に18％の原生林が消滅した、というショッキングな数字をアレックスは我々に投げかけたのです。
　原因は、ブラジル中西部のマト・グロッソ州で原生林を伐採

して盛んに行われている大豆の作付け。そしてロライマ州やアマゾナス州で行われる選別伐採にある、というのです。選別伐採の対象はイペー（Handroanthus,sp）と呼ばれる木。原住民たちはこの木の枝で弓矢を作るが、その成木は幹の直径1.2m、高さ45mにもなり、堅く湿気に強く腐食し難い性質から桟橋用に輸出される。政府の規定では成木の90％を伐採したら35年間はその区域の伐採を禁じているが、実際に再び伐採できるまでに充分成長するには最低でも60年はかかる。一方、材木業者は伐採したイペーを運搬するため原生林を次々に切り開いてはトラックが通行できる道をつけていくため、これが原生林破壊に加速度をつけている、のだそうです。

"問題はまだあるんだよ。中近東からやってくる船が材木と一緒にアマゾン川の水を大量に船底に汲み込み、こっそり自国へ持ち帰って浄化し飲料に使用しているんだ。政府はこれを取り締まれないでいる。アマゾン川水系は世界の1/5の飲料水を賄っているのだけれど、その貴重なブラジルの水資源を外国船が無断で持ち去っていいという法はないよ。"アレックスはしきりと憤慨していました。

　夜、ブラジル・ライダーズのもう1人のベレーン連絡員、パウロとその妻レナータが我々を夕食に招待してくれました。2006年1月、アルゼンチンのパタゴニア地方をツーリングしていた最中に知り合ったのがこの2人。2人は、アルゼンチンの革命家エルネスト・"チェ"・ゲヴァラがまだ若き日の1951年12月29日、愛用のバイク"ノルトン"（500cc）に友人のアルベルト・グラナードを乗せてコルドバ州のAlta Gracia（アルタ・グラシア）を出発し、ブエノス・アイレスを経由して大西洋岸のMiramar（ミラマール）にでて恋人のチチーナと会ったあと、南米大陸を東から西に横断、アンデス山脈を越えてチ

リの Osorno（オソルノ）へ下り、ヴァルディヴィア、Temuco（テムコ）、ラウターロと北上していき、サンティアゴ・デ・チーレで壊れたバイクを放棄した、その道程を再現して走っていたのです。同じ目的で走っていた我々とはすぐ意気投合。2台のバイクを連ねて何百 km かを走り、2人の郷里のベレーンで再会することを約束して別れたのでした。

"でも、まさか君たちが本当にベレーンに現れるとは思っていなかったなあ。""僕の彼女は日本人だもの。約束は違えないよ。"こうして今回の旅の目的を果たした我々でしたが、我々こそ、2人が住むベレーンの町がこんなにも遠いところにあったとは、あのときは思ってもみなかった。

翌日の午前中もパウロ夫妻の案内で町を見学し、ランチを共にし、夜はアレックスが停泊中の船上で繰り広げられるパラー州のフォルクローレ・ショーに連れていってくれたのです。5月11日号に同船していた6人のブラジル人ライダーたちとは、その後、ブエノス・アイレスをバイクで訪れたセナを除いては、再会する機会はありませんでした。

● 2007 年 8 月 23 日

マナウスに到着してツーリングの旅装を解いてから8日目。この日、マラニョン州の州都、São Luís（サォン・ルイーズ、スペイン語ではサン・ルイス）を目指し、午前7時30分、勇んでバイクに跨りました。アレックスが予約してくれたホテル（1泊80レアル）は BR010 から 100m の距離にありましたから、迷わず国道に乗ることができ、BR010 はほどなく BR316 となって東へと延びていきました。Capanema（カパネマ、人

口6万1千）までの160kmを一気に走り、給油。ここから国道は南東へ向かい、11時45分、グルピー川を渡ってマラニョン州へ入るとすぐ現れたのが Boa Vista do Gurupí（ボア・ヴィスタ・ドゥ・グルピー）。1997年に創設された人口7千の小さなこの町で再び給油し、12時30分、Governador Nunes Freire（ゴヴェルナドール・ヌーネス・フレイレ、1994年開設、人口2万4千）まできたとき、ホセの嗅覚が何かを嗅ぎ付け、その嗅覚に従って国道を下りると、ガソリン・スタンド裏に小さなシュハスカリーア（焼肉レストラン）がありました。

　シュハスク（スペイン語ではチュッラスコ）とは、肉（牛、豚、羊、鶏など）をサーベル状の太い長い鉄串に刺し炭火で炙って焼く料理です。焼けた肉を鉄串ごと運んできて客のテーブルの皿の上に立て、好みの部位を好みの分量だけ切り取って皿に載せてくれるのですが、もう要りません、というまであらゆる肉の部分を次々と持ってきます。この方式で1時間かけて肉だけで胃袋を満たし、2人分たったの20レアル（10ドル20セント）。破格の安値に気も心もおおいに満たされたのでした。ここから東へ進む州道106号に乗り換えると、道には動物が多く現れるようになりました。ロバや豚は道路の端を遠慮がちに歩いていますが、背中にコブを持つ白い水牛（ゼブー）は道路の真ん中に突っ立ちクラクションを鳴らしても容易にはどかず、脇に寄ってくれるまでこちらが辛抱強く待つしかありません。午後3時、水郷地帯にさしかかり、トゥリアス川の中州に浮かぶ Tulilandia（トゥリランディア、1994年設立、人口2万）の町を通過。4時20分、赤土の壁に草葺屋根のつつましい平屋住宅が軒を連ねる Alcantara（アルカンタラ、2万）の町を過ぎた先に、サン・マルコ入り江に面して Cujupe（クジュピ）の船着場がありました。

背中にコブを持つ水牛が道路の真ん中に立ちはだかり、容易にはどいてくれない。

　サン・マルコ入り江は長さ100km、最大幅15kmの三角江で、サン・ルイスは入り江の対岸にあります。フェリー使用料としてバイク25レアル、乗客2人分11レアルを支払い、待つこと15分間、緑と白に塗り分けられたフェリーがメアリン川の青い水をゆるゆると押し分けながら入り江に入ってきました。まず乗客たちが下船したあと、大型トラック2台がデッキから出て船着場の坂を登っていきます。それに続いて出ようとした大型バス、車輌の床が低いため最前部の底が急坂の先端に着いてしまい登っていけません。船着場の作業員たちは少しも慌てず、バスを一旦バックさせると、どこからか角材を数本まとめ縛ったもの運んできて坂のしょっぱなにフェリーの甲板と平行させて置きました。これで甲板と坂の角度（20度くらいはあるだろうか）が埋まり、バスは顎をつかえさせることなくフェリーを降りて急坂を登っていくことができました。その急坂を反対側からバイクで走り降りフェリーに乗船。5時30分に出航したフェリーがサン・ルイス島（サン・マルコス入り江とサン・ホセ入り江に挟まれた1,300km^{2}の島）の最西端、ポンタ・イスペーラ（期待岬）に着岸したのは、もう夜の7時40分。

　我々より先に下船した車輌のテール・ランプを頼りに暗い一本道を走ると集落（イタキ地区）に出ましたが、ホテルらしき

ものは見当たりません。さらに進んで川（バカンガ川）を渡って街中に入ると、狭い石畳の道が複雑に入り組んでいます。そこを徐行しながらホテルを捜すのですが、駐車場付きがなく、行きつ戻りつ、いかにも道に迷っている旅行者です、というラベルを貼り付けているようで、こんなところを数人に取り囲まれバイクを引き倒されたら身ぐるみ剥がされる、と身が竦みます。と、折りよく街角に立っていたのが3人の警察官。そのバイクならあそこが良かろう、と指示してくれた道順をたどると、ホテルは5ツ星でサウナとジムとプール付き。早朝に出発する我々にはそれらの設備は無縁ですが、夜はますます更けてくることでもあり、高い料金（451レアル）には目を瞑ってチェック・インしたのです。S02°31'48"/W44°18'10"

● 2007年8月24日

　午前8時15分。ホテルの車寄せにバイクを引き出しました。昨晩は全く気が付かなかったのですが、ホテルは、歴史地区の中心部、ローマ・カトリック大司教区サン・ルイス大伽藍（世界遺産）の裏隣にありました。ここサン・ルイス（人口95万7千）はパリやミュンヘンなどからの直行便もあるブラジル有数の観光都市です。出発前にバイクで30分ほど市内観光することにしました。昨夜は古ぼけて寂れ、おどろおどろしく見えた町並みでしたが、色とりどりのタイルをはめ込んだ壁を持つポルトガル植民地風の家々が、今は朝陽に照らされ美しく輝いています。モザイク手法で精巧な幾何学模様を描き出しているタイルの色使いは品がよく、茶とグレー、青と白、青と黄、など。ホテルを捜しながら不安に駆られておろおろと走った細い

暗い石畳の道を、今朝は裸足のお兄さんが手押しの2輪トロッコに体長1mほどの大魚を数尾のせて元気よく押していきます。再びこの地を訪れるチャンスがあれば、数日ほど滞在してじっくりと見学してみたい。後ろ髪を引かれる思いで市街地を南東に下り、サン・ルイス国際空港付近でBR135に乗り、南下して大陸へ渡り、BR222に乗り換え東へ進路を取りました。

　サン・ルイスからFortaleza（フォルタレーザ、セアラー州の州都）へいくには、通常BR135をさらに南下し、内陸のTerezinha（テレジーニャ、ピアウィー州の州都）を経由していきます。その距離1,025km。けれども、ベレーンのパウロが勧めたのは、大西洋沿岸のParnaíba（パルナイーバ）へでて海岸伝いに走り、Camocím（カモシーン）を経由していくルートで、この場合は975km。前者は内陸部を走るので暑いが、後者は沿海地方を走っていくので比較的涼しい、僕がバイクで走ったのは2年前だったけど、道はそれほど悪くなかったよ、と。それで暑いのが苦手な我々は躊躇なく後者を選んだのですが、パウロが走ってから2年の間に道はかなり劣化していました。12時20分、Chapadhina（シャパディーニャ、人口6万7千）で給油。

　やがてBR222がマラニョン州道34号線となってパルナイーバ川（ブラジル中部の山脈から1,485km流れて大西洋に注ぐ川。ブラジル北部の水系は、おおむね西からアマゾン川水系、トカンチン川水系、パルナイーバ水系、そしてサン・フランシスコ川水系に分かれている）とほぼ平行して北東へ向かって走るようになると、道は砂地となりました。その砂にタイヤが潜り込んで安定を欠くため、ホセはペダルの上に立ちヤジロベエの原理で均衡を保ちながら進んでいきます。狭い道の両側には灌木が密生して風はそよとも吹きません。そこへ午後の強い陽射しが容赦なく照り付け、涼しさの欠片もありません。バイク

に装着した気温計は走行中でも38度。停止すれば40度以上になる筈。これはたまらない、パウロに騙された！　小村サン・ベルナルドから40kmの地点で州道34号線は真北へと外れていき、さらに北東へ進みたい我々は州道345号線に乗り換えると、ほどなくパルナイーバ川に架かる橋にさしかかりました。

　バンジャーイ！（万歳、ホセはザが発音できない）と喜んで走行を止め橋の上で小休憩するホセ。川面を渡ってくる微風があり、橋は堅いコンクリート製でしたからバイクの足を立てることができたのです。長時間の走行で硬直した足腰を伸ばし、ジャケットを開けズボンを引き下ろして溜まった汗を乾かしました。そうやってようやく人心地を取り戻した午後5時20分、マラニョン州とピアウィー州の天然の州境となっているパルナイーバ川を渡ると、道はBR343となりメンテナンスは俄然、良くなりました。午後6時30分、人口14万のパルナイーバ市の南端に到着。市街地中央部をBR343に沿って北上し、国道が東へと折れていく手前で左折して200mほど走ったところに若草色の壁に赤茶色の瓦屋根を頂く2階建ての小奇麗な旅館を見つけ、490kmの走行を終えました。S02°54'18"/W41°46'37"。

● 2007年8月25日

　パルナイーバ川が運んだ土砂が長年に亘って河口付近に堆積してできた土地、パルナイーバ・デルタ約2,700km^2。洲の中には大小75の島があり、海岸付近には高さ2mから5mほどの白砂の砂丘群が広がっています。7時30分に旅館を発った

我々は、そのデルタ地帯を走って127km東方の最初の給油地カモシーン（セアラー州、人口5万8千）を目指していきました。遠くから眺めていればただただ美しい白い砂丘群も、道が海岸に近づくと砂が白い川のように流れだして道を寸断してしまいます。そうなると私はバイクを降り、ホセが白砂の川を渡るのをはらはらしながら見守るだけでした。出発から1時間後、ウバトゥバ川を渡りセアラー州に入るとChaval（シャヴァウ、人口1万2千）という町が現れ、道の両脇のそこここに丸い光沢のある灰色の巨岩（高さ4‒5m）が見え始めました。それら巨岩を風除けにするようにして岩の前に家々が建っています。似たような光景をアルゼンチンでも見たことがありました。あれはネウケン州のPiedra del Aguila（ピエドラ・デル・アギラ、人口4千弱）。あそこの国道脇の大岩群は赤茶色をしていましたが。カモシーンを過ぎると道は沿岸を離れて内陸部（南）へと向かいます。

　40kmほどを走ると国道右手にイビアパバ山脈の山々、標高700mから900m、を見るようになり、11時20分、アカラウー川の両岸に開けた人口17万都市Sobral（ソブラウ）を通過しました。"北の姫君"というあだ名を持つこぢんまりと典雅にまとまったこの町は、アインシュタインの一般相対性理論が正しいことが証明された町として有名。1919年5月29日、イギリスの天文学者アンドリュー・クロンメリンがここの天文台で皆既日食時に重力レンズ効果（重い物体によって歪められた時空を通過するとき光が曲がる現象）の観測をしてこれを実証したからです。（同様の実証は、アフリカ西海岸のプリンシペ島でもイギリスのアーサー・エディントンにより行われた。）アカラウー川の青い水の早瀬。渡り際に緑の岸辺の向こうの町を振り返ると、低い灰色の丘陵の手前に広がる茶色の屋根瓦の

砂が白い川のように流れ出て道を寸断している。

波の中に、2塔の真っ白な円屋根を突出させた教会と、少し離れて1999年に新造されたという天文台の白い尖塔がひときわ輝いて見えました。

　ソブラウを過ぎてすぐBR222に乗り、東へ向かいました。北西から南東へ長さ200km、幅60kmほどで走っているイビアパパ山脈山中を通っているのがBR222で、山間のところどころに侵食により露出した堅い変成岩の一枚岩（モノリス）を見ることができます。100kmを走って午後1時、Itapajé（イタパジェー、人口4万5千）で給油したあと、人口1万ほどの村や町を5つほど通過して140kmを走り通し、午後3時半、州都フォルタレーザ（人口247万都市）へと入っていきました。市のほぼ中心部まで大通りをたどって東行したあと北上し、海岸まで150mのところに見晴らしのよさそうな高層ビルのホテルを見つけてチェック・インしたのです。S03°46'53"/W38°35'20"

● 2007年8月26日

　6時20分。フォルタレーザの北の海岸メイレレス・ビーチに沿って東へ走り、ムクリピ港へいきました。

ムクリピ岬の西側に防波堤のように長く伸びている桟橋の内側には、大小数十艘の漁船が朝陽を浴びて穏やかな波間に浮かび、遠く沖合いには2隻のタンカーが碇泊しています。浜辺の大通り脇を早起きした観光客たちがそぞろ歩きしていくのを尻目に見ながら岬の東側へ回って南下し、波頭を白く砕かせた大波が次々に打ち寄せてくるフトゥーロ・ビーチを走るうちに、大通りはやがて州道40号線となり、Aracati（アラカチ、人口6万6千。切り立った断崖と砂丘で有名なカノア・ケブラーダ・ビーチまで8km）の西でBR304に連結して、低木に覆われわずかな起伏を見せている大地の地平線の彼方に向かって一直線に伸びていきました。"Fernando Pedraza"（フェルナンドゥ・ペドゥハーザ、人口2,800）という道標を掲げた町を通過したのが12時35分。道の両側にはガマ蛙に似た奇妙な形の大岩が複数個鎮座し、岩陰から山羊の群れが飛び出してきては道を横切り、またガマ岩の陰に消えていきます。右手側ガマ岩の岩間の奥に、先端を尖らせ長く裾野を曳いた山影が小さく見えてきました。カブジ火山590m。ブラジルで唯一、原型（成層火山）を留めている有史以来活動の記録のない火山だそうで、立山笠のようなその山影が次第に大きく見えてきて、やがてそれも後方に遠ざかった頃、今度はガソリン・スタンドが見えてきたのでそこで給油したのが午後1時10分。30分後、Lajes（ラジェス、人口1万）という町の南側を走り過ぎてまもなく、ホセがインターコムで話しかけてきました。
　"ミドリ、決して後ろを振り向いてはいけないよ。バック・ミラーを見てご覧。"鏡には、はるか後方を2台のバイクが追ってきているのが映って見えます。"警察のバイクかも知れないから確認のためにスピードを落とすけど、心配ないよ。"すぐ2台のバイクが追いついてきて、Tシャツ姿の若者が2人ずつ

分乗していることが判るとホセはにわかにスピードを上げ、たちまち2台のバイクを引き離しました。が、30kmほど走って次の集落にさしかかると、道路には"ロバの背中"と形容される減速のための大きな段差が幾つもあり、ホセがスピードを落としたために2台のバイクが追いすがってきたのです。集落を通過し、ホセが再びスピードを上げると追跡バイクの姿はまた後方へ消え去りました。ところが、25km先にまた集落が出現。そこでまた減速。するとまたバイクが追いすがる。

"ホセ、4対1よ。私は戦力にはならないから。どうする？""大丈夫だよ。まもなく奴らは給油しなければならないから。"そうでした。我々のめすロバは1回の給油で500kmは走りますが、小型バイクをタンデムで全速疾走させたら走行可能距離はせいぜい100kmが限度。案の定、40km先にSanta María（サンタ・マリーア、人口4,500）という集落を見たときは、2台のバイクはもう追ってはきませんでした。ヒウ・グランジ・ドゥ・ノルチ州のど真ん中で展開された手に汗握るバイク・チェイス。

全身硬直したまま午後3時、州都Natal（ナタウ、人口77万）の入り口に着き、この都のシンボル、流れ星と東方の3賢者（白いセメント作りの流星の尾が道路左手の頭上から道路を横切り、その先端に光る大きなプラチナ色の星が落ちていく先、つまり道路右手側に、東方からラクダに乗ってやってきて聖母マリアに生まれた子が救世主であることを告げたという3人の賢者の白い像が建てられている）を見たときは、もうバイクから降りたいという一心でした。

ポルトガル語でナタウとは降誕祭（クリスマス）を意味します。この都が創立されたのが1599年12月25日であったので、都はクリスマスと命名されたのです。市街地を横切り海岸へで

て、ミニ・マーケットでココナッツのアイスクリームを食べ、茫洋とした海原を見ているうちに張り詰めた神経がほぐれました。海岸通りを10kmほど南へ走り、ポンタ・ネグラ・ビーチの砂浜から200m離れたところに9階建ての真っ白な3ツ星ホテルを見つけ、そこを一夜のねぐらと決めたのです。走行距離は519km。S05°52'52"/W35°10'16"。

● 2007年8月27日から8月31日

　こうしてブラジルの北の海岸から東の海岸へ周りでた我々は、BR101を通って8月27日、Maceió（マセイオー、S09°39'57"/W35°44'06"、アラゴナス州、人口89万6千。ナタウからの走行距離529km）で1泊し、翌28日、592kmを走ってSalvador（サルヴァドール、S12°58'15"/W38°30'39"、バイーア州、人口289万）に到着。ここで2泊して1日をオイル交換と休息日に充てました。30日は660kmを走り、Porto Seguro（ポフトゥ・セグール。ポルトガル人、ペドロ・アルヴァレス・カブラルが1500年4月22日、ここに漂着してブラジルを発見したといわれている）の海岸まであと60kmという内陸部で疲れ切り、1988年に創られた新しい都市Eunápolis（エウナーポリス、S16°22'40"/W39°34'48"、人口9万4千）に宿を取りました。31日は早朝から曇天に虹がかり降雨が予想され、出発時（6時半）には霧雨が降りだし、それが15分後、視界も利かないほどの大雨となりました。が、うっかり路肩に停車すれば追突される危険があり、そろそろと走り続けていると、いきなり"真横"からバシャッ！　バシャッ！　バシャッ！　と3回大量の水が飛んできて（水は路肩方面からきたので対向車が撥ね

飛ばした水ではなく、あれはまさしく異常な降り方をした雨！）我々を充分にほとびらせたあと、雨はピタリと止みました。そして出発から 1 時間後、国道前方にモンチ・パスコアウ国立公園（223km^2）の岩山の連なりを望む頃には快晴となり、青空を垂直に突き刺して立つ尖った岩山モンチ・ペスコス（首山。別名ペドラ・ドゥ・ガードゥ・ブラヴ、凶暴な家畜の石）の風変わりな雄姿に魅せられ、走行を止めて記念撮影。

　そして 11 時 40 分、BR101 はソーレタマ生物保護区（240km^2、イスピリトゥ・サントゥ州）へと入っていき、国道の両側は奥深い熱帯雨林で覆われました。この保護区とパスコアウ国立公園は、バイーア州とイスピリトゥ・サントゥ州に存在する他の 6 つの自然保護区と合わせ、1999 年にユネスコの世界遺産に登録され、コスタ・ドゥ・ジスコブリメントゥ大西洋森林保護地域（総面積 1,120km^2）と総称されている重要な森林地帯ですが、その中を走るうちに再び黒雲が地上近くまで垂れ込めてきました。午後 2 時 30 分、空港（ヴィトーリア空港）を国道の左手に見て、Camburí（カンブリー）という路標の矢印に従って走る間に雨が降りだし、10 分後、海岸（カンブリー・ビーチ）にでたときには強風で雨は横殴りとなっていました。州都 Vitória（ヴィトーリア、S20°19'08"/W40°20'16"、人口 31 万 4 千）まではわずか 8km を残すのみでしたが、無理はせず、海岸大通りにすぐ見つかったホテルにチェック・インして 512km の走行を終わらせたのです。

● 2007 年 9 月 1 日

　1 日当たり緯度にして 3−4 度ずつ大西洋岸を南下していっ

た我々は、9月1日の朝、ヒウ・ジ・ジャネイル（リオ・デ・ジャネイロ、通称リオ）を目指すかどうか、最後まで迷っていました。人口600万の巨大都市。その内の20％が、市を取り巻く丘にファヴェーラと呼ばれるスラム街を形成し不法占拠して住んでいるという。今回の旅行中、幸運にもまだ強盗の被害には遭っておらず、災難は避けて通るべきもので、それをわざわざ災難の芽が塊を成しているようなところへ無防備な我々が近づくことはない。しかし、折角ここまできてリオへ寄らないで帰るのも実に惜しい。それで、マナウスからベレーンまで船旅を共にした警察官のセナの言ったこと、リオへ入るとき、高速道路標識の都心部方面を目指して走れば安全だよ、というアドヴァイスを唯一の頼りとしてリオへいくことを決め、午前7時、勇んでホテルを出発したのです。

　カンブリーの長い浜辺に沿って数km走り、サンタ・マリア川を渡って州都のあるヴィトーリア島に入りました。島は大小30数個の群島の内でも最大の島で、サンタ・マリア川に囲まれるようにして大陸と隔絶されています。河口に浮かぶそれらの島々を見ながら海岸を走り、第3番橋（ダルシー・カステル・ジ・メンドンサ橋3,330m）を渡って州道60号線（別名、太陽の高速道路）に乗り、大陸側最初の都市 Vila Velha（ヴィラ・ヴェーリャ、人口39万8千）を通過。大西洋を左手に見ながら30分ほど走ってから海岸を離れ、BR101に乗り、リオを目指してまっしぐらに突き進んでいったのです。そして、ついに午後3時02分、32の河川が流れ込むグアナバラ湾南東の Niterói（ニテロイ、人口47万4千）市と、湾の南西リオを結んでいるリオ―ニテロイ橋手前の料金所へ到着。2レアルを支払い、1分後、片道4車線・全長13.29kmの橋（BR101の一部）を東から西へと渡っていきました。まず右手北側に見え

てきたのがコンセイサォン島。マッチ箱状の家屋が多彩な色に塗り分けられ島の斜面に積み重なって建ち、岸辺には小型漁船やボートが多数、浮かんでいます。左手ダレイア岬にはコンテナー・クレーンがキリンのように長い首を突き出し四肢を踏ん張って並び立ち、再び右を見ればヴィアナ島に鶴の姿にも似た塔型ジブ・クレーンが林立しています。造船所もあるこの島の埠頭にはドック入りした大型船が目立ちました。続いて右手に見えてきたのはモカンゲ島。海軍基地となっている島の西側には数隻の艦艇と並んで練習帆船も 1 隻、碇泊しています。忙しくまた左を見ると前方にリオの高層ビル群がもう見えてきて、その左奥にリオの象徴、釣鐘形状の大岩、パォン・ジ・アスーカルを認めたとき、思わず嗚呼と感嘆のため息が 2 人の喉から漏れました。

　素敵だねえ、ここまで走ってきて良かったねえ、と言い合ううちにも 3 時 6 分、橋の最高部（海上 72m）を通過。2 分後、パォン・ジ・アスーカルを左手真横に見たあと、橋は南西に曲がってリオの港の上を渡っていきました。橋の両側には赤・黄・緑のキリン（コンテナー・クレーン）がずらりと並び、その長い肢の下にはこれも色とりどりのコンテナーがうずたかく置かれています。3 時 10 分、橋を渡り切り、我々の頭上に方向指示標識が現れたとき、リオ―ニテロイ橋を渡っていた間にずっと味わっていた酔いのような状態から瞬時にして覚めました。セナが我々に与えたアドヴァイス、橋を渡り切ったら Centro（セントゥル、都心部）と指示してある方向へ走るんだよ、都心へ着くまで高速を降りてはいけないよ、というのを思い出したからです。

　橋の先は高速道路が幾枝にも分かれていました。それで Centro、Centro と掲示をたどって走っていたのですが、どこで

ホセが勘違いしたのか、やがてその Centro 標示が右手にスーッと遠ざかっていき、我々は左手へスーッと曲がって高速を降りてしまったのです。やだっ、どうしよう。最初に見えたガソリン・スタンドで都心への道を尋ねました。沿岸道路をこのまま走っていけば空港があり、その先に観光名所のコパカバーナ・ビーチやイパネマ・ビーチがあるというのです。"但し、港湾地区を迂回していかねばならないがね。"とも。その港湾地区を恐る恐る走ると、やがて先ほど渡ってきたリオ―ニテロイ橋のほぼ全景を左手に望むようになり、3 時 35 分、パォン・ジ・アスーカルを背景に、リオのもう 1 つの象徴、灰色の空の下ですっくと立つ白いオベリスク（1565 年 3 月 1 日にリオの町を創設したポルトガル軍人イスタシウ・ジ・サーを記念した尖塔 17m で、その基部は博物館になっている）が見えてきて、都心部の南、フラメング地区まで来たことを知りました。

　三角帆のヨットが無数に浮かび観光客がひしめくボタフォグ・ビーチを南へ走り、通りがひとたび市街側（西）に向かうと、真正面にコルコヴァード丘陵（標高 713m）が見えてきて、その頂きで両手を 180 度に広げリオの市街を見下ろしているキリストの立像（39.6m）に目が釘付けになりました。これがリオを代表するキリストの像か、と。そしてパスマードゥ丘（64m）を貫通するトンネル、カルロータ・ジョアキーナを通過すると、またすぐもう 1 つのトンネルが現れ、そこを抜けるとほどなくコパカバーナ・ビーチにでて交通渋滞が始まりました。後続の車にクラクションを鳴らされつつバイクを乗り降りしてホテルを捜すのですが、どこも料金がとびきり高い。10 軒ほど当たった末、西のイパネマ・ビーチまで進み、海岸から 2 ブロック入ったところの 1 泊 190 レアルのホテルで折り合い、午後 4 時半、520km に及んだ走行を終了させること

ができました。S22°54'30"/W43°11'47"。

その晩、ブラジル・ライダーズの一員、ペレス氏とその奥様が我々をホテルへ訪ねてきてくれて、ひとしきりリオの町の美しさを自慢していきました。それで、翌日をリオ観光に充てることにしたのです。

● 2007年9月2日

午前9時。ホテルへ迎えにきたマイクロ・バスで、まずリオ市内の南に広がるチジュカ国立公園（32km^2）へ向かいました。1991年、ユネスコの生物圏保護区に登録されたこの公園の森の中から流れてきて、フラメング・ビーチでグアナバラ湾に注いでいるのがカリオカ川。そのカリオカ川流域の中でも最も標高が高い部分に作られた住宅地区がコスミ・ヴェーリュで、住人は中・上層階級者ばかり約7千。しかし、閑静な住宅街から谷ひとつ隔てた向こうの丘（コラー丘陵）には、地区内にある3つのファヴェーラの1つ、コラー丘陵ファヴェーラが手に取るような近さで見えます。コスミ・ヴェーリュから曲がりくねった細い急坂をたどりコルコヴァード丘陵へ登っていくと、道に幅の狭いレールが敷設されている部分にでました。コルコヴァード鉄道（全線3.8km）です。レール間隔は1m。歯型のレールとワゴン床下の歯車を噛み合わせて急坂を昇降するラック式（スイスSML社のリッガンバッハ方式）のこの鉄道は、1884年10月9日、ブラジル皇帝ペドロ2世の命により開通、当初は蒸気機関車だったが1910年に電動化された、というガイド氏のよどみない説明を聞いているとき、すぐ前方の鬱蒼とした森の斜面を実際に2両編成の赤いワゴン

が昇っていくのが見えました。10時半、我々も丘陵の頂上に到着。かのキリスト像は濃い霧に包まれ、両手を広げた輪郭だけが霧の中にぼんやりと神々しく浮かび上がっていました。

次に向かったのがガーヴェア地区。ジョッキー・クラブがあるこの地区の住人たちこそエリート・クラスの人たちですが、地区の南西には当時のリオ最大のファヴェーラ "Rocinha"（ロシーニャ）があり、$0.86km^2$ の斜面と平地に約20万人が不法占拠しているのだそうです。ガーヴェア地区からレブロン・ビーチにでたマイクロ・バスは、東に向かってイパネマ・ビーチからコパカバーナ・ビーチを走り、ウルカ地区にある小さな浜辺、ヴェルメーリャ・ビーチ（赤い浜辺）で停車。そこからロープ・ウェイに乗りました。まずウルカの小山（標高220m、伏椀のような岩山）西側までの距離600mを3分ほどかけて昇り、小山の東側まで歩いてロープ・ウェイを乗り換えて、パォン・ジ・アスーカルの西側まで750mを同じく3分ほどで昇っていきました。英語でシュガー・ローフ（円錐形の白砂糖の塊。この地方の産物である砂糖は、その昔、円錐形の粘

朝霧の切れ間からリオの象徴、コルコヴァード丘陵の頂上に立つキリスト像が見えた。

土の型に入れて固められた）というこの小山の形は、私の目からはお寺の釣鐘。約6億年前に形成された片麻岩（変成岩の一種）の一枚岩でできている、というこの岩山の頂上展望台からリオの街を見下ろせば、カリオカの街は一面の霧の海の中に沈んでいました。

● 9月3日から9月4日

翌朝、7時にペレス氏がホンダの100ccでホテルへ駆けつけてくれました。道を間違えファヴェーラに突入しないよう、我々を先導してくれるのです。街は早くも交通渋滞を起こしていました。10分走ると、コルコヴァード方面およびチジュカのファヴェーラ方面、という標識が霧の間から見えてきて、リオの街は観光名所とスラム街が隣り合わせで共存していることを顕示していました。ファヴェーラのことを Morro（モッフ、丘または小山）ともいいます。リオとその周辺にある無数の丘または小山の斜面に形成されたスラム街の数は、当時 750 余。標識が示す方面を仰ぐと、山肌を舐めつくすような霧の流れに一瞬の切れ目があり、昨日は見えなかったキリスト像の全景がくっきりと見えたのです。やむをえずしてファヴェーラに住むようになった人たち。その 170 万の魂に向けて諸手を大きく差し伸べる救世主の姿をそこに見たような気がしました。

8時過ぎ、リオ郊外へ向かう片側2車線道路は2列縦隊の車で大渋滞。小型バイクのペレス氏は車と車の間隙を縫って走っていくことができるのですが、サイド・バッグを両側に突き出した我々にはそれができません。じりじりと進み30分後、リオ郊外の Itaguaí（イタグアイー、人口9万5千、イパネマ・

ビーチから80km)の出口まで走ったところで、ペレス氏がバイクを道路脇のパォン・リンギーサ(パンにはさんだソーセージを食べさせる店)に停めました。朝食抜きでリオを発った3人はここで空き切った胃袋を満たし、"ここから海岸沿いに一本道を伝っていくといい。"というアドヴァイスをありがたく頂戴してペレス氏に別れを告げたのです。ところが、その一本道(BR101)はリオ・デ・ジャネイロ州とサォン・パウル(サン・パウロ)州に跨るボカイナ山脈国立公園(最標高はチラ山頂の2,088m)を北側に背負っていました。ですから海岸伝いなら平地を走るものと思い込んだのは大間違いで、海岸まで突き出た丘陵を登り降りしながら走ることになったのです。

　丘陵の高い部分に至ると沿岸に点在する小さな緑の島々が見渡せました。道が浜辺近くまで降りてくると、狭い入り江に板や布で屋根を拵えた箱型漁船が沢山浮ぶ、小さな漁村がありました。島々を眺め、集落を窺い、登り、そしてまた下り……して午後5時、サン・パウロ州で3番目に大きい島 Guarujá (グアルジャー、142km^2、人口29万)へ到着。走行距離は461km。ブラジル・ライダーズのポンテス氏に電話すると、ハーレー・ダヴィッドソン風バイクで駆けつけ、海岸に面したホテルへと誘導してくれました。同氏はチェック・インを済ませた我々に親切にも"夕食は何を食べたいかい?"と訊いてくれたのですが、即座に"ピッツァ！"と答えたのは、同氏の話す言葉がよく理解できなかったからです。これまでブラジルを旅してきて、我々がスペイン語を話し、相手はポルトガル語を話していても、さほど不自由を感じずに意思の疎通ができていたのが、ポンテス氏が話すポルトガル語は、何か別の言語なのではないかと思ってしまうほどに解りづらかったのです。ですから長時間の昇降走行で疲れ切っていた体に鞭打って、本式

第Ⅱ部 ブラジル・ライダーズ 351

リオ郊外まで見送って
くれたペレス氏。

レストランで同氏と長時間ディナーのテーブルを囲む気になれなかった。それでホテル近くのピッツァ屋で、椰子の若芽（パウミートゥ）の縦切りがふんだんに乗ったピッツァとビールを注文し、短時間で夕食を済ませてしまったのでした。S23°59'37"/W46°15'23"。

　翌朝8時、ポンテス氏はバイクではなくフォルクスワーゲンのビートルに乗って迎えにきてくれました。

　まず、貿易業を営む同氏の事務所を表敬訪問。ポンテス氏は、家族と旅行の写真を所狭しと並べた大机の引き出しの1つから白いTシャツを2枚取り出し、グアルジャーを訪問してくれた記念に、とプレゼントしてくれたのです。シャツにはバイクのロゴと"Rota sem limite"（ホータ・シン・リミチ、限りなき道）という文字がプリントされていて、同氏が地元のバイク集団"限りなき道"のリーダーで、あだ名はジャカレー（ワニ！）であることを知りました。ジャカレーの運転する紺色のカブトムシに先導されて霧深い街を出口まで走り、サントス河口を挟んだ対岸のサォン・ヴィセンチ島に渡ってブラジル有数の港、サントスに立ち寄ることは諦め（艀に乗らねばならないから）、北上して島を大きく迂回しているBR101に乗り、

島の北側・大陸部に広がるサントスの工業地区（州都サン・パウロの南東約 50km）を走っていったのです。道路が再び海岸に近づいたのは 9 時 30 分。小 1 時間ほど海岸沿いに走ったあとまた海岸を離れ、大西洋岸に生い茂るマタ・アトランチカと呼ばれる森林保護地帯を避けるようにしてその北側を走り、午後 2 時半、Curitiba（クリチーバ、パラナー州、人口 179 万。平均標高 934m）の南東をかすめながら、ブラジルとは何と広い国だろう、走っても走っても、まだブラジルが続いている、と半ば倦厭して思っていました。

　午後 3 時半、Joinville（ジョインヴィレ、サンタ・カタリーナ州、人口 48 万）まであと 20km という丘陵の直線コースで、前を走っていた何台かの車が何故か一斉にスピードを落としたのです。当然、我々のめすロバは勇んで車を追い越し先頭に躍り出たところに大きなカーヴがあり、道の左手に速度測定のカメラを据えたカーキー色の制服を着た役人数人を認めたときはもうあとの祭り、そのまま速度も落とさず走り去りました。"写真撮られたかな？" "平気だよ。バイクはフロントにパテント付いてないから。"（そうだった。）それで安心して都入りし、都心にインターネットが使えるホテルを捜しました。サントゥ・アンジェルのジルソンとインターネットで連絡を取りたかったからです。

　ブラジル・ライダーズを紹介してくれたジルソンは、我々がブエノス・アイレスを出発して以来、連日、メイルでエールを送り続けてくれていたのが、数日前からメイルがないのです。理由はありました。我々がブラジルから出国する前に何とか彼の郷里を訪れて欲しい、という熱心なジルソンの請求に対して数日前、日数が足りないからいけない、と返信したらメイルが途絶えたのです。"ホセ、ジルソンがむくれちゃった。無理し

てでもいかなければ。"それでホテルにチェック・インして真っ先に、明日いく、着いたら電話する、というメイルを送ったらすぐ返事がありました。嬉しいよ、友人たちを集めて待っているよ、と。

● 2007年9月5日から9月6日

　朝5時。夜の帳はまだ上がっていません。日の出までにはまだ大分時間がありそうです。が、南緯26度18分14秒／西経48度50分45秒に位置するここジョインヴィレから、南緯28度17分56秒／西経54度15分46秒にあるサントゥ・アンジェルまでは1,000km近くもあります。2日かけてツーリングする距離を今日の1日で走ろうとしているのです。躊躇なく出発しました。ドイツ系移民で占められているこの都市の区画は整然としていて然るべき。ところが、意外と袋小路が多い。それで昨晩、ホテルの守衛から街の出口までの道順を訊き、しっかり頭に叩き込んでおいたのですが、それでも暗がりの中では迷います。手探り足探りするようにして市街を出て、BR101に乗り南下していきました。海岸沿いの小さな村や街をいくつか通過したときに陽が昇り、出発から160kmを走って7時、Biguaçu（ビグアスー、人口5万3千）のガソリン・スタンドでようやく朝食にありつけました。さらに20kmを走りPalhoça（パリョーサ、39万都市）で大西洋から離れ、BR282で西へ向かうとまもなく空は快晴となりました。こんなにも青い高い空を見たのは久方ぶり。ブラジルへ国境を越えてからは曇天続きで星空さえ観なかった。遠くの山々の谷間には雲海がたなびき、近くの低い丘陵にはパラナー松ともブラジ

ル松とも呼ばれるナンヨウスギ属の松（Araucaria Angustifolia）がまばらに生えています。垂直に伸びた細めの幹の先から枝が水平に長く張り出し、枝の先端にのみ松葉を球状につけている変わった松。松かさは直径30cmにもなり、5-6cmの実を百個ほどもつけるといいます。やがて国道脇にもその松を見るようになり10時半、Lages（ラジェス、16万）を横断して11時、BR116に乗り換え南西に進みました。ペロータス川を渡ってヒウ・グランジ・ドゥ・スウ（スペイン語では、リオ・グランデ・デル・スル）州に入り12時10分、Vacaria（ヴァカヒア、5万9千）の街の真ん中でBR285に乗り継ぐと、道の両側には菜の花畑が延々と続くようになりました。

　午後3時40分、Cruz Alta（クルス・アルタ、6万）を通過。アマゾン川下りの経験を共有した6人のブラジル人ライダーの内、4人がこの町から出発してきたのです。今頃はまだ大西洋岸の風光明媚な都市の数々を転々としながらゆっくりと南下してきていることでしょう。午後5時、陽が地平線に近づいてきました。狭い片側1車線道路にはレーンなく路肩なく、ところどころに穴も開いています。藪の中に沈もうとしている太陽を見つめながら、まだいくな、待ってくれ、と祈るようにして走り続け5時30分、遂にサントゥ・アンジェルの郊外に着けたのです。ジルソンに電話すると20分で駆けつけてきて我々を市の中央広場に面したホテルへ誘導し、午後6時10分、925kmに及んだ長距離走行を終了することができました。夜9時、ジルソンの自宅でディナーを振る舞われ、3人の麗人（奥様と2人の娘）の手厚い接待を受けました。

　翌9月6日は午後3時にジルソンがホテルへ迎えにきてくれて、40分ほど（56km）南西に車を走らせ、São Miguel das Missões（サォン・ミゲウ・ダス・ミソンイス、人口7,382）市

にあるイエズス会宣教師たちの伝道所跡を見学にいきました。伝道所は、先住民グアラニー族にキリスト教の教義を説く一方、奴隷商人の災禍からかれらを守る目的で1735年から45年にかけて造成されたものです。地元でサォン・ミゲウ・アフカンジュ教会とも呼ばれているその遺跡は、1983年、ユネスコの世界遺産に登録され、3年後、ロバート・デ・ニーロとジェレミー・アイアンズ主演の映画"ミッション"の舞台にもなりました。午後5時、西日が廃墟を赤く染め始めます。"この時間がこの廃墟を最も美しく見せるんだよ。"ジルソンの説明を聞きながら教会の廃墟中央にある回廊まで進みました。壁の高さは8mほど。アーチ型にくり抜かれた壁と壁の間は幅10m、長さ30mほどの長方形の広場となっており、雑草がよく刈り込まれて緑色の絨毯を敷き詰めたようです。7つのアーチ型の壁のくり抜きから20度の角度で斜光が差し込み、柔らかな光の陰影の中を、何やらしきりと話し込みながらゆったりと歩いていくホセとジルソンの姿は、一架の美しい絵画のようです。裏庭に廻ると、崩れかけた井戸端の大樹の幹から太い枝が延び、垂れ下がった幾連もの小枝には芽吹いて間もない葉の新緑が陽光に輝いて、この地方の季節が冬から春に移り変わっ

サォン・ミゲウ・ダス・ミソンイス市のイエズス会伝道所跡。

たことを知らせています。が、枝間から教会正面の鐘楼を透かし見ると、そこに釣り下がっていた筈の時を告げる大鐘はなく、空気は深沈と重く澱んで、そのあたりの時間だけが止まってしまっているようにも見えました。

　夜。ジルソンとそのバイク仲間がジルソンの住むアパート地階の多目的ルームに集合して、焼肉パーティを開いてくれました。ジルソンは金属の大串に次々と肉塊を刺し、炭火で焼き上げていきます。肉が焼ける間に供されたのが、Chimarrão（シマホォン）と呼ばれるブラジルのマテ茶。両手で抱えるほどの大きなマテ壺にマテ茶の葉が8分目ほど詰められ、そこに大量の湯が注がれて宇治茶のように濃く出た緑鮮やかなマテ茶を、専用の金属ストローで何度も息を継ぎながら吸い上げ、空にして大笑いされました。大量のマテ茶は回し飲むためだったようです。ブエノス・アイレスでは供されたら空にして返すのが礼儀。それで苦労してようやく空にしたのに。ジルソンは肉を焼き上げては串を真っ先に私の皿の上に立て、最も柔らかそうな部分を切り取り皿に乗せてくれて、食べろ、ここの肉はうまいんだから沢山食べろ、と勧めてくれます。けれども、巨大マテ壺のマテ茶で膨らんだ胃袋には許容量がなく、ジルソンを満足させるほどには食べることができません。それでも熱い心のジルソンとその友人たちに囲まれて、とても幸せな夜を過ごしたのでした。

● 2007年9月7日から9月8日

　こうしてブラジル・ライダーズの多大な声援を立ち寄る先々で受けながら、世界で5番目に広い国、ブラジル連邦共和国

の領土を無傷で走ってこれた我々は、9月7日、ジルソンとの別れを惜しみつつ、朝8時半、黄や濃いピンクのラッパ形5弁花を房状に咲かせている街路樹ラパーチョで溢れた中央公園を後にしました。BR392で南東へ下ること508km、大西洋岸に至る55km手前の都市 Pelotas（ペロータス、人口約34万、S31°46'19"/W52°20'34"）で1泊。翌8日は深い朝霧の中、たまたま通りかかった警察のバイク3台に先導されて市外へ出て、BR471に乗りそろそろと1時間も走るとようやく霧が晴れてきて、国道両側に大きな湖沼が広がっているのが見えました。

　右手内陸側にあるのがミリン湖沼（長さ174km、最大幅35km、表面積3,750m^{2}で世界54番目）。左手大西洋岸に細長く延びているのがマンゲイラ湖沼（長さ123km、800km^2）。そして路肩に目立ち始めたのがカルピンチョ（テンジクネズミ科、ブラジルではカピヴァラと呼ばれる）の交通事故死体です。体長1mほどの尾のないこの水棲動物は好奇心が極めて強く、深夜、遠くから近づいてくる車のヘッド・ライトを見ると、正体を確かめずには居られず道路へ出てきてしまい、それで敢え無くなることが多いのです。事実、ブラジルやアルゼンチンの水郷地帯でカルピンチョを狩猟するときは、夜間、ボートやカヌーに乗り岸辺近くに潜み反射灯を水面に向けてチカチカ光らせると、その灯りに魅せられるようにしてカルピンチョの群れがでてきて、何だろう何だろうと少しずつ灯りに近寄ってくるので、充分に近づいたところをズドン、とやるのだそうです。光るものに近づいたら危ない、ということを群れとして学習することはないようで、何回でも同じ手にひっかかって射殺されてしまう気の毒な動物。左右の路肩に転がったその茶色の粗い毛をした轢死体を6体まで数えた正午、ブラジルとウ

ルグアイの国境上の都市に着きました。

ほんの 20 分で出国手続きを済ませて国境を越え、2 分走ってウルグアイ側税関でも簡単に入国手続きを終えたのです。この国境上の都市、ブラジル側は Chuí（チュイー、1997 年創設、5,278 人）、ウルグアイ側は Chuy（チュイ、1888 年設立、2004 年国勢調査では 1 万 401 人）と呼ばれ、市の中心部を東西に走る通りを以て国境と規定しているのですが、その境界線の解釈に関しては両国の国旗が風にはためくように大きく揺れ動いている場所なのです。とにかく、"ウルグアイ東方共和国へようこそ！"と青地に白字で書かれた道標から先、道はウルグアイ国道 9 号線となりました。人口約 2 万の都市 Rocha（ローチャ）で給油。ついでにサンドウィッチを注文すると、カルピンチョの肉の酢漬けがあるからオードヴルに食べてみないか、という。路肩の死体を拾ってきて作ったのではないか、という疑問が湧きましたが、折角の機会なので一口だけ食べたらやはり堅かった。午後 4 時、南米有数の高級リゾート地、Punta del Este（プンタ・デル・エステ、約 7,500 人）の海岸へでて、ピンクがかった砂山がロビーから望めるブラヴァ・ビーチのホテルにチェック・イン。旅装を解くのももどかしく、明日、ラ・プラータ河を渡るフェリーの予約をフロントに依頼しました。大型バイク 1 台と乗客 2 名で 4,680 ウルグアイ・ペソ（203 ドル相当）。そのあと町へ繰り出し早めの夕食。そして海岸を散歩するうち、急に冷え込んできたのでホテルへ戻ると、ロビーの暖炉には太い薪がくべられオレンジ色の火が盛んに踊っていました。S34°57'30"/W54°56'12"。ペロータスからは 489km。

● 2007年9月9日

ツーリング最終日。

7時40分。日曜もまだ朝が早く人気が全くない海岸通りに走りでました。プンタ・デル・エステ（東の突端）と名付けられたウルグアイの最南端に突き出している小さな半島の東側がブラヴァ・ビーチ、半島の西側がマンサ・ビーチで、前者の砂浜には大西洋の波が荒く押し寄せ、後者の渚にはラ・プラータ河の波が穏やかに打ち寄ってきます。つまり、この半島の先端と、対岸アルゼンチンの Punta Norte del Cabo San Antonio（プンタ・ノルテ・デル・カーボ・サン・アントニオ、聖アントニオ岬の北の突端）を結んだ直線、それが世界で一番川幅が広いといわれているラ・プラータ河口（最大幅219km）と大西洋の境界なのです。

昨晩は大西洋岸に宿泊した我々が、朝一番で小さな半島をラ・プラータ河岸へと回り込み、更に130kmを走ってウルグアイの首都 Montevideo（モンテヴィデオ、人口130万）の港へ着いたのは午前10時でした。ホセがバイクをフェリーの甲板に乗り入れ固定させたのが11時30分。そして12時に出航

ウルグアイのプンタ・デル・エステ市、ブラヴァ・ビーチにある有名なモニュメント、"手"。チリの彫刻家マリオ・イラッラーサバル1982年の作。イラッラーサバルは同じような"手"の彫刻を、1987年マドリッドに、1992年アタカマ砂漠に、1995年ヴェネツィアにも施した。

した高速フェリーはラ・プラータ河口を順調に航行していき、午後 2 時 45 分、懐かしいブエノス・アイレス港の埠頭へ着岸したのでした。下船して見慣れた港湾地区を走り、港から都心に向かうとほどなくオベリスクが小さく見えてきます。日曜のこの時間帯はお昼寝タイムで交通量もほとんどなく、7 月 9 日大通りを赤信号にかかることもなく快調に飛ばし、3 時 20 分、ブエノス・アイレス晴れの空を突き刺して立つ、白い尖塔、オベリスクの下にバイクを着けました。出発から 59 日目。総走行距離 1 万 8,300km。

気温は 13 度と肌寒く、2 か月前、89 年ぶりに雪が降ったブエノス・アイレスに、春が訪れるのは、まだ、少し先のようです。

ブエノス・アイレスの空を突き刺して建つ、白い尖塔、オベリスク。59 日間、1 万 8,300kmに及んだ超ロング・ランの終了。

エピローグ

アタカマ荒野
Puna de Atacama

●再び 2012 年 9 月 23 日

アタカマ荒野（チリ側）

　リカンカブール火山とフリケス火山の全姿を左手真横に見てから、GPS が標高 4,824m を示すまでに要した時間は 7 分でした。平均時速 90km で登っていましたから、距離にすると 10km ほど。そこから標高数値が 1m 下ったところで、ホセがやおらバイクを停めました。

　"どうしたの？" "写真を撮って欲しいんだ。" ホセは緩慢な動作でバイクを降り、国道をゆっくり横切りアタカマ荒野へ降りていきました。ホセがモトクロス・ブーツで踏みしめて歩く赤みを帯びた粗い砂地の荒野の向こうには、標高 5,000m 級の山々が頂上部分だけを地上に並べて覗かせています。あたりにはおよそ生命の存在が感じられません。ホセが歩を止め振り返り、両腕を上げようとしました。"万歳！" のポーズを取ろうとしているようですが、腕は肩までしか上がっていません。軽い筈の空気がここではずっしりと肩に重いのです。ヘルメットを装着したままですから、どこか地球以外の重力が大きい惑星に降り立った宇宙飛行士さながらです。ホセが立っている付近はジャーノ・デ・チャッナントール（チャッナントール平原）と呼ばれているところで、アルマ天体望遠鏡が設置されたチャッナントール天体観測所はここの南西、平均標高 5,100m の台地にあります。

　息を弾ませ戻ってきたホセに水を飲ませて休息させました。このあと道は一旦、4,651m まで下り、ほどなく前方の山塊の嶺と嶺の谷間に、Pili（ピリ）火山 6,046m の冠雪した頂上部

リカンカブール火山
5,916 m（左側）とフ
リケス火山 5,704 m。

分が見えてきました。Acamarachi（アカマラチ）とも呼ばれるこの活火山の斜面の角度は 45 度。均斉が取れたみごとなばかりに美しい成層火山を形作っています。やがて国道右手に見えてくるのが半分凍ったケピアコ川の青い流れで、流れの中に黄色い苔の塊のようなものが幾つも浮かんで見えるのは、Bofedal（ボフェダル）と呼ばれるアンデス高原特有の湿地群です。ケピアコ川に沿ってボフェダルに生えた苔のような黄色い植物を眺めながら走ったのは 2 分ほど。川は南へ流れを変えて視界から消え去り、再び荒野の風景となったところに道標がありました。"27-CH 80km"（チリ国道 27 号線 80km 地点）。サン・ペドロ・デ・アタカマから 80km の地点です。そこから 2 分後、今度はピリ火山を右手真横に眺望できる地点を走っていました。火山の手前には目にも鮮やかなコバルト・ブルーの小さな湖沼が横たわっています。湖沼は Salar de Pujsa（プッサ塩湖、フラミンゴ保護地区）の中にある湖沼の 1 つで、この塩湖には、含まれている鉱物の加減で赤や黄、緑に輝く湖水を湛えた湖沼が幾つもあるといいます。

　また、ピリ火山の標高 5,950m 地点には直径 15m の火山湖もあるそうです。世界で 6 番目に標高が高い湖で（世界最高

地にある湖はアルゼンチンとチリにまたがるオーホス・デル・サラード火山にある直径100mの湖で、標高6,400mに位置する）その火山湖付近に1972年11月、キャンプを張り発掘調査をした7人の登山家がいました。ドイツ登山クラブに所属するチリ人、セルヒオ・クンストマンが率いたグループで、祭壇状に作られた場所から2体の金と銀製の擬人像、織物、羽飾りなどを発掘して、ピリ火山の頂上がその昔、アタカマ族たちの聖餐の場所であったことを証明したのです。発掘品の数々はサン・ペドロ・デ・アタカマのグスターヴォ・ペイジ博物館に寄贈されました。

　ピリ火山が後方に遠ざかると道はまた登り坂となり、10時5分、標高4,765m地点を通過。路肩と接している茶色い瓦礫の集まりのような丘陵の斜面の麓には、ところどころで積雪が凍って残っています。10時7分、GPSが4,837mを標示。その標高値のままで約1分間を走り続けると"左カーヴ"の標示が現れ、その先に大きく弧を描いたカーヴが下り坂となって見えてきました。カーヴはその後も次々に現れ、右に曲がり左に曲がり降りていったところにひときわ鋭いカーヴが現れて、左手路肩に迫ってくる急斜面の瓦礫状の山に見覚えがありました。2007年7月16日、激烈な寒さと転倒の危険に怯えながら反対側から登ってきて、大型トラックの転覆現場を目撃した場所です。急斜面が陽光を遮り、雪が溶ける暇なく凍って路肩に張り出していた場所。そこから、さらにカーヴを幾つか曲がって下りていったあと、視界が開け、右手台地の上にはまばらに立つ風化した奇岩群が見えてきます。タラ塩湖にあるという"パカナの修道士たち"も、多分、これに似た風景なのでしょう。そして再び視界の利かないカーヴが連続してパカナ坂が終わり、10時10分、左手はるか前方に二筋の白い線が現

れ、その筋がだんだん太くなり次第に湖の広がりを見せてきます。手前がアグアス・カリエンテス塩湖。後方がタラ塩湖。10分後、国道が黒い湖沼の横を通過するとき、青黒い水面とその北側の塩の平面が入り組んで絶妙な美しさを醸し出す風景が続き、カメラのシャッターは切りっぱなしとなるのです。アタカマ荒野を渡ってきた者だけに見ることが許されている絶景です。黒い湖沼に続いてすぐ右手に見えてくるのがキスキロ塩湖。続いてハマ塩湖も見えてきます。10時40分、国境を越えてゆっくりと登ってくる大型トラック2台と初めてすれ違いました。この速度では、あのエンコしたチリ・ナンバーの車が止まっている急坂に着くには、たっぷり3時間はかかるでしょう。3分後、我々も国境を通過してアルゼンチン国道52号線に乗り継ぎ、さらに5分走ってハマ税関に到着。標高4,105m。こうして、アンデス山脈・ハマ峠を、この年も無事、越えたのです。

著者略歴
荒井　緑（あらい・みどり）

1956年生まれ。神奈川県出身。
1978年横浜国立大学教育学部音楽科中退。
1988年10月アルゼンチンに移住。同年12月酒井サーヴィス・モーデュス㈱に入社。
1990年12月ニチメン・アルゼンチン㈱に入社。
2001年3月ニチメン・アルゼンチン㈱閉鎖後、ニチメン本社がアルゼンチンに残した債権回収委託業務に従事。
2005年1月ウスアイアへの旅行を皮切りにパートナーのホセと南米各地をバイクで訪れる。
2014年6月『アンデスの空 パタゴニアの風』（中央公論事業出版）を刊行。

アンデス山脈（さんみゃく）を越（こ）えるとき

2016年7月10日初版発行

著　者　荒井　緑
制作・発売　中央公論事業出版
　　〒101-0051　東京都千代田区神田神保町1-10-1
　　電話　03-5244-5723
　　URL　http://www.chukoji.co.jp/

印刷・製本／藤原印刷

ⓒ 2016 Arai Midori
Printed in Japan
ISBN978-4-89514-463-6 C0026
◎定価はカバーに表示してあります。
◎落丁本・乱丁本はお手数ですが小社宛お送りください。
　送料小社負担にてお取り替えいたします。